新时期高校教育管理理论与实践研究

王洪法 ◎著

中国商务出版社
CHINA COMMERCE AND TRADE PRESS

图书在版编目（CIP）数据

新时期高校教育管理理论与实践研究 / 王洪法著
. -- 北京：中国商务出版社，2022.12
ISBN 978-7-5103-4540-1

Ⅰ．①新… Ⅱ．①王… Ⅲ．①高等学校－教育管理－研究－中国 Ⅳ．①G649.2

中国国家版本馆CIP数据核字(2023)第012118号

新时期高校教育管理理论与实践研究
XINSHIQI GAOXIAO JIAOYU GUANLI LILUN YU SHIJIAN YANJIU

王洪法　著

出　　版：	中国商务出版社
地　　址：	北京市东城区安外东后巷28号　　邮　编：100710
责任部门：	教育事业部（010-64283818）
责任编辑：	丁海春
直销客服：	010-64283818
总 发 行：	中国商务出版社发行部　（010-64208388　64515150）
网购零售：	中国商务出版社淘宝店　（010-64286917）
网　　址：	http://www.cctpress.com
网　　店：	https://shop162373850.taobao.com
邮　　箱：	347675974@qq.com
印　　刷：	北京四海锦诚印刷技术有限公司
开　　本：	787毫米×1092毫米　1/16
印　　张：	12　　　　　　　　　　　　　　字　数：248千字
版　　次：	2023年5月第1版　　　　　　　　印　次：2023年5月第1次印刷
书　　号：	ISBN 978-7-5103-4540-1
定　　价：	70.00元

凡所购本版图书如有印装质量问题，请与本社印制部联系（电话：010-64248236）

版权所有　盗版必究　（盗版侵权举报可发邮件到本社邮箱：cctp@cctpress.com）

前 言

随着我国高等教育的快速发展，高校管理研究已经成为国内外高等教育领域研究的热点问题之一。高等教育教学及其管理工作的逐步深化，使得高校教育教学管理工作无论是在思想观念，还是在管理方式、方法上都正在经历巨大的变革。该书论述了如何提高教学管理的效率、提升教学质量，特别是地方院校亟须解决的相关问题。新时期教育管理者必须不断优化教育教学管理，进而满足新时期发展对教学管理工作的新要求。

大学生教育管理是国家教育体系中的重要组成部分，在保证高校人才培养质量、规范大学教育管理秩序、培养社会主义事业合格建设者和可靠接班人等方面发挥着十分重要的作用。新时期，高校大学生教育管理工作处于一个开放、多元、变革的环境。在经济全球化、文化多元化、社会信息化的背景下，随着高等教育大众化趋势的发展，高校学生管理工作也发生着深刻变化。面对学分制与弹性学制管理、缴费上学与学生自主择业，后勤管理服务社会化改革等趋势，在大学生管理中，如何处理好管理与育人的关系？如何处理好以人为本和依法管理的关系？如何处理好个体发展与群体秩序的关系？如何处理好现实空间与虚拟空间学生管理的关系？如何处理好大学生管理工作继承与创新的关系？这既是当前大学生教育管理工作的基本问题，也是加强和改进大学生教育管理工作的关键所在。

本书共分七章。首先从高效管理基础理论与现状入手，依次探讨了新时期高校文化、教师、学生、行政管理的现状、方向及措施，并对新时期高校教育管理体制的改革进行了一定的探索。旨在摸索出一条适合高校教育管理的科学道路，帮助高校管理者少走弯路，运用科学方法，提高效率，对高校教育管理工作的实践有一定的借鉴意义。

在编写本书过程中，参考和借鉴了一些知名学者和专家的观点及论著，在此向他们表示深深的感谢。由于作者水平和时间所限，书中难免会出现不足之处，希望各位读者和专家能够提出宝贵意见，以待进一步修改，使之更加完善。

目 录

第一章 绪论 1
  第一节 高等教育的本质属性 1
  第二节 高校教育管理的概念辨析 5
  第三节 高校教育管理的指导思想 8
  第四节 高校教育管理的重要性 14

第二章 高校教育管理的现状 20
  第一节 高校教育管理的现状分析 20
  第二节 高校教育管理的信息化背景 27
  第三节 高校教育管理取得的主要成绩 31

第三章 新时期高校文化管理探索 35
  第一节 文化与文化管理的内涵 35
  第二节 高校文化管理的特点与意义 37
  第三节 高校文化管理的构建 42

第四章 新时期高校教师管理探索 55
  第一节 高校教师管理的现状与问题 56
  第二节 高校教师管理模式的改进 62
  第三节 高校教师的职责与要求 72
  第四节 高校教师队伍结构的优化 85

第五章 新时期高校学生管理探索 94
  第一节 高校学生管理的现状与问题 94

第二节 新时期学生管理工作的开展 ………………………………… 105

　　第三节 高校学生管理工作的创新探索 ………………………………… 112

第六章 新时期高校行政管理改革 …………………………………………… 131

　　第一节 高校行政管理现状与问题 ………………………………………… 132

　　第二节 高校行政运行模式的创新 ………………………………………… 135

　　第三节 高校行政管理改革的措施 ………………………………………… 143

第七章 新时期高校教育管理体制改革 …………………………………… 158

　　第一节 高校教育管理体制现状分析 ……………………………………… 158

　　第二节 高校教育管理体制问题所在 ……………………………………… 167

　　第三节 高校教育管理体制改革策略 ……………………………………… 172

参考文献 ……………………………………………………………………………… 185

第一章 绪论

第一节 高等教育的本质属性

一、价值观角度的教育本质论

价值观角度，即从教育具有的社会价值、教育的功能和作用来判断教育的本质属性。教育是以人为对象的活动。教育的根本目的是促进个人生理和心理全面和谐地发展。同时，教育是一种社会活动。教育产生于社会生活，并在其作用下，将生物意义的人培养成社会人，教育的发展又受到社会发展的影响和制约，因此，教育是产生于人类社会，同时又作用于人类社会的。教育也是人类活动的重要特征之一。人类在长期适应环境和生产活动中积累了丰富的经验，除了生理遗传外，人类对这些经验的传递主要是通过教育和学习来完成的，也被称为"教育遗传"。

基于上述观点，就形成了个人本位、社会本位和文化本位三种教育本质论。

（一）个人本位论

个人本位论，即根据个人发展的需要确定教育目的和进行教育的理论。最早的提倡者是古希腊的智者派，他们否认一切社会制度的权威，反对社会的束缚，强调个人的自由权利，认为人是万物的尺度，主张教育的根本不在于谋求国家的利益和社会的发展，而在于发展人的个性和造就个人，个人价值高于社会价值。

卢梭开创了个人本位论的先河，洞察了儿童自然发展阶段这一重要教育规律。卢梭的教育思想成为近代教育思想的源泉，近现代的教育家在不同程度上都是卢梭教育思想遗产的继承人。

罗素进一步将个人本位论上升到精神道德教育层次。他认为教育最重要的目标之一便是通过多方面的陶冶和训练使人具备完善的品行和理智，通过道德观念和原则逐渐内化为个体的习惯和行为，达到心智通达、举止得体。

虽然个人本位论者对教育有各不相同的认识和看法，但是他们都认为教育就是对人的培养，人是教育的第一要素，也是教育的核心所在，因此，一切教育活动都应该围绕人展开，教育必须以人的存在为前提，应遵循人的发展规律进行有顺序的阶段教育。个人本位论为个人的发展是高于一切的，教育的职能就是使人生来就有的健全机能能够不受影响地得到发展，教育必须根据个人的发展需要来实施。

（二）社会本位论

社会本位论主张教育目的应根据社会要求确定。认为个人的发展依赖于社会、受社会制约，真正的个人是不存在的，只有人类才存在；人之所以为人，是因为他生活于人群之中，参与社会生活，人的一切都离不开社会。

随着资本主义的发展，社会化大生产成为最主要的生产方式，科学技术日益显现出其社会作用，社会分工的细化和劳动的集约化发展极大地促进了社会科学的发展，社会作为人类活动最基本的群体关系越来越显示出其特殊而又重要的作用和地位。在这种社会背景下，法国著名教育学家、教育社会学的创始人涂尔干集前人研究之大成，提出了社会本位的教育价值取向。涂尔干最早使用"结构功能主义"进行教育社会学的研究，指出教育是社会结构和社会秩序再生产的手段，教育的功能在于使年青一代"社会化"，使年青一代既具有他们所属社会每个成员必备的同质性，也具有各自的某些异质性；主张教育科学的唯一作用在于认识教育事实；强调为了科学地研究教育，应以社会学与心理学及其合作为基础，教育学必须汲取社会学的观点和方法。

社会本位论认为，完全"孤立"的人是不存在的，人是社会动物。离开了社会的个人是无意义的，个人的一切发展都依赖于社会。教育的目的就是使个人社会化，个人不过是教育的原料，不具有任何决定教育目的的价值。教育的目的在于使个人适应社会活动，成为公民，为社会做贡献。教育的过程就是把社会的价值观念或集体意识强加于个人，把儿童从不具有社会特征的人改造成具有社会所需要的个人品质的"社会的新人"。因此，教育除了社会目的以外，并无其他目的，而教育的结果也只能以其社会的功能来衡量。

（三）文化本位论

德国的教育学家施普兰格从个人本位论与社会本位论的争论中另辟蹊径，提出了"文化哲学"的概念。施普兰格的"文化"概念是指人类在适应和改造环境的过程中所表现出的能力及其结果。他认为文化和个人同属精神范围，是不可分离的，但是个人是主观精神，文化是客观精神。

文化本位论认为，文化是个人"外化的"经验，是社会形成和发展的基础，教育最根本的作用就是促进和推动文化的传播和发展，无论对个人还是对社会，教育的全部内容都是文化，离开了文化，教育也就无从谈起。因此，教育的根本问题就是文化问题，教育的目的就是文化的目的，教育的价值取向也就取决于文化的价值取向。

二、高等教育的本质

上面我们介绍了几种关于教育本质问题的观点和流派，接下来我们要探讨一下高等教育的本质特征。在以往的研究中，关于高等教育本质问题的论述一般都是套用教育本质的说法，然而高等教育与普通教育无论是在概念内涵上还是在研究方向、研究方法上，都存在极大的差别。因此，我们认为高等教育的本质应该有其独特的内涵。

（一）高等教育是一门科学

和其他科学一样，高等教育有它独特的规律，这些规律是不以人的意志为转移的，而高等教育学就是研究和揭示高等教育规律的科学。只有认识到高等教育是科学，才能以科学的态度去对待它。我国高校中仍有相当数量的教师和行政管理人员没有认真地接触过教育学、心理学、教学论、高等教育管理等教育基础学科，这种状况十分不利于我国高等教育的发展。

（二）高等教育属于学校教育体系中的一个特定阶段

我们所说的高等教育是高等学校教育，主要是指大学阶段的教育（继续教育中也有一部分属于高等教育的范畴）。大学作为职前教育的最后阶段，是青年学生社会化的重要阶段。学生将从这里开始走向社会，成为真正意义上的独立的人。在高等教育阶段，学生的思维模式逐渐定型，自我意识和独立意识急速提升，开始形成独立的人生观和世界观，并在体现自我价值的意念驱动下，产生强烈的求知欲望。因此，高等教育要为学生提供的不仅仅是前人的知识和经验，而且要为未来的雄鹰们提供更为广阔的天地，让他们了解社会，了解科学的前沿，陶冶他们的情操，并培养他们的爱国主义精神、科学精神和人文主义精神，使他们能够顺利地起飞。

（三）高等教育是培养特定人才的社会实践活动

社会化是教育的目的之一，在高等教育阶段，其社会化的要求和方向更为明确。高等教育为社会服务的功能比其他任何层次的教育都更为直接和有效。专业教育是高等教育不同于普通教育的一大特征。每一个大学生都有自己的专业，专业的划分主要是以科学为参照，同时兼顾行业的分类。因此，高等教育对每一位学生来说都有很明确的指向性。

高等教育的要求也比其他教育更高,是以培养高级人才为目的的。因此,高等教育无论是培养目标、培养层次还是培养方向都有其特殊性。

(四)高等教育是传播和创造优秀文化和先进生产力的社会文化活动

大学作为最高学府,也是社会文化的中心,代表本地域的先进文化在这里沉淀、积累,在这里被传播、推广、升华。高等教育正是通过先进文化来完成其教育过程,并以此确立它的社会地位和扩大其影响力的。

三、高等教育的规律

在诸多教育规律中,有两条规律是最基本的,一条是关于教育与社会发展的规律,称为教育的外部关系基本规律;另一条是教育和人的发展关系的规律,称为教育的内部关系基本规律。

教育的外部关系基本规律表现为教育受经济、文化等社会因素的影响和制约,同时又对其发生相应的作用。教育的外部关系基本规律在高等教育中表现得更为突出。

教育的内部关系基本规律是指在教育过程中,各种教育因素之间的关系和联系,如教育者、受教育者和社会影响之间的关系,德育、智育、体育、美育之间的关系,教育与人的身心发展阶段之间的关系,各阶段教育之间的关系和衔接等。

教育的外部关系基本规律虽然能够影响和制约内部关系基本规律的发展,但是教育的外部关系基本规律只能通过内部关系基本规律来实现。

在教育的外部关系基本规律和内部关系基本规律的影响下,大学教育呈现以下几点特征。

(一)大学既是教育机构,又是研究机构

大学作为高等教育机构,教育理所当然的是大学的首要任务。大学是传播最前沿知识的场所,是培养高级人才的基地。现代大学除了是教育基地外,还是科研中心,现代大学的发展和繁荣离不开大学的科研活动。因此,大学教师不单是优秀的教育工作者,还应该是杰出的科研工作者。

(二)教育过程以自主学习和研究型学习为主

20岁左右的大学生处于身心成熟的旺盛阶段,有着极其强烈的求知欲,仅凭教师上课传授的知识远远不能满足青年们的好奇心。青年们心智的发展水平使得他们经常体现出强烈的自我意识。因此,在学习上以自主学习为主。大学教育不是以知识的灌输为目的,而是尽可能地向学生们展现各学科领域的发展水平和发展前景,并以培养各领域的专家

为目的，因此，研究型的学习在大学阶段必不可少，是培养创新人才的必要手段之一。

（三）大学教育是一种社会活动

教育是一种社会活动，高等教育更是与社会经济、文化的发展紧密相连。现代大学的社会性在不断地增强。大学要适应社会的发展和变化。不能以"稳定"为由停滞不前，世界上事物的稳定是相对的，发展变化是绝对的，大学同样如此。大学主要通过培养人才为社会服务。从资源配置上来说，大学教育既不是公共产品，也不是私人产品，而是准公共产品，由此，大学也具有社会公益性，必须为社会的物质文明和精神文明建设服务。大学要充分依靠社会，利用社会力量办学。大学教育投资巨大，不可能完全依赖国家投资，因此必须实行办学主体多元化、经费来源多元化。大学是为社会各方面培养人才的，社会各方面都应该支持和帮助大学的发展。

（四）大学教育是时代的反映

大学教育有着鲜明的时代性。大学只有不断地改革、不断地适应时代的潮流，才能得到生存和发展。从中世纪大学的"七艺"，到柏林大学的纯理论研究，到美国的农工科大学的诞生，直至今天大型的综合研究型大学的产生，大学在顺应时代的需求中不断地进行自身变革，并在一连串的变革中发展壮大。英国教育家阿什比曾经说过，任何类型的大学都是遗传与环境的产物。大学不可能脱离时代孤立地发展，它需要随着时代的变化不断被赋予新的内涵，从而具有历史常新的活力。同时，现代大学是一切新思想、新科学的发源地，因此，大学教育的时代性还体现在思想的适度超前上。

第二节 高校教育管理的概念辨析

20世纪以来，科学技术有了长足的发展，国力竞争日趋激烈，"全球化"体现在社会发展的各个层面。高等教育的全球化发展日渐重要，在高校改革尤其是教学改革工作的不断深化中，教学管理工作的改革显得尤其重要，成为提高教育教学质量的关键因素之一。高校要全面提高教学质量、促进科学发展，不仅要加强办学条件、教学设备等硬件建设，更需要强化科学合理的、专业化的教师队伍、管理人员队伍等软件建设。新形势下，教学管理队伍作为管理工作的主体，其素质、能力与管理水平直接影响着高校教学工作的稳定、发展和提高，直接影响着高校教学质量和未来发展。建设一支职业道德、专业思想、专业知识、专业能力和专业品质成熟的专业化教学管理队伍，对于高校的科学发展具有重大的价值和意义。

教学管理工作是高校管理的中心工作,是高校维持正常的教学秩序、实现人才培养目标、提高教学质量的保证。教学管理队伍是教学管理工作的主体,是教学管理工作的执行者,是学校的重要组成部分。高素质、高水平的教学管理要求建设一支结构合理、队伍稳定、素质高、服务意识强、创新能力强的专业化、职业化的教学队伍。高素质的教学管理队伍是有效促进高校教育教学质量提高、突出培养优势和管理特色、保证高校未来可持续发展的重要人力保障。

一、教学管理的组织系统

教学管理的组织系统又称为教学管理的组织与方法体系,是教学管理的群体为了共同的目标,通过责权的分配、层级的统属关系和团体意识所构成的能自我调节、自我发展的一个社会系统;主要解决"谁来管理,怎么管理"的问题。管理体制则是指组织机构的设置、隶属关系和责权规划等组织制度的体系化。管理体制和组织结构的合理和优化,决定着教学管理组织功能的有效发挥。管理系统是一个个体、团体和整体之间结构性的关系组织,是一个组织成员相互行为关系的行为系统,是一个随着时代环境的变化不断自我调整、自我适应的生态组织,也是一个组织成员角色关系的网络系统。教学管理组织建设的目标主要是建立一个科学、完善的教学管理系统,形成全面的质量管理体系和运行机制,以服务于教学、教师和学生。教学管理系统是侧重于过程管理的纵向系列和侧重于目标管理的横向系列的结合。纵向系列指学校、二级学院(部)、教学系部和教研室;横向系列主要涉及目标管理,包括教务部门、科研部门、学生管理部门、人事部门、政工部门、后勤保障部门等。这两个系列要处于完全协调一致的工作状态,才能完成共同的教学工作目标——人才培养。

要建立起高效能的、灵活运转并能进行创造性工作的教学管理组织系统,必须重视和加强教学管理队伍的建设,建立一支专兼结合、素质较高、相对稳定的教学管理干部队伍,机构要有职责范围,人员要有岗位责任。

二、教学管理的本质

教学管理的本质是在多层次、多因素的高等学校系统中,以教学子系统作为研究的管理对象,组织和运用有限的人力、物力、财力对教学过程进行科学合理的安排,实现教育资源的最优配置,获得教学工作的最佳效益。

三、教学管理的基本任务和职能

教学管理的基本任务是遵循教育教学基本规律，通过对培养、改革、建设和管理的系统规划，借助现代化的科学管理手段，对全部教学活动在动态演进中达到既定的教育教学目标的管理。同时，要发挥管理的协调作用，调动各方面的积极性，保证整个培养过程各阶段教学任务的有效实现。

教学管理的职能可归纳为"决策、规划、组织、指导、控制、协调、评估、激励、研究、创新"，它们之间相互交叉、互相联系，是一个有机的整体。

四、教学管理内容体系

搞好教学管理的核心是每位教学管理者应清楚地知道"应该管什么，重点管什么，怎样才能管好"。教学管理是有机的、统一的整体，教学管理的内容体系从不同视角呈现不同的体系框架（结构）。从教学管理业务的科学体系或工作体系来看，可概括为"四项管理"，即教学计划管理、教学运行管理、教学质量管理与评价和教学基本建设管理；从教学管理职能的角度来看，主要包括决策规划、组织指导、控制协调、评估激励和研究创新；从教学管理的高度和层次来看，包括静态管理与动态管理相结合的教学改革、教学建设和日常管理。

（一）教学计划管理

培养方案是学校保证教学质量和人才培养规格的重要文件，是组织教学活动、安排教学任务、确保教学编制的基本依据。教学计划是在中华人民共和国教育部（以下简称教育部）的宏观指导下，由各个学校组织专家自主制订的。它既要符合教育规律，保持一定的稳定性，又要根据社会、经济、科学技术的新发展适时地进行调整和修订。教学计划一经确定就必须认真地组织实施。教学计划管理的核心工作是精心设计人才培养的蓝图，这就需要我们投入很大的精力进行必要又必需的基本调查研究，包括国内外相同、相近学科专业的改革和发展动向，特别是新的教育观、教学内容、课程体系、教学环节和人才的培养模式等。要组织学校本学科专业的学术、教学带头人及有经验的骨干教师先行研究课程结构体系。只有设计构建一个整体优化的课程结构体系，把人才培养的总设计描绘清晰，才能够据此培养出高质量的合格毕业生。当然，教学计划在制订以后还要有严格的组织实施，不能有随意性。

（二）教学运行管理

教学管理的基本点是通过协调、规范的管理保障教学工作稳定运行，保证教学质量。

教学运行管理主要是围绕教学计划的实施所进行的教学过程及相关辅助工作的组织管理。教学过程是学生在教师指导下的一种认知过程，又是学生通过教学获得全面发展的一个统一过程。高等学校教学过程组织管理的主要特点：一是大学生学习的独立性、自主性、探索性逐步增强；二是在宽厚的基础学科基础上适度的专业教育；三是教学和科研的逐步结合。根据这些特点，在教学过程的组织管理中要注意把握两个方面的工作：一方面，要制定好课程大纲；另一方面，要针对课堂教学、实践教学、科学研究训练这三个主要环节，设计好组织管理的内容、要求和程序，并依此来进行检查。

（三）教学行政管理

教学行政管理主要指学校、二级学院、教学系部等教学管理部门要依据教学规律和学校规章制度行使管理职权，对各项教学活动及相关的辅助工作进行科学合理的组织、指挥、调度，以保障学校教学工作稳定有序运行的协调过程，也包括严格、规范地做好教学的日常管理、学籍管理、教学工作管理、教学资源管理和教学档案管理等工作。

（四）教学质量管理与评价

教学质量是个综合化的概念，衡量教学质量高低的指标应该是包括教学、学习及管理质量的综合指标；教学质量又是一个渐进的、累积的形成物；教学质量是静态管理和动态管理相结合的，应注重动态管理和过程管理，这是因为教学质量管理的最终目的是保证和提高每一项教学活动、每一个教学环节及最终的教学质量。转变教育思想、提高教育质量是搞好教学质量管理的前提条件。要深入研究质量监控，研究完成全程质量管理的设计，建立适合校情的质量监控体系和运行机制，首先要厘清质量监控的概念、要素、体系和组织系统，要研究质量监控与质量保证的所有相关问题。高校应建立科学的、抓住核心的、可操作的质量管理模式，包括教学质量检查方式，教学工作评估，教学信息的设计、采集、测量、统计分析和管理等。

第三节 高校教育管理的指导思想

一、高校学生管理的理论根据和指导思想

科学的管理对提高管理效率、优化教育质量具有十分重要的意义；科学的管理有赖

于符合客观实际的、法制化的、人性化的管理规章制度，而这一切都离不开科学的管理思想。科学的学生管理思想分三个层次：一是作为认识理论的管理思想；二是管理应遵循的基本原则；三是在实际操作中所运用的具体方法。

（一）管理思想

所谓管理思想，是指关于管理的观点、观念或理论体系，是管理理论和实践地结合在人们头脑中的反映。管理思想对管理工作起指导作用，它随着人类社会及其管理活动的产生、发展而产生和演变。古代朴素的管理思想兴盛于中国、古巴比伦和印度等地。公元前2000多年，古巴比伦《汉谟拉比法典》颁布的282条法律，体现了远古法规管理思想。中国在公元前1100多年，出现经权管理思想。后有历代的"人治""法治"及"知人善任"等管理思想。19世纪后，随着机器大生产的兴起，欧洲出现古典科学管理思想以及法约尔的管理原则与过程理论等。从20世纪20年代开始，出现了人际关系——行为管理思想。20世纪60年代后，出现了诸多管理学派，管理思想纷繁，被喻为进入了管理理论的"丛林时期"。

高校学生管理属教育管理的范畴，其管理思想理应与教育管理思想同类，是一个极为复杂的理论课题。它应该也必须确定自己的理论前提，也就是要与某种思想理论联系起来，以确立自己的基本方向。从哲学的层面看，高校学生管理思想主要包括四个方面的内容。

1. 运用相互联系的管理思想

高校学生管理是一种复杂的社会现象，从宏观上分析，高校与社会、家庭和时代是联系在一起的，大学生当然也不是孤立于社会、与世隔绝的，所以高校学生管理牵涉社会、家庭，影响着时代，同时也受时代或者说历史条件的限制。

从微观方面来看，高校学生管理诸要素之间也是相互联系、相互制约的，如管理与学习之间的关系、管理与教育之间的关系、管理与服务之间的关系、管理过程与管理结果之间的关系等，都是相互影响、相互制约的。

2. 运用动态平衡的管理思想

管理是一个过程，这一过程是在不断发展变化的，既受大的经济和文化变化的影响，又受高校本身物力、财力及办学思路变化的影响。一切都在变化中，管理工作也处在不断完善与发展之中。同时，作为管理对象的大学生和研究生的人格、思想、行为也在学生管理过程中得到逐步发展与完善。所以把动态平衡的管理思想运用于管理工作中，就必须有发展的观点、与时俱进的勇气，立足于现实，着眼于未来，不断地分析和研究新的情况、解决新的问题。

3. 运用对立统一的管理思想

在高校的学生管理活动中，客观存在着各种矛盾关系，需要运用对立统一的管理思想对这些问题和矛盾进行分析研究并最终予以解决。例如，管理者与管理对象之间的矛盾，教育、服务与管理之间的矛盾关系等。

4. 运用实践探索的管理思想

实践是检验真理的唯一标准，同时，实践又是正确认识的主要来源。高校学生管理是一门实践性很强的科学，有很高的操作性要求。因此，我们在开展高校学生管理工作的时候，一定要有实践意识，要有探索创新的勇气，并将实践过程中形成的好的经验提升到理论的高度，从而在整体上指导学生管理工作的新实践。如此反复，以至无穷，以推动我们的学生管理工作不断提升水平。

（二）指导思想

研究我国高校学生管理，主要应注意运用以下几个方面的理论观点和指导思想。

第一，坚持马克思主义关于人的全面发展的理论，培养有理想、有道德、有文化、有纪律的全面发展的高级专门人才，是我国社会主义大学的根本任务。做好研究工作首先要解决"为谁培养人"和"培养什么人"的问题。我国社会主义大学的性质决定了我们必须确保学校培养出来的毕业生，不仅要有扎实的科学文化知识和健康的体魄，而且必须具有高度的社会主义觉悟，也就是要有理想、有道德、有文化、有纪律。要培养这样的新人，就必须按照马克思主义人的全面发展的教育思想办教育。马克思主义教育思想的核心就是关于人的全面发展的学说。培养德、智、体全面发展的建设者和接班人的教育方针，是马克思主义这一理论精髓的具体运用。我们要把培养全面发展的"四有"人才作为我们的根本任务和落脚点。

第二，运用马克思主义关于辩证唯物主义的理论，用对立统一观点指导高校学生管理，在管理中坚持整体观。马克思主义辩证唯物主义哲学是一切社会科学和自然科学的理论基础。马克思主义的认识论和方法论，渗透于所有社会科学和自然科学之中，所以，也同样渗透于高校学生管理科学之中。要运用对立统一观点，坚持管理的整体观。在纵向上，坚持整体观就是局部与整体的统一，从学生管理工作的整体系统看，组成这个有机整体的各部分又都是一个支系统，是局部。学生管理系统的整体功能是由各部分的组合形式决定的，虽然支系统都各自具有特定的功能，但它们都应服从于学生管理系统整体的目的和功能，各个支系统的要素都是为了整体目的而建立的。在横向上，坚持整体观就是处理好各个支系统之间的分工与合作的一致性，把各部门都协调到为培养全面发展的人才这一共同的管理目标上来。

第三，运用高等教育和现代管理科学理论指导高校学生管理，使大学生管理科学化。

现代治校观念要求我们靠现代科学来管理学校、管理学生。具体来说有以下两点。一要靠教育科学，要遵循教育的外部规律与内部规律办事。比如，高等教育的规模为一定的经济基础所决定，反过来又作用于一定的经济基础。高等院校作为高等教育的主要载体和平台，人才、资源、市场面临着越来越激烈的竞争，理念、体制、结构也面临新的变革和调整。高校要准确把握时代脉搏，直接面对市场办学。大学生管理也要研究新情况，解决新问题，面向21世纪培养高素质的复合型人才。二要靠运用现代管理科学的理论与方法进行管理，使学生管理队伍的组织机构严密，管理制度科学，人员分工合理，职责范围明确，奖惩分明，动作协调，工作高效。运用现代管理科学指导学生管理主要是运用它的基本原理：系统整体性原理、要素有用性原理、动态相关性原理、人的能动性原理、规律效应性原理、时空变化性原理、信息传递性原理、控制反馈性原理等。我们应在管理实践中力争使管理组织系统化、管理决策科学化、管理方法规范化和管理手段现代化。

第四，继承和发扬我国多年来高校学生管理的成功经验。中华人民共和国成立70多年来的高校学生管理工作的成功经验，是当今学生管理工作的宝贵财富。首先，社会主义大学必须坚持中国共产党的领导，坚持社会主义方向，这是我国60多年来办大学的一条基本经验。坚持党的领导就是用党的路线、方针、政策作为社会主义大学管理的基本指导思想，就是要确保社会主义大学的社会主义方向，调动全校师生员工的积极性，为培养德、智、体全面发展的高级专门人才努力奋斗。坚持社会主义方向，是由我国大学的社会主义性质所决定的。一切管理工作都要根据党的路线、方针、政策去组织、实施。各项规章制度的制定都要有利于坚持"一个中心、两个基本点"，有利于调动广大师生、员工的社会主义积极性，这是衡量管理功能与效益的基本点。其次，管理工作规范化、制度化，即把符合社会主义方向的，又经过实践检验比较成熟的民主管理和科学管理体制、程序、办法用制度形式固定下来，使工作形成规范，其中心点是责、权、利相结合，使制度的思想性和科学性统一。最后，坚持理论联系实际的原则，面向社会实践，实行教育与生产劳动相结合。社会主义大学培养的人才，必须适应社会主义市场经济的需要，在思想上有高度的社会主义觉悟和共产主义献身精神，在业务上不仅要有理论知识，而且要有较强的分析问题和解决问题的能力，要有实干精神和较强的独立工作能力。

二、高校学生管理的原则和基本方法

原则是对客观规律的反映，是观察问题和处理问题的准绳。社会主义学校管理学的原则是学生管理的内在关系的规律性的反映，不是任何人随心所欲创造的。

在学生管理工作中，管理原则处于承上启下的关键地位，是管理目标和实现管理目标的手段之间的中介，是学生管理工作中管人处事所依循的法则，是采取有效手段进行管理活动的基本要求。管理原则和管理目标、管理过程、管理方法、管理制度、管理者之间都有着密不可分的关系并处于指导地位。

（一）高校学生管理的基本原则

社会主义大学学生管理的基本原则是根据学生管理工作的目的、任务和培养学生成为社会主义合格人才的客观规律制定的，它制约和指导着其他个别和特殊原则。

1. 学生管理工作方向性原则

管理是一种有目的的活动，管理工作必然具有方向性。以坚持社会主义方向为准绳，这是我国学生管理工作的一个本质特点。我国是社会主义国家，自然要使高等院校成为社会主义性质的育人场所。社会的性质制约着学校的性质，进而决定学校一切管理工作的性质，因此我们的高校学生管理工作作为一种有目的、有意识的自觉活动，必须坚持党的领导、坚持社会主义方向，为社会主义现代化建设培养造就大批合格人才，这是高校学生管理工作必须遵循的一条最基本、最重要的原则。

2. 理论与实践相结合的原则

理论与实践相结合，坚持实践是检验真理的标准，这是马克思主义的基本原理，也是高校学生管理的基本原则。准确领会和掌握马克思主义相关科学及各种管理原理，从而把握它们的精神实质，是搞好学生管理工作的前提。但是，管理原理的应用价值和范围，是受不同学校、不同管理对象和管理者水平等因素制约的。党和国家在社会主义现代化建设阶段有着基本的教育方针和政策，在各个不同发展时期，针对不同特点，又提出了一系列具体的方针、政策和要求。这些方针、政策和要求，应当体现在各高校学生管理的具体措施、方法之中。但是科学的学生管理必须从本地区、本校、本专业、本年级学生的具体情况出发，从学生的素质、兴趣、爱好和青年的生理、心理特点等出发，制定出相应的方法和措施。

3. 行政管理与思想教育相结合的原则

培养学生的共产主义思想品德，既需要耐心细致的说服教育，也需要坚持不懈的行为训练，使学校的教育要求变为学生的行为习惯，否则，教育的效果就难以巩固。学生良好行为习惯的训练和培养，离不开科学的管理。没有合理的规章制度、行为规范，教育就会空乏无力。行政管理在培养社会主义合格人才的过程中具有不容忽视的作用，它为教育工作提供规范、准则和纪律保证，但是具体的大学生管理是通过规章制度、行为纪律对学生的思想行为进行科学的指导和制约。这些制度、措施、纪律表现为社会与学校的集体意志对大学生的要求，表现为对大学生行为的外在限制。因此，想单纯地运用管理制度去解决学生复杂的精神世界问题，是违背教育规律和不切实际的。社会主义高校对学生进行管理的措施的制定与实施，必须以提高学生的认识能力，培养学生自觉遵守规章制度的自觉性为前提。自觉地遵守纪律源于正确的认识，离不开正确的教育。我们只有通过科学而有效的思想教育，帮助学生提高执行纪律的自觉性，才能真正实现管理的效能。

4. 民主管理原则

社会主义高校学生管理工作的一个重要方面，就是要培养学生自我控制、自我管理的能力，激励学生在管理中的主动意识和主人翁态度，充分调动学生自我管理的内在积极性。因此，在社会主义学校学生管理工作中坚持民主管理的原则是符合整体管理目标的。

从大学生的心理特征看，他们处于心理自我发现期，这一时期他们产生了认识和支配自我、支配环境的强烈意识，他们的思想和行为表现为明显区别于中学生的相对独立倾向，希望自己的意志和人格受到外界更多的尊重。他们对于学校制定的规章制度、行为纪律，会思考它们的合理性，一般不希望被动地处于服从和遵守的地位，而是要求参与管理。根据社会主义大学的学生培养目标和他们的心理特点，我们在管理工作中应充分发扬民主，把学生看成既是管理对象又是管理主体。在实行民主管理时，我们应注意发挥党团员学生的作用，重视学生干部的选拔与培养。这是调动学生的积极因素，实现学生民主管理的重要任务之一。

（二）高校学生管理的方法

高校学生管理的方法是根据其管理原则，为实现大学生培养目标而在德、智、体及其他方面所采取的具体方式、步骤、途径和手段。一般有以下几种方法。

1. 调查研究

对学生的情况，要经常调查、了解、掌握，及时采取相应的处理措施。调查研究时要对调查对象、目的、方法做认真规划，不能临时应付，草率从事。调查中不带框框，坚持实事求是，不能以上级单位或某人的指示、意见为结论，到下面寻找材料佐证。在调查的基础上还要用马克思主义立场、观点、方法，对调查材料、调查事物进行分析、综合、研究。

2. 建立规章制度

在大学生管理中逐步确立一系列科学的管理制度，这是大学生管理的必要方法。制度要符合大学生身心发展特点，符合教育规律和德、智、体培养目标的要求。制度既要随着教育的发展而不断完善，又要有其相对的稳定性。

3. 实施行政权限

按照学生管理的目标、内容制定一系列规章制度、执行措施和学生行为规范，用行政方法进行管理，并通过相应的管理部门及其人员和师生、员工实施监督检查，从而使学生集体或个人的活动达到管理的目标要求。行政方法包含褒扬和惩治两个方面。对遵守管理制度、行为符合规范的集体和个人，应予以表扬；对违反管理制度、行为不符合规范的集体和个人，要有明确的限制措施，并用严格的制度约束其中的特别恶劣者。

4. 适当运用经济手段

经济手段是行政方法的补充。在学生管理活动中，对学生给予必要的物质奖励或惩罚，就是经济的手段。采用经济手段并不意味着行政方法不足以保证管理实施，而是因为直接触及学生的物质利益，它起的作用是行政方法难以替代的。用经济手段进行学生管理时，要注意防止一种倾向，即只重视用经济手段去奖惩，而忽视日常的教育和引导，忽视行政管理的作用。同样，不能只重视用经济手段奖励优秀学生，而忽视用同样的手段处罚违纪学生，或者只重视处罚而忽视奖励，导致不能发挥经济手段的作用。

第四节 高校教育管理的重要性

一、教学管理的特点

教学管理在高校各项管理工作中的重要地位及教学活动的特殊性，决定了教学管理具有能动性、动态性、协调性、教育性和服务性等特点。

（一）教学管理的能动性

教学管理的能动性是指人的主观能动性。教学管理的对象主要是教师和学生。能否充分有效地调动教师"教"和学生"学"的积极性，是衡量教学管理工作成效的主要标准。在教学管理中，教师和学生具有双重身份，教师作为对学生学习活动的组织者、指导者时属于管理者，发挥管理者的职能，而作为高校教育教学活动的执行者时则属于管理对象，履行管理对象的职能；学生既是学校和教师的管理对象，又是自身学习活动的自我管理者；教师与学生无论是管理者还是管理，对象都具有主观能动性，彼此相互影响、相互促进。

（二）教学管理的动态性

教学管理涉及的每个环节都处于动态发展的环境中，如培养方案的制订要随着社会经济的发展更新、完善，教学运行的管理要随着学校教学条件的变化进行合理调整，教学质量的评价体系要随着建设内容的变化不断地进行更新等。在不断变化中总结和提高，使教学管理水平和质量螺旋式向上发展。

（三）教学管理的协同性

教学管理的主要任务是协调好学生的个体活动和学校、教师组织的集体活动，充分发挥教师、学生的个性，有益于个人和集体的协同发展。

（四）教学管理的教育性

教学管理人员通过合理制定管理制度，有效实施管理过程，奖惩分明，帮助学生实行自我教育、自我管理、自我服务的"三自"管理，达到育人的最终目的。

（五）教学管理的服务性

高校的中心工作是育人，教学管理要围绕教师"教"与学生"学"做好服务工作。增强服务意识是对教学管理人员最根本的要求。

二、教学管理队伍的结构

高等学校教育教学管理队伍由分管教学副校长、教务处全体人员、学院（系）主管教学副院长（副主任）、教学秘书（教学办全体人员）和教务员组成。教学管理人员的结构主要包括学历结构、职称结构、年龄结构、学缘结构和性别结构等指标。科级以上管理人员岗位应具备硕士及硕士以上学历，博士学历占一定比例；处级岗位、教学副院长（副主任）和重要科级岗位应具备副教授以上职称，教授占较大比例；老、中、青各层次人员合理分布，教学管理队伍既要有教学管理经验丰富的中老年专家，又要有充满活力、信息技术强的青年骨干；学缘结构上非本校人员应该占多数比例，有利于发挥不同的管理思想，承担重要岗位工作的教学管理人员应有基层教学管理工作经历。

三、教学管理的重点

（一）注重提高教学管理人员职业道德和业务能力

学校应充分认识到教学管理人员对学校发展所起的重要作用，注重培养教学管理人员的思想素质，树立高尚的事业心、责任心及奉献精神。

首先，教学管理人员处于承上启下的关键位置，承担上传下达的工作职责，既要贯彻执行上级部门的文件精神与工作部署，又要组织、协调学校的教学管理工作，同时还要直接面对教学一线的教师，处于与学生沟通交流的前沿，这样的工作定位与工作职责要求教学管理人员首先要具有职业道德与高度的责任感。教学管理工作涉及面广、内容多，事无巨细，看似事小，实质关系重大。比如，传达上级文件精神、组织安排学校教学工作计划、教师停调课安排、考试工作安排、学籍档案管理等,年年重复,天天面对,很容易引起认识上的麻痹。看起来都是小事情,但每件小事的管理出现差错就会直接导致院（部）甚至全校教学秩序的混乱,教学工作无法正常运转,影响极大。其次,教学管理人员要具有团结协作精神。高校教学管理工作的特点之一是层次管理,既有一定的独立性,又相互协作与配合。只有具有良好的团队协作精神,才能全方位地处理好分工负责的工作,为师生创造良好的工作环境,解决工作中遇到的问题。最后,要具备较强的业务素质。教学管理人员的业务素质与能力是其独立从事教学管理工作、解决实际问题、顺利完成任务的根本条件。学校应提高教学管理人员的业务素质,使其熟练掌握教育学、心理学等有关高等教育专门知识,掌握教学管理的基本理论和专门知识,准确评估教学发展趋势,协调各部门、各因素间的相互关系,促进各类信息的精确流通,不断创新管理方法,提高管理素质和水平;结合工作实际,开展教育科学研究与实验,适应管理科学化、现代化的要求。

（二）正确处理教学管理与教学质量的关系

教学管理是学校对教学工作各方面实施的管理,根据既定的目标、原则对整个教学工作进行有序的调节和控制。教学管理的每一个环节都与教学的质量关系紧密。教学管理涉及的内容广泛,从教学质量评价系统来看,包括培养方案、教学计划的制订,教学任务的安排,教学跟踪监测,信息收集,信息统计分析,质量评价等内容。同时,根据反馈的信息和评价的结果,不断更新和调整教学计划。每一项工作的具体内容又包括许多方面,如教学跟踪监测考察教学方法是否先进,授课内容是否新颖,理论与实践的结合情况如何,课堂是否有吸引力,学生作业、实验、实习的完成情况和考试的成绩评定等内容。教学管理要始终围绕全面提高教学质量这一中心工作开展,高校应改革和完善教学管理体制,创造和建立新型的适应人才培养、素质提高的教学管理制度。

（三）正确处理教学管理人员与教师教学任务的关系

教学管理人员和教师共同承担着教育的使命,教学管理人员是以有效整合利用教育资源为主,教师则是以传播知识、启迪思想为主。"管理育人"和"教书育人"相辅相成,两者不是管理者与被管理者、监督与被监督的关系,而是相互影响、相互作用的关系。两者相互关联、密不可分,是同一目的两个不同的层面,具体体现在以下几个方面：

第一,教学管理人员是衔接教师"教"与学生"学"两者关系的纽带,协调和处理两者之间的矛盾和问题,创造良好的教学环境,保证"教"与"学"的顺利进行。

第二,教学管理人员通过整理、分析教师教学质量的各种信息,反馈"教"与"学"的情况并进行科学的评定。检查、考核教师在教学过程中的学术水平、教学水平及敬业精神,总结和评估教师是否完成教学任务制定的各项指标与计划,促使教师不断地按照社会发展和市场需求，保持高质量的教学水平，培养适应社会需求的高质量的人才。

第三，教学管理人员和教师共同参与学校的专业建设、课程建设、教材建设、实验室建设等工作。通过对教学的调查、研究、分析，提出改革和改进教学工作的方案和计划。

第四，教学管理人员为教师提供教学所需的帮助，创造优质的教学环境，让教师集中精力投入教学。

（四）注重教学管理与教学研究的关系

教学管理是一个长期建设和积累的过程，高等学校能够完成日常的教学管理，保障教学的正常运行，只是完成了第一层次的工作，标志着有了一个良好的工作基础和教学环境。要提高人才培养质量，提高教学管理水平，必须开展教育教学研究。实践证明：重视教育教学研究工作的学校，其教学工作的指导思想明确、目标选择恰当，能审时度势，从国情、校情出发确立新思想、新思路、新措施、新制度，教学工作和管理工作处于高质量状态。教学管理和教学管理研究开展较差的学校，其教学改革往往比较落后，抓不住教学改革的重点与核心。因此，注重教育教学研究，是教学管理提高水平、质量和效益的关键所在。

四、高校教育管理的重要性

教学管理是高校教育工作的重要组成部分，对培养高质量的人才起着重要的作用。加强教学工作的主要任务和基本举措是加大教学投入，强化教学管理，深化教学改革。这既需要各高校结合本校实际，健全和完善各项教学工作规章制度，还需要采取措施，确保各项规章制度严格执行。高校实施先进有效的教学管理，离不开高素质的教学管理人员。只有具备一支业务能力强、创新意识强、实干精神强的教学管理队伍，高校的教学管理水平才能不断地提高。

（一）教学管理人员具备的素质能力

现代教育要求高校教学管理必须适应时代的发展，对在第一线的教学管理工作者提出了更高的要求，要求他们具备多方面的综合能力和素质，具体表现在以下几个方面。

1. 具备高尚的道德素质

良好的道德素质是搞好教学管理工作的基本条件。高校教学管理人员的道德素质如何，直接关系到学校教书育人的成效。"学为人师，行为世范"，教学管理人员应以自身的思想、学识和言行以及道德人格力量直接影响学生，做到管理育人。

2. 具备强烈的责任心

教学管理工作既有较强的连续性，又会遇到新情况、新问题；工作头绪多，任务重。

强烈的责任心能产生工作主动性,是教学管理人员必备的品德。如每学期的期末考试,从安排、组织考试,到上报各种考试报表,再到各科试卷、成绩单的整理归档,每个环节都必须认真负责,才能较好地完成工作。

3. 具备扎实的业务知识素质

首先,要掌握系统的管理学知识。随着教学体制改革的深入,教学管理人员应掌握系统的管理学知识,按照管理规律办事,采用科学的管理方法,合理地分配人力、物力、财力,提高教学管理工作的效率。其次,要掌握相关学科知识,这是搞好教学管理工作的基础。院级教学管理人员应了解本院各专业的培养目标、课程体系及各教学环节的有关内容。最后,随着科学技术的飞速发展,办公自动化的程度越来越高,教学管理人员应学习和掌握相关的信息手段与技术,如掌握学籍管理系统、教材管理系统、教务管理系统、教学评估系统、毕业证书管理系统的应用及有关日常文书处理软件的使用等,促进教学管理方法的创新,保证教学管理工作的规范化、科学化和现代化。

4. 具备较强的工作能力素质

能力是使教学管理活动顺利完成并获得预期效果的基础和保障,能力的培养和提高甚为重要。一名优秀的教学管理人员应具备一定的组织管理能力,较强的协调应变能力,利用现代化设备获取信息、处理信息的能力,较强的调查研究能力及团队协作能力等。这些能力是教学管理人员准确评估教学的发展趋势,协调各教学单位间相互关系,促进教学信息良性流动所应该具备的基本素质能力。

(二)教学管理的重要性

从世界高等教育的发展趋势看,深化教学管理是当今世界高等教育发展趋势的客观要求。提高人才培养质量是世界各国面临的共同课题,高等学校都在思考"21世纪的高等教育应该如何发展"。严格规范的教学管理,特别是加强教学质量的控制是提高高等教育质量的重要保证,向管理要质量是教学改革的重要任务之一。

从高等学校教学管理的实际需要来看,近年来,我国高等教育得到了快速的发展,中国高等教育在学总规模位居世界第一。但教育大国不等于教育强国。同时,有相当一批院校还没有形成健全、完善的科学管理制度。由于办学规模的不断扩大,师资队伍的结构发生了较大的变化,教学和管理的经验不足,传统继承研究不够,教学管理队伍的建设还没得到充分的重视,且教学管理干部变更频繁,管理干部的素质结构和水平、教育思想的观念还不能适应现代化高等教育快速发展的要求,在一定程度上制约了教育教学改革的深入和健康发展。

从高等学校教学和管理队伍的历史、发展和形成来看,目前绝大多数从事教学管理工作的人员在校学习期间缺乏系统的"教育学""心理学""教育管理学"等方面专业技术知识的学习,大部分人员是通过实际工作的不断探索而积累经验的,不能够从理论上、教学规律上更好地把握教育工作和教学改革的建设工作。

从高等教育科学的发展来看，许多学校没有把高等教育教学管理作为一门科学来对待，学校的教育教学管理不到位，没有形成必要的校内外教育研究信息沟通机制。学校缺乏教育教学研究的氛围，缺乏有组织、有计划、有目的的教育教学及管理研究，对学习、借鉴、继承、发展等一系列问题缺乏系统的思考和具体安排。

（三）管理队伍建设的意义

加强教学管理队伍建设是增强学校竞争力的有力举措。随着社会的发展，高校间的竞争越来越激烈。如何招到更多的优秀学生，如何培养出更多的高素质学生，如何使本校的学生在就业市场占据有利的地位，成为各高校普遍关注的重要问题。而从新生入学、过程培养，到毕业生离校的整个学习过程，任何一个环节都离不开教学管理的保障。教学管理队伍实力强，则贯穿于教学过程中的理念就更先进，制度就更健全，教与学的环境就更严谨、公正，学生掌握的知识和技能就更全面。加强管理队伍建设将使教学质量得到提高和保障。

加强教学管理队伍建设是提升学校教学工作水平的必由之路。21世纪初，教育部关于《普通高等学校本科教学工作水平评估方案》列出了19项二级指标，"管理队伍"是其中的考核项目之一；第二次全国本科教学工作会议后出台的《关于进一步加强高等学校本科教学工作若干意见》中，教育部共提出16项具体要求，其中"强化教学管理……加强教学管理队伍建设"是其中之一。由此可见，在考察教学管理水平时，教学管理队伍的建设是重要的评价指标。实际工作中，教学管理队伍也确实为提升教学工作水平发挥了关键性的作用。无论是办学指导思想、师资队伍建设、教学条件和利用、专业建设与教学改革，还是教学管理、学风与教学效果，所有这些决定教学水平的项目，都与教学管理人员的工作息息相关。只有加强教学管理队伍建设，并将高素质的教师队伍与高质量的教学组织管理有机地结合起来，才能创造出良好的教育教学质量，不断地提升教学工作水平。

加强教学管理队伍建设是提高人才培养质量的重要手段。人才培养是高等学校的根本任务，质量是高等学校的生命线。为全面提高人才培养质量，必须强化教学管理，深化教学改革，积极推进教育创新，尤其要推进人才培养模式、课程体系、教学内容和教学方法的改革，促进传授知识、培养能力、提高素质的协调发展。教学管理人员是深化改革、推进创新的主要策划者、实施者和监督者，教学管理队伍的水平直接决定了学校教学改革的广度、深度和力度。所以，提高人才培养质量必须加强教学管理队伍的建设。

第二章 高校教育管理的现状

第一节 高校教育管理的现状分析

目前,我国高校教育管理正处于从信息化向智慧化演进的过程中,虽然我国高校教育管理大数据平台建设取得了一定的成效,但也存在一些问题而必须予以高度重视。例如,高校的信息化建设参差不齐,高校管理层对大数据、云计算技术认识不足、重视不够等问题。在数据化浪潮中,谁能及时把握先机,谁便能占领竞争高地。我国各高校要在顶层设计、体制机制、技术研发和推广探索等方面进一步加大力度,要坚持"以人为本"理念和"绿色科技"的原则,推进数据资源的共建、共享和共用,从而使大数据技术真正成为促进学生全面发展、教育管理智慧化和学校内涵建设的利器。高校大数据教育管理发展有以下现状。

一、当前高校学生工作管理面临的新形势

加速地对外开放、不可预测的市场生命力、多元化的思潮、炫目迷离的机遇、虚拟无边的网络、虚实错杂的信息……一切都处于高速的发展变化中,时刻冲击着传统的学生工作管理模式。随着世界经济全球化、文化多元化、信息网络化以及社会组织形式和生活方式的多样化等新形势的出现,高校学生工作管理面临着新的挑战。

(一)社会发展的新变革

当前,我国正处在深刻的社会转型之中,国际国内形势复杂多变。这给高校学生工作管理带来的新形势主要有以下几点。

1. 全球化趋势日益明显

现代科技的进步,尤其是空间信息技术的发展和普及,为全球化提供了超越时空的

物质手段。由此世界范围内各种联系不断加强，各民族、国家、地区之间交往的时空限制被极大弱化，全方位沟通、联系已经逐步成为现实，各国家、地区间相互依存，共谋发展，优势互补，极大地推动了人类和社会的全面发展。

然而，全球化是一把双刃剑。在全球化进程中，民族文化、社会思潮相互碰撞，对社会主义中国的文化建设既有积极的借鉴作用，又有不可避免的消极影响。大学生正处于思维活跃、求知意识旺盛的阶段，他们好奇心强、易于接受新事物但辨别是非的能力不强，容易受不良信息的误导。

2. 中国社会主义市场经济体制日臻完善

中国特色社会主义市场经济体制的建立、发展和完善，使利益关系呈现多元化的趋向，过去许多传统的、相对单一的企业内部组织关系转化为不同主体之间的利益关系，反映到分配方式上，就是技术、知识、管理等生产要素进入分配领域，呈现出利益分配的多种形式。这一切都对人们的思维方式、价值取向、行为习惯、情感模式等产生巨大影响，人们思想活动的独立性、选择性、多变性和差异性日益增强，从而导致人们价值观念的嬗变。这有利于大学生树立自强意识、创新意识、成才意识和立业意识，但同时也带来了一些不容忽视的负面影响。

3. 文化思潮日益多元化

伴随全球化进程的加快，在现实社会中，文化提供给人们的将不再是单纯的色彩、固定的理念，而是丰富多彩的本土文化、外来文化和由多种文化融合而产生的混合文化共存的局面。世界上不同的地域、不同的国家、不同社会制度下的文化相互融合并共处于同一环境，使我国的文化结构呈现出色彩缤纷的多元化趋势。

文化多元化为人们提供了各得其所的选择，人们可以按照不同的文化趣味生活。热情奉献中夹杂着对个人利益的考虑，以身作则中存在着自由主义的倾向，以大局为重的主流下夹杂着个别本位主义思想的表现，都在一定程度上说明了社会上多元文化的并存与杂合。当代大学生作为最敏感的群体，最先感觉和接触多样性文化，这对他们的认识论和价值观起到了潜移默化的作用。

4. 网络化生存方式带来新变革

互联网技术的高速发展，使地球变成了"地球村"，社会的生产、生活都紧密地联系起来，使人们能随时随地获得最新资讯。互联网是人们认识世界的一种新方式，也是人们改变世界的一种新方式。

网络可以使大学生开阔思维，也可以促进大学生观念的实时更新，对大学生的竞争意识和创新意识的激发具有重要作用；大学校园文化的新领域被开辟出来，形成了大学生新的文化范畴和文化精神。例如，BBS讨论区、网上主题论坛等，都受到了大学生的青睐。高校教育管理者通过这些途径，使教育管理具有互动性和灵活性，从而在某种程度上实现受教育者与教育者的平等对话。但是，网络的虚拟性带来的诸多不良影响也应该引起相关教育者的重视。

5. 教育法制化建设有效推进

随着法治理念的普及和个人权利意识的增强，原有的管理思想、管理模式、管理方法越来越不适应形势的变化和发展，使得高校管理的实践进程不可避免地出现新旧观念的碰撞、价值矛盾和权利的冲突。教育法律体系的进一步完善，是社会主义法制建设的要求，也是教育管理自身的要求。

在法制化建设过程中，不仅高校主体意识觉醒，大学生权利意识也有了很大的提高。他们不再是简单地服从于学校管理，他们的权利诉求不断高涨，他们需要从学校获得更多的自由和保护，而不仅仅是遵循学校的各种规章制度。当某些权利诉求不能获得公正、公平的处理、对待或者学生们认为没有获得应有的对待时，他们开始利用各种方式来维护自己的利益，甚至与母校对簿公堂，高校学生工作管理的权威性受到了前所未有的挑战。

（二）高等教育改革的新趋势

1. 高等教育的大众化进程

高等教育大众化使得接受高等教育的人数激增，越来越多的学生有机会接受高等教育，满足了其接受高等教育的要求。但是学生人数的激增，导致高校师资紧张，教学设施短缺，后勤服务以及管理工作跟不上，从而诱发学生与教师，学生与学生，学生与后勤管理、教务管理等部门的矛盾。另外，学生人数的激增也增加了高校学生工作管理的难度。从生源质量来看，相比较精英教育阶段，学生整体素质有所下降，个体差异较大，表现出自律性差、学习不主动等特征。由于学生人数的剧增、素质状况的参差不齐，学生的学习、生活、活动方式，学校的教学组织、宿舍管理等都发生了变化，高校学生管理的载体也相应地发生了新变化。

2. 学分制、弹性学制的施行

学分制是高等教育适应市场经济体制、适应社会需要的教学管理模式。学分制基于个体差异，允许学生从自身的基础、能力、兴趣出发，跨专业、跨学科选课，强调学生个性的培养，拓宽了学生学习的时间和空间，增强了学生自主选择的可能，发挥了学生的自主学习能力，凸显了学生的主体地位。一方面，有利于培养学生自我教育的意识和创新能力；另一方面，也符合时代发展对培养新型人才的要求。

学分制取消了传统的班级单位制，以班（年）级为核心、以"校、系、班"为纵向管理框架的学生工作管理模式的成功经验和做法，正在逐渐丧失优势。在学生自主、自由空间增大的情况下，学生工作管理系统如何建立相应的教育、管理、引导机制，既能保证加强学生的管理，又能促进学生个性的发展，成为当前必须解决的问题。

3. 高校后勤社会化改革

高校后勤社会化是高等教育领域的一项重大改革，是高等教育发展的必然要求。后勤社会化提高了学生生活和学习环境的质量，使学生学会面对市场经济进行思考，能近距离地与社会接触，体验到竞争的激烈和残酷。通过勤工助学的和志愿服务等劳动实践，养成勤劳俭朴、吃苦耐劳的品格，培养自我控制、自我管理和自我服务的能力。

但是，高校后勤社会化改革将学校与社会紧密联系起来，引发了一系列的矛盾。由于学校、后勤服务单位及社会有关方面等主体追求目标不同，不可避免地带来价值取向、管理理念的碰撞，从而削弱了学生工作管理的力度。另外，后勤社会化将管理者与被管理者的关系由原来学校与学生的关系，转为经营者与消费者的契约关系，由于没有形成完善的整体调控制度，出现管理上的空白也不足为奇。

（三）大学生成长的新特点

1. 全球化意识和接受外来文化意识增强

随着信息全球化趋势的不断加强，大学生的思想也呈国际化发展的趋势。按照国际通用人才标准，大学生应培养自己参与国际经济文化交流、合作和竞争的素质与能力，提高个人对知识经济的认识，注重对外交流和对国外文化的吸收。

2. 思想活跃，求新意识较强

在高科技迅猛发展的今天，青年学生获取信息的重要来源和交流情感的渠道骤然增加，正在极大地改变着他们的生活方式、学习方式、交往方式、娱乐方式甚至语言习惯，对其思想观念的形成产生重要而深刻的影响。

3. 价值观的判断和选择上存在矛盾

在一般情况下，绝大多数学生认同集体主义，反对个人主义；认同奉献精神和社会责任感，认为诚信是一个人最重要的品质之一。但在具体价值选择上，一部分学生更注重自我发展、自我实现，且更多地考虑个人利益和物质追求。

二、系统规划不足

大数据时代，高校管理者也需要提高数据素养和数据能力，这样才能对全校信息化建设具有统一论证及科学规划。国内教育信息化建设前期缺乏统一标准和统一规划，因此管理粗放，资源浪费严重，影响管理决策的准确性和针对性，建立基于教育云的统一教育管理平台是大势所趋。目前，虽然高校也建立了ＯＡ（办公自动化）系统、一卡通、教务管理系统、学生管理系统等，但是以业务流为主导，各个系统互不兼容，信息之门闭塞。随着高校办学规模扩大、业务部门增多，学生往往要登录多个管理系统、等待审批。

甚至在系统运行、维护、升级时，也面临着新旧系统中仍然处于活动状态的业务处理尴尬局面，新旧系统同时运行，增加了工作人员工作量。而在线开放课程建设方面，一些高校还在观望或消极等待，有的什么都想干、什么都想抓，优势特色不明显，成果成效不突出。这一切问题的出现，根本原因都是顶层设计不足。因此，高校要加强大数据教育管理发展的统一规划，在高校教育管理系统建设中引入数据流和业务流（工作流）理念，构建基于数据流的工作流信息系统开发模式，使数据在各个管理部门之间畅通流转。

三、缺乏资金保障

运行与维护成本高，资金已经成为我国高校大数据教育管理发展的重要制约因素。学校受经费限制，基本采取自维护的方式，这既解决了部分资金不足问题，又培养了信息化人才。通过以网养网，保障运行经费，已达成共识，但也带来了一些负面影响。有些高校已经尝试流量区分，对正常的教学科研活动实施免费，以消除负面作用。这种积极尝试，是一个良好的开端。当然，开放办学，大规模优质有偿MOOC应该也是高校增收的另一途径，这一切要求高校必须有长远的眼光和战略的思维。当前，在我国高校大数据教育管理发展初期，有效的融资机制尚未形成之际，政府应担当起重要职能，加强对教育发展的宏观调控，加大对高校大数据教育管理建设的资金投入。高校也可以探索社会BOT（建设-经营-转让）融资模式、PPP（公私合作）融资模式，将大数据教育管理中某些建设的资金和经营压力与社会力量分担，如网络、服务器、云平台及智慧宿舍等一些硬件建设项目，吸引社会企业、非营利机构或营利机构进入共建，到项目特许期或专营期满后，所有权和经营权转移给高校。

四、缺乏法规体系

大数据平台建设及服务将成为未来高校发展的重要课题，那么随之而来的薄弱环节是维护的问题，而不是建设问题。由于错综复杂的人群及数据应用，高校大数据平台的安全与管理问题日益突出，这给高校带来了巨大的挑战。"成也萧何，败也萧何"，安全问题也是大数据技术发展的最大障碍，建立安全管理体系是建设智慧校园的重要保障。各类安全技术和防护手段，如加密、身份验证、访问控制等，涉及三个方面的内容：实体安全、运行安全和信息安全。实体安全包括环境安全、设备安全等方面；运行安全包括风险估计、备份和恢复等方面；信息安全包括操作系统安全、数据库安全和网络安全等方面。

五、缺乏专业支撑

市场巨大、人才缺乏分别是我国大数据发展面临的最大优势和最大劣势。目前大数据产业发展迅速，无论国内、国外，学术界与企业界之间的人才竞争都非常激烈。并且，我国目前还没有建立有利于大数据人才脱颖而出的培养机制。本来我国教育界、科技界的人才就缺乏，而在大数据领域，统计、机械学习等相比而言更弱，所以这个问题需要引起重视。

六、缺乏协同创新

我国数据中心重复建设现象严重，包括高校数据中心，是普遍存在的问题。各系统的不同步对各种数据的精确统计会造成很大麻烦，教务系统有一个学生人数，就业部门也有一个学生人数，奖学金评定部门还有一个学生人数，各种数据之间未形成关联和同步更新。最后，各部门、各单位、各院系建设的后台数据库，一旦发生数据变化，就可能造成旧数据的缺失。建立一个流程化、可管理、可伸缩、可靠、安全、成本低、绿色节能的云化数据中心势在必行。

七、缺乏共享机制

数据共享机制有赖于开放机制的建立，开放数据的数量、数据的可读性、数据共享的便捷性等是衡量一个国家、地区、单位数据共享水平的重要标志。国家政府数据统一开放平台是大数据开放的先行先试区，目前我国国家政府数据统一开放平台建设处于起步阶段，已取得初步成效。北京、上海、浙江、山东青岛、湖北武汉等地地方政府都已经建立了专门的政府数据开放的网站。目前我国政府数据开放平台却普遍存在数据可读性差、获得便捷性不够等问题。另外，数据开放共享的生态圈没有建立。数据的利用者能力非常关键，机构用户、增值开发者、一手用户、二手用户等是一个生态圈，各自发挥不同的作用。这个生态系统中最大的两个群体，一个是政府，是开放数据的，另一个是市场，是利用数据的，要培育、辅导和支持生态圈的形成，让数据被开发出来、被利用起来，对整个社会产生价值。这两大群体又受到内外部环境的影响，即使一个地方的政府非常愿意开放数据，但这个地方的经济社会信息化环境并不利于数据的开发利用，用不起来，无法产生真正的社会价值，那就无法产生效果。

八、缺乏深度合作

当前高校大数据教育管理发展还存在校企深度合作不足的问题，大数据应用产品缺乏，活跃的企业不多。另外，成熟的教育软件不多，校企合力不足。目前我国高校信息技术软件应用系统建设模式主要有：购买成套产品、学校主导与开发商合作共同研发；用外包系统，很多订制；用外包系统，很少订制。其中，购买成套产品占大多数。我国高校教育管理软件不够成熟，由于企业擅长技术而短于业务，而高校擅长业务却短于技术，二者研发合力不强。因此，在系统实施过程中，技术企业要根据高校具体业务要求进行定制化开发，针对教育软件用户在教育实践中的痛点，研究亟须改革和解决的问题根源。当然，更提倡高校相关专业教师发挥熟悉业务、了解实践需求的优势，自主开发研究系统。最后，还存在优秀智慧教育方案推广不足的问题。相比国际发达国家智慧教育，我国智慧教育起步较晚，智慧教育技术研发效能与觉醒程度及创新实力成正相关，推广应用效能与观念解放及技术运用能力成正相关。"好酒也怕巷子深"，缺乏有效的宣传，导致优秀的高校教育智慧设备、教学资源和智慧应用方案得不到广泛运用。借鉴支付宝、滴滴出行、百度云等商业软件的宣传推广策略，智慧教育解决方案的宣传策略应更多注重体验性，营销策略及盈利模式更应注重分步有偿化或"貌似免费"法，技术策略更应注重简单化与融通化，即平台功能丰富、融通，软件使用简单易学。当然，智慧教育理念深入人心、智慧教育技术的"教技合一"必定是一个长期过程，通过有效的宣传和推广，可以将这个过程的时间变短。

九、缺乏有效激励

高校大数据教育管理的发展在教师中存在一些阻力，虽然我国多数高校为数字化教学资源建设提供了一定额度的资金奖励、提供资源开发工具、提供资源开发的相关培训和一些技术支持，但是教师的积极性并不高，这成为我国高校大数据教育管理发展的另一障碍。其主要原因包括以下几个方面。一是高校教职员工对高校大数据教育管理的认识不足。教职员工对什么是大数据教育管理，大数据教育管理会带来什么效果，MOOC、SPOC、微课等对传统教育教学改革有什么意义等问题，并没有清醒的认识，更不能从学校发展的全局和未来教育发展的趋势出发而进行教育教学变革。二是大数据技术、翻转课堂、MOOC及微课等新技术群给教师带来学习压力。人的本能是守旧和惰性，对新事物有一种本能的抗拒。因此，智慧教育的教育方案、大数据教育管理的软件等必须朝着"方便、简单、智能"等方面发展，这样才能从技术使用的简单易用方面占领市场、赢得用户。三是大数据教育管理的优势并未充分显现。特别是在大数据资源建设初期，大量的数据输入和管理工作，似乎遮蔽了大数据技术使用在后期会产生的种种"好"，这种"近视"现象也是高校大数据教育管理阻力产生的根源之一。当然，面对数据"原住居民"的大学生，作为数据"移民"的教师需要勇气向"旧我"挑战和超越，只有顺应时代发展和教育改革潮流，提高自身数据素养和信息素养，才能在数据时代创造新的成绩和辉煌。

第二节 高校教育管理的信息化背景

一、高校教育管理信息化创新面临的挑战

信息革命给人们的生活带来好处的同时，不能否认的是，它也会引发一些负面影响，不能根除。有关信息的所有问题不能指望全都解决，亦不能把信息作为洪水猛兽。技术对教育管理的深刻影响，还有教育对技术的负面影响，这都是我们应该深刻思索的问题。

（一）教育管理信息缺乏实证性

当今信息技术带来十分容易得到的信息量，使得许多人不再热衷于调查。一些管理者为图便捷忽视实际调查的同时，直接从互联网上下载其他机构的规章制度，这在教育管理规章制度施行中很常见。在有限的信息技术知识只供给我们有关"何时""何地""何事"的"硬性信息"的条件下，如若只考虑我们的结果，却不能给我们带来思索及处理问题的方法，这是不够的。若是信息技术没办法与现实相呼应，只能是生硬的、无活力的应用。所以，在现代信息技术的支持下，信息和实践相结合是教育管理中必须特别注意的问题。

（二）信息安全与保密

教师、学生、课程、学籍、教材、教学、教学网站之类的信息等组成了教育管理信息。在现代信息技术的依托下，特别在于教育管理中的信息系统，因其能开放和互动，在复杂的程序下，信息和教育管理系统自身的弱点和疏漏使得信息极其可能被随意取出，复制和拦截的问题在存储和传输过程中十分常见，导致信息泄漏，有安全隐患。设置了一定的访问权限，但仍有一些机密信息将被窃取或篡改（如黑客）。如其他电脑程序一样，计算机病毒的攻击对教育管理系统来说也极其有害，如若系统瘫痪，学校范围内的教学将难于惊醒，由此带来的损失将是巨大的。

（三）教育管理信息的零散及不对称

信息时代的进步给人类太多的信息，但是较之于太少的信息，这也是一个阻碍。文化的浓缩是电子媒体带来的特色功能，然而随之而来的文化的碎片化是人们的一种障碍。

如今在单位时间内人们得到信息很容易,这是由于信息技术日益发达的传递和处理带来的。教育管理人员拥有如此繁杂的信息,在选择时很可能错乱,特别是令人模糊的内容出现时,像是各种混淆视听的信息,这样就使得判断产生困难,管理或决策也容易有很大的问题。由此信息在传播时也导致了新的信息匮乏。

高校这个整体在和学生、教师之间、师生之间以及教师相互作用中的内在关系,也存在着信息不对称的表象。尤其是基于教育管理现象中的信息不对称。教学和管理中信息化在学生和教师两方面各自水平要求有所不同,像是对计算机操作技能的不同的要求的水平,只有在网站信息发布学校的教育管理部门,忽略了对象本身,很难保证教育的公平性。对于教师教学质量的评价,在收集学生网上反馈时,教师可能过于严格,因此学生去进行评价时就会有多方面因素的影响,因而比较随意。倘若教师的教学质量只取决于学生单方面去进行评价的话,这样可能不会促进好的教师,并且还会让有些不负责任的教师更加散漫,这样产生的教学质量评价也就不会具有一定的效用。

(四)教育管理人员总的素质水平很可能降低

因为信息技术的限制,垄断信息来源和程序等形式,致使信息的系统化、规范化、程序化,这样做不仅会造成直接和片面的影响,也让人们毫不费力地去直线反应,导致行为僵硬、呆板。管理者很大程度上依靠信息技术的话,就会失去独立探索问题的能力,还会脱离实际。以上行为会对教育管理者综合素质的发展产生不利影响。

(五)高校教育管理中问题待解决

1. 管理观念和体制滞后问题

高校教育管理信息化经过了多年的实行,而具体到实施过程的话,太多高校仍然把精力投入到主要建筑和硬件平台,而忽略了现代、高效和智能化的教育管理理念,管理的概念、理论,还是习惯于传统的教学模式,管理模式没有与时俱进。主要在于高校决策部门没有发挥作用,且有关制度不健全,没有专门的职能人员的设置。

2. 没有全面深入的认识

在教学信息管理方面,高校对于它的重视程度不尽相同,但是问题却是有的,一是了解的程度;二是相应的规划和机制没有建立以及完善,没有给予足够的重视。另外一些高校忽视教育管理的核心任务,重管理教学;在机构设置上,人员配备的问题没有得到解决,没有相应的信息和科学的施工队伍,落后思想,在复杂和混乱的局面,仍有大量的工作目前还不能有效地应用信息技术,管理方面也不健全。

3. 信息资源建设跟不上时代发展的问题

教育管理信息化的基础主要是对信息资源的有力建设,然而信息资源建设在我国很落后。一是缺乏强有力的教育行政部门的指导和协调。二是高校之间没有沟通，也没有基本的出发点去统一、去相互支持建设。三是学校内部各部门之间很少进行沟通协作。管理的分离，使得教育管理的数据共享无法得到充分实现，由此使各部分之间脱节，产生了很多不必要的行为，也使得数据的准确性问题大大降低，这样分散的部门各自对管理信息系统进行关于本部门的工作安排，使得数据被多次采集，增加了工作的负担，且使学校整体的工作没有得到有效的改进，还浪费了人力。

4. 信息资源的建设不够规范的问题

教育管理信息化最主要的还是进行信息资源的发展，开发和建设信息资源是教育管理信息化建设的基础，同时也需要不断地进行探索才能有所发展。信息资源的标准化问题在整个教育管理信息系统中起着关键作用。信息的编码规则是不是实用、直观，能被广泛应用，它的前瞻性又能不能和现在及未来的教育管理模式相适应，这都需要加以考虑。采集数据时，要把握数据的精确性，用科学的方法得到科学的数据结果。只有把信息技术和教学信息资源展开深层次的融合，发挥二者在互相促进与互相补充方面的作用，才可以打造完善化的教育管理信息系统。

5. 教育管理信息系统的开发问题

教育管理信息系统属于支撑和实行多校区远程教育管理的核心软件。它作为一个复杂的项目，需要大量资金投入，能涵盖很多区域，功能很强大，同时对技术的要求很高，需要长期开发才能实现。在开发的过程中，软件编程和代码编写都要求专业的人才并有大量经验，同时了解教育管理，具备教育管理经验，还应具备软件开发的条件和机制。事实上，对于普通高校来说，宜采取引进与购买两种发展相结合的方式。利用这样的方式能够明显提升软件开发效率，减少成本耗费，二者开发的重要依据是学校实际管理特征与个性化管理需要。

6. 教育管理制度的定位问题

普通高校尤其是成立时间并不长的高校，教育管理体制确定的是学年制，假如完全实行学分制的直接飞越，会让广大师生因为无法适应新管理，而产生一系列的问题。所以，在教育管理制度的定位和选择方面，一定要循序渐进，不能一下子到学分制，而是向着学分制过渡，考虑到师生的管理适应度。

7. 教育管理队伍的建设问题

教育管理信息化是对技术和各方面要求极高的一项工作内容，也因而提高了对教育管理人员的素质要求。因为教育管理者与教育质量和信息化建设存在着不可分割的关系，只有促使他们树立现代化的教育观念，有效积累获取多元化管理知识，并且懂得去创新，才能够真正掌握信息化技术，进而为管理信息系统的构建做出突出贡献。所以，教育管理者一定是拥有极高综合素质的管理型人才。高校除了要在软件和硬件建设方面加大工作力度之外，还要加大对教育管理者的教育培训，不断提高他们的实际应用能力，培养信息素养，丰富他们信息技术知识技能。再有，信息管理的制度要健全，特别是考核和奖惩制度，这些制度只有科学规范，才可以激励和促进信息管理队伍的发展。

8.ICT与教育管理融合不和谐

目前，高校教育管理信息化仍在不断探索，从单纯的信息和通信技术的研究和探讨，对教育教学指导法的不足；从单纯的管理理论和教育教学的规律，研究ICT支持的缺乏。主要表现在以下几个方面。

（1）高校教育管理实践在发展中，矛盾体现在两方面

一是继承传统的教育管理模式，应对新的问题和产生的新技术，在新形势下由于固有的传统的思维样式，且没有与时俱进的理论与思想的指引，不知所措；二是信息技术已应用于教学和教育管理，但应用不理想、管理效率低下的现象仍然十分严重，资源浪费现象还普遍存在。

（2）对统一规划和协调

在教育信息化发展方面还存在着很大的不足，宏观层面无法从学校和高等教育管理系统、应用平台等方面完全利用信息资源，更无法实现资源共享，这样使管理的效率有很大程度的下降。

（3）由于信息的标准化不够统一

因而我国教育软件业开发出来的产品各有不同，使极多的信息各自孤立，极难完全得到应用。

（4）ICT和教育管理的共融还难以实现

怎样使软件输出的资料适应教育教学基本规律，以及使现代教育中管理的理论与应用系统有效结合，让人性化管理和个性化服务的特点得以实现，是教育界和ICT界亟须解决的问题。

二、大数据时代促进高校教育管理的创新

（一）大数据时代对高校教育管理的理念与思维进行了创新

传统教育模式下的教学材料通常是一些教师通过自己的教学经验材料开发的一个更主观的教学材料，有很大局限性，国民教育效果的反应是无法完整真实地统计数据，所以传统的模式受到发展的限制。大数据时代正在彻底改变这种现状，在大数据时代，我们通过网络调查和统计，可以非常迅速地对现有的材料进行处理，通过这种方式我们可以找出教材的优缺点，在最短的时间内，这些优点和缺点往往更客观，没有太多的主观

意识。

（二）大数据时代对高校教育模式进行了创新

传统的高校教学虽然大多数的大学课程是开放的，允许非专业的学生参加，但这种模式的弊端仍然是教学资源集中，大学教育资源只能集中在大学，其他大学和社会无法传播。但在大数据时代，将根本改变这种集中教学模式，教师可以通过网络将自己的课程上传到网络，使网络中的学生反复聆听加深印象，把握重点；网络教学所面临的受众更广泛，向大学或其他大学的学生和社会人员讲课，所以教育不再局限于大学。现在网络教学的模式，实际上已经有不少。例如，目前流行的MOOC优质教学资源，以便使一般大学的学生也可以享受一流的大学教学资源。MOOC是对我国教学资源不平衡的一个很好的改进，它除了其他在线教学的优势外，还有自身独特的优势。事实上，网络教学模式在高等教育大数据和管理时代产生的影响深远，它不仅要继续发展以及应用到传统课堂教育管理模式，还要把关注点放在网络教学方面，以保证良好的教学效果。

（三）大数据时代对高校教育的评价模式进行了创新

教育评价是高校教育体系建设当中的一项重要内容，在优化高校教育管理、提升教育质量等方面，发挥着不可替代的作用。为了从根本上优化教育评价模式，有效适应大数据时代的要求，就要积极将大数据应用到教育评价模式构建当中，借助大数据手段完成教学评价研究，为教育综合水平的优化提高提供根据与支持。大数据时代让传统教育评价发生了彻底变革，使得教育评价不再拥有过多的主观色彩以及经验之谈，变成了拥有客观现代科技为支持力量的客观评价模式。这样不仅能够有效获取不同教学平台当中的数据信息，获知学生对不同导师课程的点击量，还可以借助活跃度调查的方式，完成对教育整体的评价，保证评价活动在客观数据支持之下提升质量。

第三节 高校教育管理取得的主要成绩

高等学校的根本任务是培养德、智、体、美、劳各方面全面发展的社会主义事业的建设者和接班人。学生工作管理是高校工作的重要组成部分，它对于培育适应21世纪经济社会发展需要的"四有"大学生至关重要。几十年来，各高等学校对学生工作管理都十分重视，投入了大量的人力、物力和财力；学校的学生工作管理者认真贯彻党的教育方针，围绕学校培养目标，大胆实践，努力探索，形成了一套行之有效的工作途径和方法。

他们热爱学生、关心学生、爱岗敬业，为培养学生付出了巨大的劳动和心血，为我国的社会主义建设培养了大批合格的专门人才。特别是近年来，高校学生工作管理队伍在学生工作管理的科学化、规范化上进行了有益的研究与探讨，取得了一定的成绩，归结起来主要有以下几点。

一、加强大学生思想政治教育，为大学生成才提供精神动力

大学生的日常思想政治工作是课堂教学、德育课、形势政策课等之外的重要补充，具有有针对性、时效性等特点。高校学生工作管理注重大学生的日常思想政治工作，解放思想、更新观念、提高认识，树立"一切为了学生"的教育理念，增强服务的意识，强化服务的功能，自觉、主动地为大学生成长和成才服务。既坚持教育学生、引导学生、鼓舞学生、鞭策学生，又做到尊重学生、理解学生、关心学生、帮助学生；对大学生学习、生活规范管理，促进大学生向有道德、有纪律的方向发展；提高大学生的文明素养，促进大学生文明习惯的养成。思想政治教育工作要做到学生的心坎里，要被学生接受，要受学生欢迎，达到解疑释惑、化解矛盾、鼓舞士气和激发热情的作用，为大学生成才提供精神动力和舆论力量。

对大学生的思想政治教育，一般采取集体、小组、个别教育的形式，运用大会、讨论、学习、讲评等方法，结合不同阶段学生的思想状况，有目的地对学生加强思想政治教育、引导大学生全面提高素质。例如，通过各项先进评奖、"三好学生""文明宿舍"等，引导学生开展创优争先活动，努力学习，积极进取，在学习、品德、行为、身体锻炼等各方面追求进步，成为优秀人才；而对大学生不良行为的处罚，不仅对其本人的健康成长具有重要意义，对其他同学也具有重要的教育意义。另外，通过新生军训，培养学生适应环境的能力，提高学生的国家安全意识，培养学生坚忍不拔的意志、艰苦奋斗的精神，养成文明、守纪习惯；通过专业介绍，进行学习目的教育、理想教育，激发学生学习的热情，提高学生自我提升的积极性；通过校史校情教育，对学生进行学校光荣传统教育、艰苦奋斗教育、优良学风教育，为他们今后的学习和提高打下坚实而良好的思想基础；通过对毕业生的各项教育，引导学生正确看待和处理自我发展需要与社会的需要之间的关系，帮助学生树立正确的择业观；通过引导学生剖析自身素质与社会需要之间的差距，增强学生的忧患意识，进一步提高大学生道德修养的自觉性、主动性和积极性；同时，还要加强竞争意识教育、挫折教育、创业教育等，进一步促进学生养成不断提高自身素质，永不停步、永不言败的信心和习惯。

二、积极开展丰富多彩的活动，为全面提高大学生素质搭建舞台

（一）积极组织社会实践，锻炼学生的社会适应能力

利用寒暑假开展社会实践是高校学生工作管理的常规内容。大学生利用寒暑假进行社会实践的形式是多种多样的，有环保调查、行业实践、公益实践、母校回访、勤工助学等。社会实践活动没有固定的模式，也没有固定的场地和对象，一般是在一个比较开放的环境下，面对着不断变化的情境，学生独立面对和解决各种问题。社会实践能充分调动学生的积极性，引导学生在实践中勇于开拓、敢于创新。

此外，大学生通过实践走向社会，亲身体验生活，看到城乡差别，感受贫富差距，在与人民群众的接触、了解、交流中受到真切的感染，从活生生的典型事例中受到深刻的教育和启发，这能使他们的思想得到升华，他们的社会责任感和使命感得到加强。同时，也能使学生看到自身知识和能力上存在的不足，比较客观地去重新认识、评价自我，逐渐摆正个人与社会的位置，进而潜心思考自身的发展问题，不断地提高自身素质和能力，以适应社会发展的需要。

总之，社会实践可以训练学生独立生活和适应环境的能力；提高知识的实际应用能力和自身的组织管理能力；巩固和发展专业技能；了解国情民情，增强社会责任感；强化学生的社会服务精神，塑造他们吃苦耐劳的品德。大学生在积极参与这种实践活动的过程中，会逐渐养成坚韧、顽强的优良品性，养成务实的学习态度和生活作风，不断提高自己、完善自己。

（二）组织社团活动，为大学生搭建开发潜能、展现自我的重要平台

社团活动是大学生校园文化活动的重要组成部分，是对大学德育的有效补充，也是大学生素质教育的重要载体，是高等院校中一道亮丽的风景线。大学生社团是大学生立足校园，基于共同兴趣和爱好，依照法律，按照一定的章程，自愿结成的具有固定成员和特定活动内容的组织，大致可分为思想政治、学术科技、文体娱乐、志愿服务、创业或综合五种类型。社团活动形式新颖、丰富多彩，在培养学生的想象力、创造力、批判能力和协作精神，充分调动社团协会的主体性与参与性等方面，起着桥梁和纽带的作用。它不仅丰富了大学生活，而且为大学生身心健康发展提供了课堂以外的学习机会，让他们在活动中锻炼自己的能力、发挥自己的特长、展现自己的才干，这无疑是大学生开发潜能、展示自我的舞台。

(三)丰富校园文化,提高学生的人文艺术修养

文化素质是素质中的一个重要内容,它是指具有一定的文学修养、理论修养、音乐修养、艺术修养等。学生工作管理的重要内容之一就是校园文化建设。所谓校园文化具体表现在各种活动的组织与开展中,如元旦联欢会、歌手大赛、合唱比赛、社团嘉年华、科技文化节、校园辩论赛、纳雅大讲堂、假面舞会等。青年人思想活跃,吸收力强,可塑性大,比较容易接纳新生事物、观念、行为及生活方式,通过群体文化的规约和引导,形成良好的校园文化大气候,对学生素质的提高大有裨益。通过丰富多彩、形式多样的文化艺术活动,引进高雅艺术如音乐会、芭蕾舞、话剧等,使学生的艺术修养和审美素质得以有效提高。

(四)组织课外学术科技活动,锻炼学生的创新能力

大学生课外学术科技活动包含三个方面的内容:一是学术科技的学习,二是学术科技的创新;三是学术科技的应用。这是伴随着"科学技术是第一生产力"的论断逐步为社会接受并确立其在经济社会发展中的主导地位一步一步发展起来的。高校学生工作管理部门应高度重视,不断健全组织机构,形成有效管理的模式;建立评比表彰制度,营造学术气氛,并采取积极措施使这一活动不断发展和深化。

课外科技创新活动,激发了学生的学习积极性和创造能力,使学生从校园走向社会,从单纯受教育和知识传承的身份,逐渐成长为社会财富的创造者,打破课外与课内的界限,最终使学生树立终身学习的观念。

三、加强学生工作管理队伍建设,提高推进素质教育的能力和水平

辅导员是从事学生思想政治工作的基层干部,是思想政治工作第一线的组织者和教育者,也是和学生接触最多的老师之一。高素质的辅导员有利于国家的稳定和繁荣、学校的生存和发展以及学生的健康成长。把那些业务水平高、思想品德优、综合能力强、热爱辅导员工作的优秀毕业生党员选留到辅导员队伍中来,加强对辅导员的管理,以提高队伍整体素质。从发展趋势来看,我国高校学生工作管理开始强调教育性和发展性,在强调德育传统的同时,"以人为本"的管理理念基本上得到认同。管理制度也更为完善,管理干部队伍的层次日益改善,有的高校学生管理干部中硕士毕业生已经占有一定比例,有的学校为博士毕业生任专职书记员。

第三章 新时期高校文化管理探索

大学既是文化发展的重要成果，又是文化建设的重要载体。作为人才培养的基地，大学理应发挥文化育人的作用，为中国特色社会主义事业培养建设者和接班人。作为知识的集散地和思潮的发源地，大学理应成为社会文化的风向标和引领者。在推动社会主义文化大发展大繁荣的进程中，一方面大学，要加强自身的大学文化建设；另一方面，要承担文化传承创新、文化辐射引领和文化服务支撑的重要使命。

第一节 文化与文化管理的内涵

什么是文化？随便浏览一下，就可以发现，关于文化的定义有几十甚至上百种，有意思的是，虽然"文化"包罗万象，但不同的定义却又殊途同归地表达着"文化"的基本内涵，即观念形态、精神产品、生活方式这三层含义，具体来说，它包括人们的世界观、思维方式、心理特征、价值观念、道德标准、认知能力，以及从形式上看是物质的东西，但透过物质形式能反映人们观念上的差异和变化的一切精神的物化产品。大学文化，是大学思想、制度和精神层面的一种过程和氛围，是理想主义者的精神家园，是大学里思想启蒙、人格唤醒和心灵震撼的因素的结合体。大学应该让大学外的人神往，让大学内的人心情激动。大学是一个让我们永远怀念的场所。大学用人文精神培育出全面发展的优秀人才，使其成为民族复兴和文化复兴的中坚，大学要引领社会前进。大学文化是知识、能力、人格的升华和结晶。

文化管理就是"人化管理"，就是以人为根本出发点，并以实现人的价值为最终目的的尊重人性的管理。这种管理是靠管理主体与管理对象之间所形成的文化力的互动来实现的。文化管理的核心是"以人为本"。

学校文化管理与企业文化管理有着密切的关系，它借鉴了企业文化管理的思想，但是学校文化管理更是它自身内在文化因素发展的必然要求。因为学校本身就是一种文化存在，是一个文化实体，它是以传承和创造文化为己任的，是以文化为中介培养人、塑造人的机构。

学校与文化的关系是其他任何社会要素、社会组织所不可比拟的，在学校管理中，更应当重视文化的因素。文化管理是学校管理顺理成章、水到渠成的结果。

学校文化管理是以文化为基础，注重学校文化建设，并利用文化要素和文化资源实施调控的学校管理活动，它具有价值性、伦理性、知识性、人本化、合作性、品牌形象性、整合性等特征。

学校文化是学校的灵魂。学校文化不仅是老师的灵魂，更是学生的灵魂。学校文化建设的核心在于师生的认同，认同的关键是参与。可以说，无论是学生还是老师，如果对自己的学校文化没有清醒的认识，就像身处异国的游子，不时会产生陌生感和沮丧感，很难学有所成。

回顾改革开放以来学校管理形态的演变过程，大致分为两个阶段。

第一阶段是从改革开放到1990年前后。这一阶段的学校管理用一句话来概括，即是"经验型管理"。就是说，在这一阶段，校长对学校的管理主要是凭个人的经验，起决定作用的主要是校长的主观意志及其人格魅力。在教学管理上，如果校长是业务能手、教学专家，他就办法多、措施多，学校教学质量也就提高得较快。在学生管理方面，校长有经验、有办法的，管理就井然有序，校风、学风就好，否则校风校纪就差。特别是对教职员工的管理、调动教师的积极性，几乎全凭校长的个人魅力。因此，在这一时期，校与校之间的差别很大。

我们现在的一些名校、非名校，究其形成原因，如果追溯上去，就是在这一时候烙下的印子。这一时期虽然也有好校长、好学校，但总体上数量不多，学校的管理水平也不高。

第二阶段是从1990年前后到新世纪初。这一阶段的学校管理也可以用一句话来概括，就是"制度型管理"。这一阶段的标志是"校长负责制，教师聘任制，结构工资制"即所谓"三制改革"的提出和实施，其宏观背景是《教育法》《教师法》等一系列教育法律、法规的颁布与实施，"依法治国"理念的提出，教育也提出了依法治教、依法治校的理念，学校开始注意加强制度层面的建设，促使学校管理从经验型向制度化、规范化转化。随着国有企业改革的深入，企业管理的一些新理念引入教育系统，"论资排辈""平均主义"等老观念受到冲击。

当然，这个阶段各校的管理水平也还是有差别的，但相对于第一阶段来说，已经小了很多。制度是一种相对稳定的形态，不因人事之变而变，一所学校，一种比较完善而可行的管理方略一旦形成，就不会轻易随着校长的变动而变动，或者因校长注意力的改变而改变。

以上两个阶段的划分是相对的。在第一阶段，学校管理不是完全没有制度保障，也不是说制度一点不起作用；在第二阶段，不是说学校管理中管理者的经验和个人魅力不重要、不起作用，这里主要是就其主导方面而言的，即是说，在第一阶段，在学校管理中起主导作用的是管理者的经验、意志和个人魅力，而在第二阶段，起主导作用的则是制度。

很明显，通过以上的对比我们会发现，在学校管理工作中，制度比校长个人的经验、意志和人格魅力更重要，它更带有普遍性，起着更举足轻重的作用。

然而，制度是不是我们学校管理最权威、最理想的手段？现在大家都在量化考核指标，细化考核内容，尽可能地完善制度，这是完全必要的，但是不管我们怎么量化、细化，制度怎么创新，总还是有一些很重要的内容是无法考核的，无法与教师的工作量及其报酬挂钩。比如说，学校的德育工作，尽管有一些内容可以量化考核，但是多数内容无法量化、很难考核。如教育学生诚实守信，这是公民很重要的素质，需要教师言传身教，花很大的精力来教育。但是，你怎么考核？再比如说，爱学生是师德的核心，教师对学生应该倾注无私的爱，特别是在学生的思想、学习、生活碰到困难受到挫折的时候，教师应该全身心地给予呵护。这一切又如何量化，如何考核，如何与教师的待遇挂钩？显然，制度不是万能的，制度的完善和创新还不能穷尽学校管理中的所有问题，制度建设并非治校治教的"制高点"。那么，不能靠制度解决的问题，要靠什么来解决呢？靠文化，靠学校文化。也可以这样说，文化乃是学校管理的最高境界。用表3-1简单表述如下。

表 3-1 学校管理发展的阶段及特征

学校管理阶段	时间	特征	具体描述
经验型管理	从改革开放到1990年前后	人治	校长个人的经验、意志和人格魅力起作用
制度型管理	从1990年前后到新世纪初	法治	制度化、规范化管理
文化管理	新世纪初至今	文化引领	"以人为本"，形成集体信念和价值观。具备学校核心精神和核心能力

第二节 高校文化管理的特点与意义

一、文化管理和大学文化管理的特点

（一）文化管理的特点

1. 管理的中心是人

从科学管理以物为中心转变为文化管理以人为中心，人既是管理的出发点，又是管理的落脚点。尊重人、关心人、培养人、激励人、开发人的潜力，是文化管理的关键。

2. 管理的人性假设前提是"善"

科学管理把人看作"经济人"，以"性恶论"为哲学依据；文化管理把人看作"自我实现的人"和"观念人"，以"性善论"为哲学基础。

3. 控制方法追求主动

科学管理以外部控制为主，重奖重罚是主要手段；文化管理中心内置，依靠人文关怀等激励手段调动、激活行为主体的内在需求和动力，追求主动发展。

4. 管理重点为文治

科学管理直接管理人的行为，职工的一言一行都有制度约束，是典型的法治；文化管理严于管理人的思想（信念和价值观），间接影响人的行为，是一种新的管理方式——文治，即以文化来治理。

5. 领导者类型为育才型

在科学管理中，领导者恰如乐队指挥，属于指挥型领导；在文化管理中，领导者既是导师又是朋友，属于育才型领导。

6. 激励方式以内化为主

科学管理以外塑为主，依赖于工作的外部条件；文化管理以内在激励为主，着重满足职工的自尊和自我价值实现的需要，依赖于工作本身的魅力。

7. 管理特色具有人情味

科学管理的特色是纯理性管理，排斥感情因素；文化管理的特色是将理性与非理性相结合，是有人情味的管理。

8. 组织形式具有开放性

在科学管理中，权力结构明确，是"金字塔形"组织；在文化管理中，权力结构模糊，管理者与被管理者更为平等，是平等沟通、自我学习的学习型组织。

9. 管理手段具备"软"特征

科学管理是依靠强制性的制度和物质手段的投入；在文化管理是依靠思想交流，价值观的认同，感情的互动和风气的熏陶，即依靠非强制性和非物质性手段的投入。管理由硬管理为主走向软硬结合，以软管理为主。

10. 管理者和被管理者的关系改变为同伴互助

科学管理强调了上级与下级之间的关系，管理者靠制度约束人；文化管理中管理者和被管理者是为了共同的目标而携手并进的，是合作伙伴关系。

（二）大学文化管理的特点

大学既是文化发展的重要成果，又是文化建设的重要载体，作为人才培养的基地，大学理应发挥文化育人作用，为中国特色社会主义事业培养建设者和接班人。作为知识的集散地和思潮的发源地，大学理应成为社会文化的风向标和引领者。在推动社会主义文化大发展、大繁荣的进程中，一方面大学，要加强自身的大学文化建设；另一方面，要承担文化传承创新、文化辐射引领和文化服务支撑的重要使命。突出"以文化人"的教化性，这是大学文化区别于其他文化形态的重要特质；注重主流价值的导向性，这是建设社会主义大学文化的必然要求；建设各具特色的大学文化，这是各个高校张扬个性，增强文化发展生命力的关键所在。

1. 教化性

大学以人才培养为天职，大学文化必须始终围绕育人这一中心任务展开。大学"以文化人"，即通过文化潜移默化地感染人、熏陶人、教化人，从而达到情感陶冶、思想感化、价值认同、行为养成的功效。按照马克思主义的观点，教育的目的是促进人的全面发展，大学文化育人的过程实际上就是塑造健全人格、开发智力潜能、丰富生命内涵，使受教育者得到自由、全面、完整发展的过程。

2. 导向性

文化并非一个中性的概念，其本身具有鲜明的价值取向。当今社会呈现出多元思想文化相互交织、相互激荡的格局，需要一个占主导、支配地位的价值观来引领大学文化建设。在大学文化建设中，必须坚持以马克思主义为指导，坚持不懈地用中国特色社会主义理论体系教育师生，推动中国特色社会主义理论体系进教材、进课堂、进头脑；加强理想信念教育，弘扬以爱国主义为核心的民族精神和以改革创新为核心的时代精神；深入开展社会主义荣辱观教育和社会主义核心价值体系建设，全面加强学校思想道德体系建设。

3. 独特性

有个性才有魅力，特色鲜明的大学文化才是有生命力的文化。虽然大学精神具有探索真理、崇尚学术、传承文化等共性追求，但由于各个高校文化传统、类型风格各异，社会对大学的需求多样化，因此，必须建设和发展各具个性的大学文化，营造不同类型、不同层次、不同风格的大学文化形态，形成异彩纷呈、和谐互补的整体大学文化格局。多年来，我国不少高校办学定位趋同、办学理念雷同，导致大学文化建设缺乏个性，存在着同质化的倾向，这从反映大学精神文化精髓的校训表述中就可以看出，"求是""创新""厚德"等成为千篇一律的高频词。

二、大学文化管理的意义

文化，这是一种历久的精神创造活动及其成果。对于一个民族来说，文化是民族之根；

对于一个国家来说，文化是国家之魂。我们可以看到，遍布海内外的中华民族子孙，尽管多少年来可能居住环境不同、生活习惯不同，但还是年年要回国，就是因为有文化这条根、这个魂。假如他不认识祖国的语言文字，不知道祖国的历史，完全丢弃民族的风俗，那么他纵然还是黑头发黄皮肤，也不能算是一个中国人，因为他精神世界中的这条文化之根已被彻底拔除。

纵观学校发展的历史，正经历着从经验管理、制度管理（科学管理）向文化管理转型的历程。学校文化管理是一种新型的、更高级的管理形态，是学校经验管理、制度管理（科学管理）的总结和升华，是管理内容的回归，是与知识经济时代相适应的学校新的管理方式。作为学校管理者，构建文化校园，积极推进学校文化管理具有极其重要而深远的意义。

随着社会主义市场经济体制的建立和完善，学校建设中也逐渐引入了市场力量，学校之间的竞争在逐渐地加剧。学校要在竞争中处于优势地位，必须具备某种核心能力，充分发挥文化传承创新功能、文化辐射引领功能和文化服务支撑功能，对学校的发展具有深远的影响。文化对学校和人的发展存在的影响可以从深、广、远、忧四种状况来理解。

深：学校文化管理是一种内隐的、深层次的、无形的力量，这种力量决定着学校的改革、发展和成败。文化是根、是魂、是格、是力。学校文化具有导向功能、提升功能、凝聚功能、激励功能和稳定功能，为学校的发展带来动力。

广：文化无处不存在、无人不显示、无事不体现，弥漫在整个学校的全部生活之中，甚至影响到社区文化和城市文化。

远：与生俱在、与校共存、与人同享，学生时代有幸经历先进学校文化的熏陶会一辈子回味无穷、受用不尽。毛泽东同志在湘潭师范学校从师，周恩来同志在南开校园内发出"为中华之崛起而读书"的誓言，是校园文化环境成就了他们思想的精髓。

忧：中国已进入压力社会和消费社会，市场经济急剧发展，竞争空前激烈。社会财富增加，但文化价值导向滞后，传统优秀文化失落。先进学校文化建设是学校优质发展的根本，没有文化的学校是另类的薄弱学校。因此，只有学校文化，只有学校的不同追求、不同理想、不同价值取向以及由此形成的不同管理风格、工作方式和生活方式，才是一所学校区别于其他学校的根本原因。

大学文化的内部功能主要表现为教化育人，大学文化的外部功能则包括文化的传承与创新、传播与辐射、示范与引领、服务与支撑诸多方面。国家提出的深化文化体制改革、建设社会主义文化强国的目标，也给大学发挥文化功能提出了更高的要求。大学在服务文化发展、促进文化繁荣方面重任在肩、大有可为。

（一）文化传承创新功能

大学既是一种教育机构，又是一种文化存在，传授知识、传承文化是大学与生俱来的职责。传承是创新的前提，创新的方式则是扬弃，在掌握前人积累的文化成果的基础上，去粗取精，赋予新义，创立新知识，形成新文化。大学正是这种新知识、新思想、新理论的重要摇篮，通过继承民族优秀文化，借鉴世界进步文化，创造时代先进文化，丰富精神文化的内涵，充实人类智慧的宝库，推动社会文明进步。

（二）文化辐射引领功能

大学既是社会文化的组成部分，受到社会文化的渗透，同时又以其自身的优势深刻影响着社会文化。大学是研究高深学问、探索真理的知识殿堂，也是高学历、高层次人才相对集中的地方，承担着影响、辐射、引领社会文化的功能。大学文化通过价值判断引领社会的文化选择，通过升华大众文化、超越流行文化、抵制腐朽文化、彰显高雅文化、强化主流文化，对社会文化起着积极的辐射和示范作用，引领社会文化向着健康方向发展、更高层次发展。从历史上看，大学一直是各种新思想、新理论的发源地，是各类思潮和运动的策源地，历来领文化风气之先。在历史的转折关口，往往是大学率先高擎时代的火炬，大学文化对整体文化质态的建构和文化精神的塑造具有辐射、提升、示范和引领作用。

（三）文化服务支撑功能

大学不仅以独特的大学文化影响社会文化，更以培养的大批人才去带动社会文化的发展，通过科学研究和直接的社会服务，推动社会文化的进程。在新的历史条件下，高校要充分发挥文化建设的人才库、智囊团和思想库作用，提升服务社会主义文化发展的意识和能力，为发展文化事业、文化产业及深化文化体制改革输送优秀人才、提供智力支持。高校应加强文化领域的专业建设，增加优秀传统文化课程内容，建设优秀传统文化教学研究基地，为社会输送大批高质量的优秀专业人才；应加强文化领域的学术研究，繁荣发展哲学社会科学，不断推出理论研究和文化创作的精品力作；应积极参与构建有利于文化繁荣发展的体制机制，拓展为发展文化事业和文化产业及深化文化体制改革服务的渠道，壮大文化志愿者队伍，开展各类群众性精神文明创建活动；应积极搭建国际文化交流平台，推动文化"请进来"和"走出去"，为提升国家文化软实力、增强国际话语权做出应有的贡献。

第三节 高校文化管理的构建

一、高校文化素质教育的管理现状

目前，我国高校文化素质教育管理机构有以下几种建制：一是管理机构附设在教务处，人员和业务归口于教务处；二是全部归口于学工部门，人员和业务直接设置在学工部下面；三是成立专门的常设机构，直接隶属于学校领导；四是成立学院负责文化素质教育工作，比如复旦大学的复旦学院、北京大学的元培学院、浙江大学的本科生院、宁波大学的阳明学院、山东理工大学的一年级工作部等。

相对于管理机构的多样化，目前我国文化素质教育课程设置与实施方式也是丰富多彩。主要有四种形式：一是建立课程系列，推荐必读书目；二是建立模块课程选修制；三是推行课程套餐制；四是结合欧美的通识教育形式、经验与内容，成立文理学院（通识教育学院或本科生院）。

迄今为止，我们的大学生文化素质教育尚未建立一套切实可行、可以推广的评价体系。21世纪初，教育部高等学校文化素质教育指导委员会曾经建立了一套针对设置大学生文化素质教育基地的高校基地评价指标，但是其评估对象是学生文化素质教育基地，而不是对教育的成效进行评价。

总体来看，目前高校文化素质教育管理存在的问题主要有以下四点。其一，管理机构条块交叉。各高校虽然在机构设置上都体现了对大学生文化素质教育的重视，但在具体工作中却存在一定的差别。由于不同的体制与机构有着不同的工作范围、责任定位、职能效力与资源配置，所以其工作绩效或者说机构的工作能力也是不同的。其二，课程设置与实施方式随意性大。目前的课程设置基本上是从学校和教师的角度出发，较少考虑学生的实际期望，因而难免有些课程学生不感兴趣，也难免有价值不大的课程混杂其中，在课程的构成上科学论证不足，"拼盘"现象明显。在调查一些学校的文化素质教育课程时发现，课程不同程度地存在种类不合理、内容过于偏向应用型、领域划分普遍缺乏明确标准等问题，特别是普遍地忽略了最基本的公民素质的培养，道德伦理和社会分析类、科学类课程开设不足，对课程比例的合理性缺乏深入的探讨。其三，课程内容存在知识化倾向。高校大多以掌握知识的量来考虑课程的价值，以知识体系的选择来代替课程体系的设计，造成了知识量太大而课时有限的困境。其四，评价体系不完善。现有的以学校为单位的评价体系存在各自为政、各有侧重的特点，尤其受到行政力量与个人好恶以及传统思维的影响。

二、学校文化管理的构建

针对高校文化素质教育管理存在的问题，怎样致力于学校文化建设？相对于学校硬环境建设和制度建设，学校文化建设具有看不见、摸不着的隐性特点，需要我们做出更加艰巨、更加长期的努力。

学校文化与制度管理是有机统一、互为补充的。做管理工作最终的落脚点是人的思想问题。严格管理的规范的制度能否落实到位，取决于人的思想高度和认识程度。学校文化必将为制度管理提供一个人文环境。

可以说，文化与制度的关系一如道德与法律，学校文化是学校制度的有益补充，两者相互统一。总之，学校文化的出现和完善不仅是学校发展的必然，也将是传统教育方式向素质教育方式转变的必由之路。这种文化又是人的文化，是以人为本的文化，突出"人文""人本""人情""人性""人权"在管理中的作用，从而形成一个强大的"磁场"。它是弥漫在空气中的一种精神存在，在每一位师生的呼吸吐纳中化为一种气质、一份修养，或见于谈吐，或形于笔端，形成学校管理的文化，即所谓的管理文化。校园文化建设在学校管理中的作用按其不同层次来划分，主要表现在以下几个方面。

第一，用物质文化陶冶人。

校园物质文化是校园的外显文化，是以某种文字符号为载体，将校园精神显现于校园的各种标记物之中，如校服、校歌、校刊校报、雕塑、学校建筑、艺术节、文化墙、名言警句等，它是校园思想文化建设的前提和条件，是思想文化、制度文化赖以生存发展的基础和载体，有利于陶冶师生的情操。优美的校园环境有着春风化雨、润物无声的作用，如诗如画的校园风光、干净整洁的校园环境、美观科学的教室布置、文明健康的文化教育设施……无不给学生以巨大的精神力量；学生在优美的校园环境中受到感染和熏陶，触景生情，因美生爱，从而激发学生爱学校、爱老师、爱同学、爱家乡、爱祖国的高尚情操；学生在幽静的环境中学习，感到舒心怡神，从而增强环境保护意识。所有这些都有利于学生正确的世界观、人生观、价值观的形成。

第二，用制度文化规范人。

校园制度文化是指校园人在交往过程中缔结的社会关系以及用于调控这些关系的规范体系，是校园一切活动的准则，它包括相关的法律法规、学校管理体制及其规章制度、组织机构及其运行机制、特定的行为规范等。校园制度文化从根本上决定着校园的正常运行和创新发展，是校园思想文化的保证。建立和健全学校规章制度，塑造良好的校园制度文化，是校园文化建设的重要内容，也是提高学校有效执行力的重要保障。制度文化以其导向性与规范性、稳定性与发展性、科学性与教育性的特征彰显校园文化。

第三，用思想文化凝聚人。

校园思想文化是指学校在长期办学过程中形成的一种学校意识和文化观念，它是一种深层次的校园文化，是校园文化的灵魂，主要体现在班风、校风的建设上。班风、校风看不见、摸不着，但它渗透表现在校园内多种文化载体及其行为主体身上，让人时时处处切实感受到它独特的感染力、凝聚力、震撼力。置身其中，受教育者无须接受教育者更多的说教便会自然而然地、不知不觉地感悟它对心灵的净化和情感的熏陶。校园思想文化是校园的内隐文化，是校园文化的深层内涵，是在长期的校园物质文化、校园制度文化和校园行为文化的建设过程中积淀、整合、提炼出来的，反映学校广大师生员工共同的理想目标、文化传统、学术风范和行为准则的价值观念体系，难以用文字、符号表达出来。校园思想文化是一所学校整体面貌、水平、特色、凝聚力、感召力和生命力的体现。

校园思想文化作为一种强大的教育力量，对广大师生的健康成长有着巨大的影响：一是导向功能，即指导个人正确认识和处理个人与学校组织的关系，把个人行为引导到学校组织目标上来，使他们向着学校期望的方向发展；二是凝聚功能，即思想文化起着心灵黏合剂的作用，它把各个方面、各个层次的人都聚合到一起，使师生员工对学校产生一种使命感、自豪感、归宿感，形成强烈的向心力、凝聚力和群体意识；三是激励功能，即思想文化往往能产生一种激励机制，激起校园人的积极性、主动性与创造性，使学校成员保持高昂的情绪和奋进精神，获得各种精神需求的满足；四是控制功能，即思想文化具有强大的心理制约力量，使校园人接受必要的约束，使个体行为符合共同的准则；五是辐射功能，即校园思想文化以其独特的方式，在向师生教育、影响的同时，也对周边及社会产生影响。

学校文化与制度管理具体包括校长文化管理、教师文化管理、学生文化管理、物质文化管理和精神文化管理五个方面。此外，还有教室文化管理、教研组文化管理、宿舍文化管理、食堂文化管理等等。

（一）校长文化管理及其构建

1. 校长文化

校长文化是植根于现代社会分工的职业文化，它是校长世界观、人生观、价值观在职业实践中的系统反映，其核心内涵是教育理念。校长文化是校长视野的综合体，校长文化可解读为"在学校文化进程中所折射出的校长独有的精神追求和职业特征"。校长是学校文化的代表，校长的教育思想、思维方式、行为方式要能够体现学校文化的整体要求，其自身的品格、风范、修养也应成为师生的楷模。

校长文化"魂"的作用统领着教师文化和学生文化的生成与进步，而学生文化、教师文化又以其反作用促进着校长文化的成熟，并以此推动着学校文化的发展方向，影响着育人取向文化及品牌的树立。

(1) 校长文化具有鲜明的职业特征

学校是工业经济时代的产物，但校长文化的渊源却相当久远，自有教育以来，教育观便成为哺育校长文化的源头。对教育适应主流社会的认识、对学校功能的理解、对学校育人取向的传承、对校长社会责任的思考都是校长文化的动态内涵。教育和发展是一个漫长的历史过程，校长文化的内涵也必然在不断继承中更新发展，在创新中趋于完美。

(2) 校长文化具有时代创造性

校长文化的形成，是一个动态的发展过程，也必须是与时俱进的。创新是时代发展的客观要求，校长从基层教育者到校长岗位，从职务到职业，从管理者到经营者，从知识育人到文化管人，都反映出校长教育观的不断更新，都是对校长文化适应时代创新性的客观要求。旧的观念、旧的知识只能代表过去的认识，校长文化的时代性要求校长更新观念、创新概念，给发展变化的教育实践以全新的解读。

(3) 校长文化要体现主流文化

不同的民族历史、不同的社会制度、不同的地理环境和教育发展的不平衡性造成了多元的校长文化。新文化运动前期要求校长爱国、爱科学；现代社会要求校长创造优质的学术氛围和环境，但无论是过去还是现在，尺子只有一个，即培养了多少有用的人才。校长文化修养既体现了主流社会文化者的素质，又是文化人的典型代表。

2. 在文化管理中校长应做到以下几点

(1) 发挥自身的影响力

我国教育家陶行知说："校长是一个学校的灵魂。"这种"灵魂"效应集中体现在校长的形象与行为之中，它是无形的命令，是校长治校育人的信誉，是一种征服人心的力量。

①要把办好一所学校、带出一支队伍作为一项事业来追求，并且始终坚持不懈，保持乐观，激发热情，全身心投入。②要保持自信、果断、创造性的工作作风，不管在什么时候，遇到什么问题都应该努力保持镇定、清醒，给教师以信心、信念和心理支持，做到"每临大事有静气"，并时刻饱含生活的朝气、工作的热情。同时，校长要有创新意识和创新精神，力求自己做到"三性"，即站位高瞻性、思路长远性、实施创造性。③要本着可靠、诚信的待人原则，努力做到真情沟通和热情关注。通过真情的沟通，使双方心灵交流、彼此认可，产生心理认同；通过热情的关注，为每一位教师创造发展的条件，搭设成长的平台，让教师在对领导的信任与信赖中找到归属感，成就自己的人生追求。④要有顽强的性格和执着的追求。学校在发展进程中会遇到这样或那样的问题，甚至会遇到阻力；自己在事业追求中，在人生拼搏中会遇到很多挫折，关键是在于我们如何自我把握与控制、自我完善与发展，在荆棘中前行，在困难中突破，在超越中提升。

（2）发挥情感的亲和力

人是生活在社会中的，每个人都会有自发地融入某个适应自己的环境和群体中去的愿望，在这个群体中，人格被尊重，劳动得到承认，需要得到满足。

①对下属应平易会心，态度诚恳，发自内心。②要合理地下放权力，充满信任；正确评价；施加恰当的压力，体现关注；勇于承担责任，表明爱护。③要做到心态及时调整，问题及时发现，赞赏及时予人，感动及时传递，真诚及时付出，其核心是"真实"和"公正"，要让每一位教师都在我们的精心培养之中，热心关注之下。

（3）发挥激励的感召力

有效地运用激励手段可以最大限度地调动起教职工的积极性，充分发挥教职工的潜力。对教师的激励可以分为物质激励和精神激励两个方面，而精神的有效激励在很大程度上更能发挥作用。激励不单是对某个教师个体，有时也是对整个教师群体的激励，或通过对个体的激励带动群体发展，发挥激励的感召力，实现激励效能的最大化。

①重培养和使用

这种信任、允许失误、帮助指导本身对教职工就是一种激励，是尊重激励，是信任激励，是满足他们渴求发展的激励。

②要充分调动教职工的激情

教育是激情的教育，只有干部教师对教育事业充满激情，才有对孩子的关爱，才有孩子的激情；只有在激情中，才能点燃教师工作的热情，迸发创新的火花，共同完成历史赋予我们的重任。

（4）发挥团队的凝聚力

美国著名的管理学家彼得·圣吉在《第五项修炼》一书中对团队的描述是这样的：组织内成员得以不断扩展、创造未来的能量，培养全新、全瞻而开阔的思维方式，全力实现共同的愿景，既有和谐的氛围，又有积极向上的工作热情和精神，形成一种浓厚的组织文化。

作为校长，要把构建团队，发挥团队的凝聚力，实现"2+2 大于 4"的管理效能作为管理目标，矢志追求。创设一个氛围，即在学习中提高、在实践中成长、在反思中完善的氛围，使每一位教职工都成为学校的主人，自觉关注学校发展，并为之付出创造性的劳动和不懈的努力。

（二）教师文化管理及其构建

1. 教师文化

从静态来看，教师文化就是教师群体在长期的教育教学实践中形成的教育思想、教育信念、职业情操、文化素质、品格修养以及教师角色认同等精神因素的总称，其核心是教育教学价值观；从动态来看，教师文化就是教师在教育教学活动中表现出来的习性、习惯、思维与行为方式，其核心则是行为方式。前者主要体现在教师的身份文化之中，后者则主要表现在教师的形象文化和交往文化之中。教师文化是教师群体推崇的潜规则，教师要导航班级文化和学生文化，需要在从事教育教学活动的过程中形成释放教师能量的潜规则。

2. 在文化管理中教师应该做到以下几点

在教师角色文化上，要从"工具人"转变为"文化人"。教师应该是有一定的教育思想、教育价值的投影和折射的角色；在教师形象文化上，从外在形象而言，要从刻板划一转变为个性多样，男教师是绅士，女教师具备淑女风范；就内在形象而言，要从促狭无力转变为博学多能；在教师交往文化上，要从封闭疏离转变为和谐协作；提高自己的专业素养和师德水平，面向全体学生，促进学生全面发展。

3. 构建教师文化管理

教师要发展，就必须有规划，引导教师制订个人发展计划是促进教师朝着目标前进的动力。对专业发展，教师应当有自己规划的权利，教师可以根据自己的追求，设计自我发展的方向，追求自我价值的实现。学校要帮助每一位教师实现自身价值，做到对教师自我发展规划、自身的目标定位充分尊重，鼓励教师大胆规划、追求个性，帮助教师通过不断学习探索来拓展自己的专业内涵，提高专业水平。同时，要建立激励机制、成长机制，引发教师对教育工作的认识，激发教师工作的热情，使教师有一种工作的成就感，激励教师走向教育的成功。

(1) 营造教师文化

在学校管理中充满了人文的关怀，它使管理充满魅力，使之最大限度地去满足教师的需要，使每位教师都能感受到人文关怀，而这种关怀，又成为连接学校、管理者与教师的情感纽带。人文关怀让文化管理营造出一种融洽的人际关系，使教师之间互相帮助、互相尊重、团结合作，形成良好的教学氛围和工作环境，教师在这种氛围中快乐地、幸福地、创造性地工作着，勃发的工作热情使他们不断萌生新的工作需求和意识，从而在这块充满关怀的教育热土上播撒希望的种子。

(2) 关注细节文化

老子说："天下难事，必作于易；天下大事，必作于细。"这句话给我们阐述了细节的重要性，它告诉我们想成大事者，就必须从身边的小事、细节做起。当校长为师生搭建起自主成长的平台时，每一个细节都会点燃教师蕴含在心底的成长激情，使它生生不息，永远不灭；每一个细节都会促进教师自己致力于寻求学机，追求专业发展的最新动向，在自己的事业中开拓进取。

(3) 关注课堂文化

教育是文化传递和文化传播的过程，学校本身就是文化阵地，学校文化建设和通过文化建设形成特色已经成为校长的使命。学校文化建设关乎学生能否成为自己的主人，其目的和本质就是为了学生的健康和谐发展，它必然要积淀并呈现于学生的身心发展之中。学生最美好的青春年华都是在课堂学习中度过的，我们应该将学校文化浓缩为课堂文化，并在学生身上逐渐积淀起来。

①课堂教学目标应确定为树立"以生为本"的教育观念

一切为了学生的发展，承认学生个性差异，相信学生都存在发展潜能，因材施教，积极创造和提供满足不同学生学习成长的条件，在学生非智力因素的开发上下功夫，激发学生学习兴趣，培养学生良好的学习方式和学习习惯，增强学生学习上进的责任感和使命感，培养学生的创新精神和实践能力，将学生的发展作为教学活动的出发点和归宿。

②教师要树立三个教学观

即"教是为了不用教"的教学目的观；"让学生学会更要让学生会学"的教学功能观；"只有不会教的教师，没有学不会的学生"的学生观，把全面提高学生的各方面素质作为教育的根本出发点和归宿，把素质教育落实在学科教学中，使课堂教学真正成为学校实施素质教育的主渠道、主阵地。

③教师应该是学校文化建设的主力军

文化充盈于课堂上、渗透在师生间，课堂本身是一种营造学校文化的环境，在这个环境中，每一个成员都扮演一定的角色，遵守一定的规范，确立共同追求的愿景，形成一定相互影响的氛围。只有在课堂上，课程改革的理念才能得到渗透、内化；只有在课堂上，学校的办学思想和价值观念才能逐渐转化为学生成长和发展的因子；只有通过课堂文化的熏陶和感染，学生的心智才能得到发展，个性才能得到张扬，观念才能得到提升，情操才能得到陶冶；只有通过课堂，学生才能把知识、能力、情感、价值观加以内化，继而外化为优秀的学业，良好的品质，积极的情感，日趋成熟的人生观、价值观和世界观。

毋庸置疑，课堂文化是学校文化建设中追求的最高境界，更是提升学校文化建设的必由之路。教师作为一切课堂教学活动的主体，应该积极主动地营造平等、尊重、民主、生动、和谐、生成的课堂文化，不断地把学校文化转化为自己的教学行为和学生的学习行动，在课堂上实现教师的价值，展现教学的活力，积淀学校的文化，增强学生的"文化适应"。教师要引导学生通过主动学习、合作学习、体验学习、探究学习，建构知识、提高能力、形成观念、提升品质、完善人格、积淀文化。只有这样，才能使课堂成为学校文化的活水之源。

（三）学生文化管理及其构建

1. 学生文化

学生文化是指全体同学在学习、生活和工作中所共同拥有的价值观和文化取向。一方面，表现为与成人相异的一些价值观念和行为方式，反映出其要求自主独立的需求；另一方面，由于他们受着教师的引导及家长的深刻影响，也在一定程度上认同着成人的价值观念。因此，学生文化既与以教师为代表的成人文化有相通之处，又在一定范围内与其冲撞、矛盾。若干年后，学生可能忘记某位教师课堂所讲授的知识，但永不磨灭的却是内化在心灵深处的文化取向。

2. 在文化管理中学生应做到以下几点

在学校德育序列活动中自觉接受理想前途教育、艰苦奋斗教育、集体主义教育、伦理道德教育、传统文化教育；形成从"要我学"到"我要学"的转变，提高学习效率；强化民主、自信、自尊、自立、自强、合作、和谐，激发自己潜在的学习动力；积极参与学校组织的各项活动，实现自我个性发展。

3. 构建学生文化管理

坚持每个学生都有潜力可以发掘的观点，在实施素质教育的过程中，更多地关注学生的可持续发展，努力寻找突破口，不断地进行探索，促进学生个性发展，培养学生科技、传统文化、体育、艺术等方面的素养，形成办学特色。实施素质教育应包括以下几个方面。

（1）科学技术教育

以人为本，立足发展，着眼整体，以全校师生为主体，努力打造科技特色，使学生的科学素养得到充分的提高。

①科学素养的培养

在学科知识的传授过程中贯穿科学素养的培养。教学中，教师要激励学生充分发挥想象力和主观能动性，独立思考，大胆探索，学会发现隐含于问题背景后的科学知识，形成独立解决问题的技能、自主学习的能力。在探究活动中培养科学素养。着力通过多种途径注意对学生探究能力的培养，激发学生对科学的兴趣，形成科学的态度和探究的能力，以期达到对学生多种心理机能和学习的综合性智能的发展。在科学实验过程中培养学生的科学素养。在课堂教学中，通过实验培养学生观察和实验的能力，使其从中学会以实事求是的态度面对科学，体会科学研究的一般方法，并从学生间的团结协作中感受成功的快乐。借助实验，培养学生的科学意识，让他们学会从身边的现象和学过的知识着手，发现问题，寻找规律。

②开展科普活动

定期开展各种科普活动。从培养"小发明""小创造""小改进"入手，开设科普讲座、科学家事迹展、小发明小创造活动周、科学知识竞赛、科学墙报等，开辟小小科技角、科学小沙龙、课外科学活动兴趣小组等小社团，让学生置身科学的海洋，让他们看一看、做一做、玩一玩、想一想，从中学到知识，在潜移默化中接受科学的熏陶，培养科学的素养。

③开展社会实践活动

开展参观和体验社会实践活动，让学生亲身感受科技对工农业生产和日常生活的影响，感受社会的进步和科技的发展。比如参观工厂、农村的种植大棚、生态产业园区、高新科技园等。

④利用各种媒体途径

当今社会，是信息化高度发展的社会，网络、电视、报纸、杂志等也成为信息传递的主要工具。

（2）传统文化教育

将传统文化教育作为学生必修课程，纳入学校校本课程开发的重要内容，通过开设传统文化教育课，使学生了解中国传统文化历史，学习传统文化知识，领悟传统文化精华，弘扬传统美德，激励传统民族精神，成为有理想、有道德、有文化、有纪律的新型人才。

①开展读书活动

通过读书活动的开展，让学生了解中国博大精深的传统文化，加强学生意志教育，培养他们在逆境中求生存、求发展的能力，培养他们百折不挠、顽强坚定、奋发进取的意志品质。

②开展社会实践探究活动

开展社会实践探究活动，让学生认识到文化遗产的保护与传承意义重大。如开展家乡古遗址探究、清明扫墓、端午悼念爱国先人、中秋合家团圆、重阳登高等活动。

③营造舆论环境

营造中国传统文化的社会舆论环境，努力拓展传统文化的舆论空间，在校园设置标语、图片、宣传画等载体，展示中国传统文化，让广大师生处处生活在传统文化的氛围中，时时接受传统文化的教育。通过设专栏、办专刊，介绍中国传统文化，开展传统文化研讨活动，加大宣传力度，形成舆论环境；进一步加强对我国非物质文化遗产的保护和宣传，培养弘扬传统文化的社会风气和良好习惯。

④在学科教学中渗透传统文化教育

以传统文化丰富历史与社会学科教学内容，增强学生学习趣味，提高学科整体效益，使传统文化教育得以渗透落实。在历史与社会学科教学中引入地方课程资源，激活学生思维，激发学生兴趣，营造生动活泼的教学氛围；在学科教学中充分利用地方课程资源，培养学生的社会实践能力、健康向上的人生观和爱国主义情感，让学生了解家乡、热爱家乡，从而发展家乡，让优秀的传统文化得以传承并发扬光大，真正发挥它应有的作用。

（3）体教结合

力求通过体教结合的实践改革，提升学生的生命质量，打破传统的精英主义思想和升学取向过于狭窄的课程定位，构建满足不同学生多样化发展需要、学业与成长同步发展的一体化教育教学管理机制，让每一位学生都体会到成长的快乐，让每一位学生都在快乐中成长。

（四）物质文化管理及其构建

1. 物质文化

在校园文化建设中，精神文化是目的，物质文化是实现目的的途径和载体，是推进学校文化建设的必要前提；物质文化建设是校园文化建设的重要组成部分和重要支撑。校园物质文化，属于校园文化的硬件，是看得见、摸得着的东西。校园物质文化的每一个实体，以及各实体之间结构的关系，无不反映了某种教育价值观。

完善的校园设施将为师生员工开展丰富多彩的寓教于文、寓教于乐的教育活动提供重要的阵地，使师生员工教有其所、学有其所、乐有其所，在求知、求美、求乐中受到潜移默化的启迪和教育。完善的设施、合理的布局、各具特色的建筑和场所将使人心旷神怡、赏心悦目，将有助于陶冶校园人的情操，将塑造校园人的美好心灵，将激发校园人的开拓进取精神，将约束校园人的不良风气和行为，将促进校园人的身心健康发展。

物质文化是指学校建筑、设备设施、绿化美化等学校硬件以及表现学校精神文化的雕塑、标语、校刊、校报、橱窗、板报等，它是学校中"人"的活动所创造的，体现着一种精神价值的物质结构，这些物质形式是学校价值的客观反映。静态的校园文化是一首无声的歌，无言的诗，无论是学校的长廊还是绿树花墙，都应以反映现实为目的，绘上时代的色彩。

2. 构建物质文化管理必须通过载体来实现，其中包括三种载体

（1）环境载体

包括校园设计、景观建筑。

（2）理念载体

体现学校的育人取向，是校长教育哲学思想的结晶，它表现在校训、校歌、校徽、教育理念、育人目标、价值追求等层面。

（3）活动载体

是动态的校园文化，包括校庆、纪念日、班（团、队）会、升旗仪式、艺术节、运动会、兴趣小组、科技活动等。

3. 构建物质文化管理

改造和建设各种文化设施和设备，努力提高校园文化层次，为深入开展校园文化建

设创造有利的条件。

提高学校设施、设备的现代化进程，大力改善办学条件，落实校园网络建设和现代化办公条件，充分利用计算机网络系统、校园广播系统、电子阅览室系统等为教育教学服务；营造自然景观、人文景观和谐交融的校园物质文化，彰显学校的文化底蕴，建设富有特色的校园环境，根据校园建设的整体规划，保留或者统筹学校人文景观的设点布局；装修教师办公楼，增设楼层卫生间；设立教师文化休闲活动中心及体育健身活动中心，改善教师办公、休闲、健身娱乐的环境；完善校园图书、照片、录像、课件等资源库的建设与应用，逐步推动无纸化校园办公自动化的进程，在学校原有的特色和长期积淀形成的基础上，进行挖掘、深化。

（五）精神文化管理及其构建

1. 精神文化

精神文化是指学校在教育教学过程中，受一定的社会文化背景影响而长期形成的一种精神成果和文化观念，它是更深层次的文化，在学校文化中处于核心地位。它由学校的历史、传统、文化和学校领导者的管理哲学共同孕育，集中体现着学校独特的、鲜明的经营思想和个性风格，反映着学校的信念和追求，是学校群体意识的集中体现。精神文化包括学校哲学、学校精神、学校道德、学校价值观念等。

校园精神文化建设是校园文化建设的核心内容，也是校园文化的最高层次，它主要包括校园历史传统和被全体师生员工认同的共同的文化观念、价值观念、生活观念等意识，是一个学校本质、个性、精神面貌的集中反映。校园精神文化又被称作为"学校精神"，并具体体现在校风、教风、学风、班风和学校人际关系上。

2. 构建精神文化管理应做到以下几点

用学校哲学处理好学校中人（教师）与人（学生）、人与物、人与教学规律及社会发展规律的关系问题；努力构建学校的价值观念、发展目标、服务方针、办学理念和办学特色等；加强班级文化建设。班级文化以班级的荣誉感和学生的归属感为核心，以同学关系为纽带，以班级活动为载体，它是学生对学校文化、教师文化的引领加以内化而形成的一种共同的行为。自主管理是班级制度文化建设的最高境界。

3. 构建精神文化管理

融入时代，开展丰富、生动的校园文化活动；利用校园平面、数字等信息及工具，充分发挥它们传播文化信息、关注社会热点、宣传校园生活、弘扬民族文化的功能，营造良好的校园文化氛围；优化校园的人际心理环境，在人本管理、人文关怀的思想指导下，营造宽松和谐、诚信务实、公平竞争、积极合作的人际关系，组织丰富多彩的师生员工活动，包括学术、科技、文艺、体育、辩论、演讲、社会考察等，实现人际语言、行为和心灵的净化和美化，不断提高学校整体精神的凝聚力；加强校园信息化建设，增加图书种类和数量，创设阅读环境，开展读书活动，拓展学习研究功能，满足师生求知的需求；营造校园学术探究的氛围，围绕"科研兴校、科研兴教"的基本方略，学会对环境需求做出科学的分析和反应，搭建学术平台，开展学术交流，活跃学术氛围，鼓励创新，求同存异，使学校得以可持续地发展。

（六）制度文化管理及其构建

1. 制度文化

校园制度文化作为校园文化的内在机制，包括学校的各种规章、条令、程序所组成的条文及其执行系统、行为模式，是维系学校正常秩序必不可少的保障机制，是校园文化建设的保障系统。它为人们提供了行为框架，使所有人在这个架构内有序地工作与生活，与其他人和谐相处，从而保证学校工作卓有成效地运转。

制度文化的实质，是强调以人为本的思想与科学管理的手段相结合，建立以发展人的主体性、促进人的全面和谐发展、提升人的生命价值为根本目的。制度文化关系到学校的办学目标、办学理念、发展定位、实施策略、传统特色等。

"没有规矩，不成方圆"，只有建立起完整的规章制度，规范了师生的行为，才有可能建立起良好的校风，才能保证校园各方面工作和活动的开展与落实。但仅有完整的规章制度是远远不够的，还必须有负责将各项规章制度予以执行和落实的组织机构和队伍，因此，还必须加强相应的组织机构建设和队伍建设。也就是说，制度文化建设实际上包括制度建设、组织机构建设和队伍建设三个方面，组织机构建设和队伍建设是确保制度建设落到实处，并使其真正起到规范校园人言行的关键环节，校园文化组织机构的健全和完善，校园文化队伍的勤奋与能干，对正常开展校园文化活动、加强校园文化建设具有十分重要的、决定性的作用。

2. 构建制度文化管理应遵循的原则

要遵循人的发展规律，人是管理的起点，也是管理的终点；要遵循文化管理的特点（以"软"管理为精髓），倡导精神立校。制度管理的主要功能是关注人、发展人；要遵循追求价值整合的规律，把行为个体的价值放在最重要的地位，充分尊重、信赖、依靠、激励全体师生；要遵循制度创新的原则，既要充分发挥"科学管理"中制度的"刚性"作用，又要发挥文化管理中的"柔性"作用。

3. 构建制度文化管理

（1）建立民主、科学的管理机制

以有序、激活、创新为治校方略，进一步理顺学校内部的管理体系；认真贯彻落实校务公开制度，积极推行和完善民主管理制度。学校财务、教师评优等做到公正、公平、公开，增加办事透明度，自觉接受群众和舆论监督。党、政、工各司其职，通力合作，确保学校管理向着科学、民主、高效、和谐的方向发展；完善学校干部制度，坚持过程管理与目标考核相结合，加强对班子成员工作职能的评价与考核，建立对学校安全等工作的警示制和校长、分管领导责任追究制，逐步建立起"能上能下，能进能出"的干部动态管理机制，为后备干部的选拔和成长创造良好的环境；完善评价与考核制度，制定符合现代管理思想和学校实际的管理考评制度，体现能本管理与规范管理有机统一，建立多元化的，符合素质教育要求的，有利于促进学生、教师和学校共同发展的新型学校评价标准，全面提高教育质量。在教学评价考核中，改变长期以来以学生的学习成绩作为评定教师水平的唯一标准的做法；在年度综合评价与考核、学年度综合评价与考核中，由民主评议和职能部门考评相结合，及时予以精神和物质的双重激励。

（2）实施简洁、高效的管理流程

积极稳妥地推进学校人事制度改革，形成"职、责、权、利"相统一的，并能有效调动教师工作积极性的内部管理长效机制，明确工作价值、利益导向机制，形成团结进取、和谐高效的工作氛围。

加强干部团队绩效考查，提倡新的工作精神和团队精神。全体干部要成为学校积极进取和谐发展精神的先行实践者，围绕学校中心工作，各司其职、各尽其能，逐步树立科学、民主、开放的富有个性的管理思想，提高改革创新、依法治校、民主管理等意识和行为能力，确保学校各项工作的高效开展。

总之，文化的丢失就是生存权的丢失，文化管理决定着一个学校的发展速度与状态，有什么样的文化，便有什么样的发展状况。因此，在一定的条件下，文化管理具有"决定一切"的作用，文化管理是学校发展的灵魂。

第四章 新时期高校教师管理探索

当今中国，高等教育迅猛发展，在校大学生规模位居世界第一位。学生数量的快速增加随之带来了高等教育发展中的一系列问题，教师队伍的不足成了制约高等教育继续发展的瓶颈。就我国目前的情况而言，高等学校教师队伍整体素质不容乐观，与发达国家相比还有很大的差距，同时，教师管理理念陈旧、管理体制落后，已不能适应高等教育发展的需要。因此，加强高校教师管理的理论研究和实践探索是非常重要和必要的，只有不断拓宽思路，寻找新的对策，才能切实提高教师队伍的整体素质，实现高校自身的健康发展，为国家输送更多的人才。中国高校的发展经历了从无到有、从小到大的过程，中国大学教育也从恢复高考后的精英教育转变到目前的大众教育，伴随着高校扩招的步伐，由此而引起的一系列问题也浮出水面，比如资源不足、教学质量下降以及师资力量不足等，其中，师资力量的匮乏是所有问题中最突出也最难以在短时间内解决的问题。为了解决高校扩招后出现的一系列问题，同时也促使各高校主管部门加大对高等教育的投入，教育部于21世纪初启动了本科教学水平评估，评估以五年为一轮，对全国所有高等学校的办学条件、师资队伍、教学质量以及教学管理等各个环节进行评估，评估未通过的，将取消其招生资格。此次评估的过程和结果，我们在此不作评价，但它对各高校在教师队伍的建设上的确起到了有效的促进作用。

"所谓大学者，非谓有大楼之谓也，有大师之谓也。"哈佛大学科南特校长也曾说："大学的荣誉，不在它的校舍和人数，而在于它一代一代人的质量。"建设一流的大学必须有一流的教师队伍，教学质量的提高核心在于教师，这已经成为人们的共识。为了加强教师队伍建设，中华人民共和国成立几十年来，大学的教师管理制度进行了持续的变革，从职称制度改革到目前推行的以聘代评，从传统的高校教师管理模式到现在推行的教师聘任制改革，等等。教师管理制度改革在一定程度上起到了积极的促进作用，但就目前情况而言，高校的师资管理理念还没有脱离计划经济时代的人事管理的传统思路，在教师的管理中，对教师工作的自主性和创造性管得过于死板，限制了各高校间的教师交流，同时，对教师自身的生活需求和发展需求方面又管得过少，甚至不闻不问，在很大程度上打击了教师工作的积极性和视校如家的热忱，形成了优秀人才引不进来，本校优秀教师留不住，留住的教师工作没有积极性等现象。如何建立起现代的高校教师管理体制，充分调动教师的工作积极性和主动性，充分发挥教师在实现学校发展目标中的主体作用，成为摆在高校管理者面前的一道难题。

改革开放以来，高校师资队伍建设一直是中国教育研究学者所关注的问题。尤其是20世纪末到现在，政府对高等教育不断加大投入，并出台一系列政策促进高等教育发展，高校教师管理的研究越来越受到重视，有关的研究文献数量也大大增加。在大量搜索到的研究中发现，一方面，中国学者总结多年改革开放高校教师管理工作的成功经验；另一方面，采用越来越多的理论来解析、研究我国高校教师队伍管理制度，并把这些理论运用于解决教师管理制度在新形势下存在的问题，如人力资源理论、激励理论、人性化管理理论、绩效管理理论等，力图在师资队伍管理的模式和机制上有所突破，为建设跨世纪高校教师队伍提供有益借鉴。

21世纪初是中国教育改革和发展的战略机遇，人类真正进入了信息技术和知识经济的时代。我国在实施"科教兴国""人才强国"战略的过程中，高等教育事业得到了长足的发展，教师队伍面貌也发生了巨大的变化，其素质、结构、质量和效益都有了明显的改观。但是，随着中国高等教育的连年扩招，学校规模迅速膨胀，各种矛盾日显突出，与创建人民满意的高水平大学教师队伍的要求相比，仍然存在很多不容忽视的问题。由于中国正处在经济社会转型的大背景下，原有的计划经济体制下形成的管理模式尚未突破，一些新的管理模式的尝试与原有的职称制度、招聘人才制度等还存在着矛盾和冲突。

第一节　高校教师管理的现状与问题

一、高校教师管理的现状

目前，我国高校普遍实行的还是传统的人事管理制度，所谓人事管理制度就是对人事关系的管理，它是以从事社会劳动的人和相关的事为管理对象，在一定管理思想和原则的指导下，运用组织、协调、控制、监督等手段，形成人与人之间、人与事之间相互关系的某种状态，以实现一定目标的一系列管理活动的总和。人事管理过程包括进、管、出三个环节，管理过程强调事而忽视人，人的调进、调出被当作了管理活动的中心内容。目前高校的人事管理制度表现出以下几个特征。

（一）在政府与学校的关系上

政府是学校的所有者、出资人和管理者。教育行政部门对高校的人事权、财权、项目审批权有着严格的控制。无论是人员的进出、职称晋升，抑或是工资的调整以及大型项目的立项，都必须到上级教育主管部门报批，学校没有充分的自主权。

（二）在管理理念上

强调对教师人事关系的管理，主要包括教师的进、管、出三个环节。

（三）在组织结构方面

实行的是类似于政府部门的科层制的垂直型组织结构。在最顶端是由书记、校长、副书记、副校长组成的领导层，负责学校大小事务的管理和决策，是学校的顶层决策机构，其组织形式是校长办公会。接下来分成两部分：一部分是行政管理机关，包括教务、人事、财务、科研、后勤保障等部门，在这些部门中管理人员根据职务级别划分为处长、副处长、科长、科员等，行政机关根据各自职责，负责政策的制定、执行以及日常管理；另一部分是教学机构，在教学机构的设置中，与行政机关相对应，设置了教学副院长、科研副院长等职位，其下又有教学秘书、科研秘书等岗位。各岗位根据职责分工和级别高低对上一级主管领导负责。

（四）在教师管理上

实行的是身份制而非契约制。虽然现在好多高校与教师签订合同，但在实质上仍非真正的契约制管理。特别是对高校而言，要想与教师解除合同推向社会，在实际操作上难度很大，主要是由于目前实行的退休金制度，高校教师普遍没有缴纳社会养老保险，从而无法推向社会。

（五）在绩效考核中

强调对教师进行严格考核，设定了大量的量化指标，但很少有对教师的激励措施。

（六）在管理决策上

由行政管理机构制定政策，校领导（校长办公室）对此有最终决定权。

二、高校教师管理存在的问题

由于目前延用的是计划经济体制下的管理模式，在社会主义市场经济体制已逐步建立的今天，原有的高校教师管理体制已经不再适应学校发展的要求，主要表现在以下几点。

（一）集权制的组织结构

虽然在实施管理和监督方面成效明显，但由于管理者缺乏人力资源管理理念，目前的人事管理仍着重教师的进、管、出，视教师为人力成本，把人事工作当作组织的行政事务，以事为中心，以教师的招募、考核、工资、福利、奖惩等为主要工作，缺乏对教师本身重要性的认识，未形成教师是资源的理念，缺乏对教师资源的有效开发和利用；人事权集中在学校人事管理部门，对学科、专业的发展缺乏有效支撑，而各教学单位在长期的人事制度管理体制下，对学科本身发展需要的必要的人力资源培养缺乏主动性；人事管理部门在工作中的行政泛化和路径依赖，缺乏对现代管理理论的学习和理解，从而造成学校行政管理中的学校行政失灵。许多高校管理观念滞后，视人力为成本而不是资源，把教师管理看作是一项行政事务，纳入传统的"人事管理工作"范畴，表面上管理有序，实质上效率不高。教学和科研工作有着严重的行政化倾向，部分高校行政机构臃肿，人浮于事，行政人员多于教师。高校对教师实行单方面行政式垂直管理，较少关注教师方面的权利、需求及感受，忽视教师的情感需求。教师作为综合素质较高的特殊群体，有着强烈的自我尊重和自我实现意识，在满足基本物质条件的前提下，更加注重精神需求，而自上而下的行政式垂直管理既容易引起其心理排斥，也不利于充分调动其积极性和主动性。

（二）政策制定的权限集中在行政管理部门

使得在政策制定上不能有效体现教师的意愿，而管理者素质不高以及制度的缺陷等原因，使得制定政策先天不足，同时，教师在政策的执行过程中有抵触情绪，最终使得政策执行不力。

（三）在师资队伍的建设上

注重人才引进，轻视自有人才的培养，在教师待遇上内外有别。在教师培养方面更多的是个人的自主行为，没有根据学科的发展需要制订长期的、科学的培养规划。

（四）绩效评估体系亟待完善

当前，对教师的绩效考核存在以下几个问题。

1. 绩效考核观念缺少应有的人文关怀

长期以来，为了鼓励教师努力工作，高校往往实行"奖惩性评价"，它不能很好地起到激励作用，与预期目标有一定的差距。教师对于绩效考核抱着被动的态度，与考评者处于对立的状态，使考评失去了应有的价值。

2. 考核标准不明确

高校教师的工作难以有效测度，无法制定一个比较客观的绩效考评标准，往往只能从有限的几个可视指标中来进行测度。现行高校教师的绩效考核指标通常从德、能、勤、绩、廉五个方面进行考核，但实际上主要是以岗位所要求的业绩量化指标为依据，对教师的主动性、奉献精神、合作意识等难以采用量化的指标进行考核。由于对教师教学质量的评价相对比较困难，高校教师考核指标体系除了规定教师必须完成规定的课时工作量等指标外，对教师履行教学职能的评价往往流于形式。对教师科研方面则通过发表论文的级别和数量、获得科研项目的级别和经费以及科研获奖等级等方面的指标来衡量教师的能力和业绩，因此，考核结果不能全面公正地反映教师的全部工作。

3. 绩效考核结果存在误差

绩效考核是一项复杂的综合性管理活动，必然会受到很多方面的制约。由于考核的基本环节要由人去操作和判断，绩效考评的许多标准容易受主观因素的影响，会出现评价者的偏差。一方面，由于缺乏对评价者基本的培训；另一方面，评价者的单一性和本身素质的良莠不齐，在对教师绩效的评估中会不可避免地出现误差，不同程度地导致评价有失公允，使评估结果缺乏可信度，挫伤教师的教学积极性。

4. 考核周期设置不合理

目前，我国各高校的绩效考核多数是一年一次，以年终考核为主。事实上，不同的绩效指标需要不同的考核周期。对于任务绩效的指标，由于考核者对被考核者在这些方面的工作效果有较清晰的记录和印象，可能需要较短的考核周期，它可以及时评价和反馈工作效果，有利于及时地改进工作，提高工作效率。对于教师成果绩效的考核，则需要较长的周期，例如，教师的科研活动一般需要较长时间才能出成果，而这种成果要转化为现实的生产力，实现其经济或社会价值则需要更长的时间。

5. 对教师的绩效导向出现偏差

不少高校没有摆正教学和科研的关系，不能科学地评价教师的工作，激励机制出现了导向性的偏差。高校的办学宗旨是教书育人，必须明确高校是教学基地而不是研究单位。近几年来，许多高校把"规模"和"名次"当成了头等大事，为了通过国家教育部的评估，在学校的工作目标上，纷纷形成了把科研成果作为评估的硬件，从而把科研工作摆到了极其不正常的位置。在教师职务聘任任期目标规定中，由于对科研成果制定了硬性的量化要求，而其他要求弹性较大，导致了在对教师工作的实际评价中，科研成果成了决定性的因素，由此产生的严重后果是重科研轻教学。本来教师应该全身心地投入到教学中去，把提高人才培养的质量作为自己的基本职责，但是为了保住职称和待遇，多数教师绞尽脑汁地写论文、千方百计地发表论文，把科研工作当成了必须完成的头等任务，占用了大量的时间和精力，从而极大地影响了教学任务。不少教师几年来只承担同一门课程的教学工作，甚至备一次课讲好几年，不进行知识的更新，目的仅仅是为了完成学校的工作量，把节省下来的大量时间和精力花在科研工作上，不花心思与学生互动，无法保证教学质量，但往往是这些教师，却能够通过完成科研量达到名利双收的效果，反而踏踏实实、一心扑在一线教学工作的部分教师，虽然得到了学生的认可，却往往因为缺乏科研量，不仅耽误了评职称，甚至出现津贴不能全额发放的现象，严重打击了这些教师的教学热情。

（五）教师资格准入制度不完善，人才引进与岗位设置不匹配

目前，我国高校教师实行资格准入制度，根据《高等教育法》规定，高等学校实行教师资格制度，高校教师资格证书制度的实施不仅为教师和教育机构提供了良好的发展机遇，也为教师职业真正成为一门"专业"创造了条件。但是也存在以下问题：教师资格标准规定较笼统，更为注重对学历的考查，无法考查教师的专业素质和教学能力，体现不出教师职业的专业性；教师资格证书的类型简单，含金量达不到应有的水平；对教师的心理素质没有严格的把关；一旦拿到了教师资格证就可以终身使用，导致缺乏对教师自身专业发展的激励。近几年，很多高校随着学校招生规模的扩大、教师需求量的增加，加大了人才引进的力度，出台了各种优惠政策来吸引高职称、高学历的教师，希望从数量和质量上充实师资队伍。但很多学历文凭的含金量值得怀疑。学校花了大代价引进的部分高级人才，无论在师德师风还是教学科研水平方面，都不是很理想，其中不乏"走穴"的教授和博士，完全是为了房子、高待遇而来。如此引进人才后，虽然教师队伍扩大了，教授、博士的数量增加了，但是并没有提高教师队伍的整体素质。

（六）学校对教师的继续教育投入不足，不少教师教育水平亟待提高

当今世界是知识经济时代，充满机遇与挑战，科学、民主、平等、自由、创新成为新世纪的主旋律。面对知识的快速增长，面对层出不穷的新事物、新问题，教育理念与实践迫切需要全面革新与提升，提高高等教育质量成为高校当前最为紧迫的任务。教育要创新，需要教师进行教学方法、手段和内容的改革，而教学改革的开展又与教师教育理论水平和教育理念有关。同时，新技术的发展改变了知识的传播方式，新一代大学生更加独立和充满个性，这些都对教师提出了更高的要求：要求教师以平等的、谦虚的态度来组织教学活动，并具备利用先进技术的能力以及引导和启发学生提出问题的能力，掌握创造思维的方法；在教学中，要不拘泥于已有的方法，敢于提出和运用新的方法，并能在教学实践中不断充实和完善，使其成为具有自己特点的教学方法；不断提高教育理论素养，把不断学习的新知识及新技能运用到教学实践中；如果在教学中出现问题时，教师应当学会运用自我归纳概括能力并参考有益的信息进行分析判断，做出冷静正确的

处理，以谋求教学理论的发展。但事实上，很多教师离这些要求还有很大的差距，这些差距一部分是由于教师本人的原因，还有相当一部分的原因是由于学校没有提供合适的平台和保障，对教师的继续教育投入不足。

三、高校教师管理改革的发展趋势

根据高校人事管理制度的发展需要以及国家下发的一系列文件要求，高校人事制度改革呈现出以下几种趋势。

（一）在管理理念上由人事管理向人力资源管理发展

传统的人事管理重在对人的管理和事的管理，重在对人的人事档案和业务档案的管理，实质上是对教师进行身份管理。这种管理在效果上缺乏激励和引导，是一种静态的管理，视教师为成本。而人力资源管理重在对现有人员的开发和利用，同时注重队伍的重组和提升，视教师为资源。

（二）在管理方式上由静态管理向动态管理发展

现有的管理方式下，教师在达到一定的阶段后就没有了继续努力的动力，比如评定终身的职称制度以及工资制度等。在管理者身上同样存在这种问题，能上不能下的行政管理制度使得管理者在管理过程中不思进取、人浮于事。高校教师管理改革要求打破教授终身制，打破管理者手中的铁饭碗，从而提高工作的积极性。

（三）在分配上由平均主义向差异分配发展

拉大差异，注重激励，有助于调动教师的积极性，符合教师间能力存在差异以及工作投入程度不同的现实。

（四）在制度上由身份制向契约制发展

在人员聘任上，打破原有的重身份、重资历、重级别的人事管理方式，科学设定编制和岗位，竞争上岗、择优聘用、合同管理可以强化竞争机制，使人力资源配置更符合事业发展的需要。

第二节 高校教师管理模式的改进

教师管理制度改革事关高等教育的全局，涉及教育行政部门与政府间的关系，涉及社会保障体系的完善，更涉及学校的发展和教师本人的切身利益，同时，高校教师群体又具有明显区别于一般人力资源群体的特殊性，这要求我们在制度设计方面不能将企业的管理模式简单套用，而要根据教师群体的特点有针对性地进行设计。在改革中，我们应该以治理为模式，形成视教师为资源的人力资源管理理念，从政校关系、决策制度、聘任制度、考核制度和分配制度等方面重新设计教师资源管理体系，加强对教师队伍的培养和激励，促进对教师资源的有效利用，同时还要充分认识到校园文化在教师管理中的积极作用，建设具有独特风格的、和谐的校园文化。

一、重建政府与高校的关系

政校分离并不是说教育行政部门对高校的发展不管不问，而是要明确行政部门的权力和职责。政府应从举办者、办学者、管理者三位一体的全能型身份中走出来，重点行使其督导职能和保障职能。政校分离，首要的一点是要将高校与行政级别相脱离，不再提什么部级、副部级或厅级，校领导的任命应给予高校更大的自主权，由学校学术委员会选举产生，真正做到学术治校、学者治校。淡化学校领导身上的政治色彩，庸者下能者上，营造高校浓郁的学术氛围而非政治氛围。政校分离后，政府以及教育行政部门应重点做好高校的财政保障工作，应建立和完善财政制度，改革教育财政管理手段，从制度上保证高等教育发展所需要的稳定的资金支持，注重对资金分配和运用的科学管理，提高资金使用效率，同时，政府要充当中介和桥梁，扶持教育中介组织的建立和发展，推进各种捐款和捐赠制度的建立，加强企业和高校间的联系，广泛吸纳社会各界对高等教育的资金支持。

要继续大力推进事业单位人事制度改革，必须建立有效的社会保障制度。没有科学、有效的社会保障，高校在发展过程中就不可能放开手脚，人员的合理流动就是一句空话。只有建立有效的社会保障制度，才能彻底解决高校人事制度改革中遇到的人事关系问题，才能使教师从"学校人"真正变为"社会人"。

二、高校管理者要树立"以人为本"的管理理念

以人为本不是一句口号，要真正落到实处。高等教育教学是根本，教学中教师是核心。在高校的教师管理中，要牢固树立以人为中心的现代管理新理念，追求教师资源管

理的人本性，提升教师的归属感，同时将教师资源开发提升到第一的位置，使高校的人事工作能着眼于人力资源的开发，致力于人才的合理、充分利用；加强管理者现代管理理论的培训和提高，积极吸收管理学领域最新、最科学的研究成果，并将其运用到高校师资资源管理的实际中来，做到人力资源管理方法的科学化、规范化、民主化以及管理体制的合法化和规范化，营造尊师重教的良好氛围，始终坚持尊重教师的意愿，了解教师的需求，最大限度地激发教师的积极性和创造性，使教师的潜能得到最大限度的发挥，实现高校教师管理过程中理性管理和人性化管理的有机结合。要将管理职能转化为服务职能，为教师提供良好的发展空间，为教师解决后顾之忧，营造科学的发展平台，提升教师对学校的满意度，实现教师的满意与学校的可持续健康发展的最佳结合。

人本管理最重要的一点就是要宽容，他有两方面的含义：一是对待教师要宽容，要细心发掘教师的长处和优点，同时还要尊重教师个人的尊严、自我价值和个人的需要，要宽容对待教师在性格方面的特性，要经常了解教师对学校工作的意见，让教师参与到学校重大制度与改革措施的制定中来；二是对待教师的学术观点要宽容，学校特别是各学科的学术带头人要能够容忍甚至是提倡多种学术观点的并存，对个别教师提出的特异性观点不能一棍子打死，要营造高校百花齐放、百家争鸣的宽松的学术氛围。当然，宽容不是放纵，高校教师资源管理需要有效的规章制度来规范教师行为。在负强化的基础上，更应该利用正强化效应，帮助教师尤其是青年教师制定自身的发展目标，并在教师目标的实现过程中实施有效的激励，使教师实现自我再造，充分发掘自身潜能，为教师向更高层次发展和更高价值的自我实现提供可能。

教师资源的管理应尽可能地由学院来进行，学校层面应主要负责宏观的督导与引导，其原因主要有以下三个方面。①教师的管理权过分集中到学校手中，在很大程度上造成了教师和学校的对立，教师对学校的管理措施产生抵触思想，学校科层制的组织结构使学校的管理措施在实施过程中效率低下，是造成学校行政失灵的主要因素。按照治理理论的观点，对人力资源的管理应调动全方位的力量，特别要发挥学院在教师资源管理中的作用。②学院是学校学科建设和发展的主要承担者，更了解学科建设中对教师资源的需求，而根据发展目标进行有针对性的管理是现代人力资源管理理论的应有之义。③学院更了解教师在个人发展中的需求，在管理中更能体现对教师的人文关怀。

三、实行真正的教师聘用制，使教师做到能上能下，促进其合理流动

从中共中央组织部及国家人事部、教育部联合印发的一系列文件，以及之后人事部颁发的一系列关于在事业单位实行聘用制的文件制度都表明，高校聘用制改革已被正式提到了高校改革的日程上来。对高校来说，推行聘用制的主要目的是打破教师职务终身制，改变教师对学校的人身依附，克服教师在职称评聘过程中的论资排辈现象。在高校聘用制的推行过程中，难点是岗位怎么设，报酬怎么定，身份怎么转，合同怎么签，上岗怎么竞，下岗怎么办，程序怎么走，社保怎么办，在这方面，我们应该在弄清自身情况的前提下，借鉴国外发达国家的成功经验。

国外大学教授普遍实行"终身职"，而对低职称者普遍设置任期。美国大学实行的是教授终身职，但与之相对应的是在教师未获得终身职前的"非升即走"制度，它规定：如果在学校工作的六年之内得不到终身职，那么他在一年内必须离开学校，另谋出路。英国原本实行的是教授、副教授、高级讲师没有任期，讲师有任期，但现在的情况也发生了变化，英国在20世纪80年代颁布了教育改革法，从法律上停止了大学教师乃至退休教师的终身在职权，学校可以适当地解雇教师。德国虽然实行的是教授无任期制，但德国对教授的聘任有着严格的规定，德国任用教授的必要条件：一是具有学术性业绩或艺术性业绩；二是在从事职业最少五年内能使学术观点和方法得到应用和发展，并取得特殊业绩。同时，他们还要参加教授资格考试，必须以优秀成绩通过博士考试的合格标准，这样也只是具备了教授资格，拥有讲师称号。教授的聘任必须从校外公开招聘，不允许聘任本校任命的讲师。日本实行的是"终身雇佣"和"年功序列"美国大学的教授终身制现如今遭到了政界、财经界以及新闻界的强烈批判，认为教授终身制保障没有能力的教授，起着保障无能者安逸生活的作用。日本现在也在采取措施打破教授的终身制，原因在于终身制的实行使教师的身份得到法律保障，从而使得教师对大学教育和科学研究的热情减退，它导致了高等教育质量的下降。另外，国外大学（除日本外，这与日本实行的"年功序列"和"终身雇佣"有关）教师聘任中还普遍规定了教师必须有在两个以上学校任教的经历。

在国外大学教师聘任过程中，以下四点对我们来说具有很高的借鉴意义：一是发挥审议机构的中介作用；二是制定出完善的法律以及学校的规章；三是完善公开招聘制；四是重视教师的校外经历。

鉴于此，我国高校的聘任制应做好以下几个方面的工作。

（一）科学设置岗位，下放岗位聘任权限

其中包括两层含义：一是要根据学校的岗位总数以及各教学单位承担的教学任务情况，科学测定各单位编制；二是将岗位分成关键岗位和一般岗位，关键岗位由学校聘任，一般岗位则根据各单位编制情况，综合考虑学科发展等因素，合理地分配到各个单位，由各单位自行聘任。

（二）合理设置任期

任期设置的合理与否，将直接决定聘任制推行的成败，任期过长，则起不到聘任制应有的激励作用，使低职称者努力的动力减退，而对高职称者又起不到刺激作用。任期过短，一方面，增加教师担心失业的心理负担；另一方面，使功利性的研究活动增加，违背了科学发展规律，不利于教师从事科研活动的独立性和从事长期的基础性研究。同时，具备条件的学校应实行低职称教师在一定年度内的非升即走制度，在聘任到期后，如果通不过专门委员会对其进行的教学效果、科研能力以及学术水平的考核，就必须离开学校，这将极大地促进年轻教师勤奋上进，不断提高专业水平和敬业精神，还将对人才的流动和学术的交流起到积极的促进作用。与此同时，我们不妨在特定的群体内尝试终身教授制，对那些对学校发展做出突出贡献，在学校的学科建设和教师梯队建设中举足轻重的、在国内外有着极高影响力的大师级学者授予教授终身职，使他们能够安心从事研究工作，特别是一些科研周期长、工作量大的基础性研究，这将有利于对学科内的教师梯队建设起到传、帮、带的作用。需要指出的是，教授终身职在实行过程中人数不能过多，还必须坚持宁缺毋滥的原则，其最终授予权应掌握在代表学校最高学术水平的校学术委员会手中，以防止权力被滥用。

（三）完善聘任程序

要制定规范的聘任办法，并且在办法的制定中广泛征求教师意见，让教师积极参与到聘任制度的制定中来。在聘任程序上应公开、公正、公平，坚决杜绝暗箱操作。对于学校关键岗位的聘任，在我国无中介审议机构或机构职能不健全的情况下，必要时要聘请国内其他高校的同行专家对申请人进行鉴定；聘任工作应面向全社会公开，考核过程和结果也都要进行公示；建立教师申诉制度，如教师对聘任结果有异议，可以到指定的申诉部门申诉，申诉部门必须受理教师的异议投诉，并在规定的时间内予以答复。

（四）要与政府职能部门一起做好未聘教师的生活保障工作

特别是在推行聘用制改革的初期，除了政府职能部门要做好未聘教师的社会保障外，学校也应在能力范围内，为教师再就业创造条件，保证教师队伍的稳定。在聘任制的推行过程中，教师身份的转变是重点也是难点，只有在改变教师对学校的人身依附，完成从"学校人"到"社会人"的转变，建立学校与教师间真正的契约关系，聘任制才有可能真正实行。

四、完善教师绩效考核评价体系，建立科学的教师工作量核算模型

（一）完善教师绩效考核评价体系

1. 对教师进行绩效考核的原则

要从教学和科研两方面综合平衡考核，不能厚此薄彼。在高校的日常管理中，很容易出现重科研轻教学的现象，这一现象又容易导致一线教师教学兴趣的丧失，把主要精力放到科研上，无心进行教学以及教学法的研究，致使教学质量下降。由于对科研考核的重视，反而使科研成果日益大众化，学术价值大打折扣，同时由于教师争相进行科学研究，导致科研经费的收益下降，出现高校教师管理模式研究学研究的规模不经济。

2. 考核过程要公开公正公平

公开原则是指对教师的考核过程、考核标准以及考核结果要公开，不能搞暗箱操作，不能人为干预；公正是要求考核者在考核过程中要实事求是，不能人云亦云、送人情分，更不能打击报复，考核者应在教师中有威信，有较高的学术地位，教学效果的公认程度高；公平原则是指应综合考核教师，不能因某一点原因就全盘否定教师的所有努力，还要给教师申诉的权利和机会。

3. 要做好考核结果的反馈和利用

考核结果要及时反馈给教师，没有反馈的考核是没有任何意义的，同时，对考核结果应有所说明，否则考核就只是一句空话，没有任何实际意义。

4. 考核应采用量化指标，又不能绝对量化

量化的指标可以更明确地评价教师的教学和科研工作，它不像描述性评价容易掺杂个人主观因素，量化的考核也可以通过调整权重等方法使评价更科学。但在设计量化指标的时候，要充分考虑到质的方面的因素，不能单单考虑授课学时、发表论文数量等，否则容易产生教师对量的追求而忽视质的追求的导向作用。

（二）工作量定额

一般来说，高校教师工作量包括教学工作量和科研工作量两部分。我们先来看一下国外各高校关于工作量定额的有关规定。美国教授协会在20世纪70年代发布了《关于教师工作量的声明》，声明中指出，大学教师最大限度的教学量为每周12小时，每学年中备课不得超过6门独立的课程；声明又指出，最大限度的课程量并不一定是首选的教师工作模式，要达到有效的教学和学术水平，本科生层次的教学每周为9小时，研究生层次的教学每周为6小时。20世纪80年代，美国的高等教育受到了严厉的批评，公众认为大学教师没有花足够的时间进行教学。美国高等教育包括私立、独立和公立院校，就

院校类型和教师任务类型来看，大学教师在教学、科研和服务等方面的工作时间分布是有差别的。研究型大学和授予博士学位的大学大约占美国大学总数的10%，这些院校最强调科研，这些大学的教师分别把30%和25%的时间用于科研；综合性大学教师用于科研的时间为10%；社区学院的教师数量占教师总数的40%，他们用于科研的时间为3%。根据加州大学洛杉矶分校高等教育研究所的一项研究表明，每周教学9至12小时的教师，用于教学的时间占总工作量的32%，备课工作占25.2%；每周教学13至16小时的教师，用来备课的时间为17.3%；而每周教学在17至20小时的教师，仅用13.8%的时间来备课。按照每学期16周的教学周期来看，美国大学教师平均每学年最理想的授课工作量为：9小时×16周×2学期=288小时。

回过头来，我们再来看一下国内部分高校的工作量定额情况。高校对科研成果的认定以科研与教学之间不可换算而形式各异。按照教育部《高等学校教师工作量试行办法》中的规定，教师科研工作量、指导学生以及论文等工作量的总和应占教师总工作量的三分之一，占教学工作量的二分之一。

（三）工作量核算

在工作量的核算上，大体可以分为两种方法：一是教学与科研单独核算；另外一种是将教学工作量和科研工作量分别量化，赋予一定分值后加总，然后根据总分对教师的工作总量进行排序。这两种统计方法都有各自的缺点：第一种不易于管理者掌握教师的工作总量；而第二种方法中，教学与科研是两个不同性质的量，直接相加不能准确反映教师的实际贡献，与实际也有较大误差，而且适用范围十分有限，只能在同一类课程或专业内进行比较排序。因此，大多数高校倾向于教学工作量与科研工作量分别核算。

1. 教学工作量的核算

教学工作量不应仅仅是教学授课工作量与班级系数简单的加乘计算，还应考虑到质的因素。同样讲授一门课程，有的教师讲课认真、备课充分，教学方法深受学生们欢迎，教学效果好，而有的教师则可能要差许多，如果按同样系数计算工作量，则教学好的教师就会心理失衡，应该将教师的教学效果计算到教师的工作量中。

2. 科研工作量的核算

科研对于教师来说，能够使自己与自己学科领域的新进展保持一致，从而进行高质量的教学，学术研究的过程和结果往往能改变教学的内容和方法，因此，大学教师必须从事一定的科学研究。但就工作量的核算来说，由于科研成果的学术性价值难以评估，从而给核算工作带来了很大的困难。很多高等院校，为了发表而进行的科研，它成了大学使命的主要部分，"发表或者出局"已成为教师职业生涯的基本模式。因而，我们在核算科研工作量时，只能根据教师科研成果的类型以及级别进行核算。科研工作量主要包括发表论文、承担课题、出版学术专著。在实际工作中我们发现，绝大部分的教材质量都不达标，反映不出作者的学术思想和学术水平，它更侧重于衡量教师对专业知识的掌握程度，缺乏对专业领域新探索和新问题的探究，其学术价值不大，更应成为教师教学活动的一部分，建议应在教学工作量中予以核算。在科研工作量的核算上，我们要给予那些从事周期长的基础性研究的教师一些特殊政策，比如，如果经学术委员会认定，该教师的科研活动有较高的学术价值，可以在成果出来之前，按阶段认定该教师的科研工作量，并在研究成果出来后，根据实际情况核算其科研工作量。

（四）加强师资队伍建设，实施有效的激励机制

根据学校以及学科的发展需要，有针对性地对教师进行培养，同时建立有效的激励机制，调动教师在工作中的主动性与创造性，是对高校教师按照现代人力资源管理模式进行管理的重要特征。

1. 师资队伍建设的基本措施

在师资队伍建设中，应在建设规划、人才引进和教师培养等方面制定行之有效的措施，特别要注意以下几点。

第一，教师队伍建设要着眼全局，要有前瞻性。教师队伍的培养首先应有全校性的指导性培养方案。全校的培养方案应是学校管理者根据学校师资队伍的现状，包括教师队伍的年龄结构、学历结构、学缘结构以及学科间的数量结构，制订出本校的教师队伍建设规划。各学院应根据本部门的师资队伍状况、教师个人的发展潜力和发展需求情况以及学科的发展需求制订详细的师资队伍培养规划。学院的培养规划要从学科建设的需要出发，要有前瞻性，同时还要充分考虑到教师的个人发展的需要。对教师的培养既要加强对精英人才的培养，培养出学科的学术带头人；也要加强对中间力量的培养，这是学校教学的主干力量；更要加强对青年教师的培养，建立起一支老中青结合、结构合理的教师梯队。

第二，要做好人才引进工作。在高校的师资队伍建设中，人才引进对充实教师队伍，完善知识结构，活跃科研氛围起着重要作用，而且，人才引进政策起效快，对学科建设的作用明显，往往成为管理者首选的建设措施。但我们应注意到，人才引进政策虽然容易出成绩，但副作用同样明显：由于给予引进的人才极高的待遇，使本校的优秀人才产生心理落差，挫伤了他们的工作积极性，最终造成人才流失；各高校纷纷用高薪吸引人才，虽然在客观上促进了人员流动，却增加了高校的办学成本；容易引进的人才稳定性差，特别是频繁在高校间流动的人才，"人往高处走"，往往不能给学校的学科建设起到应有作用。鉴于此，我们在制定引进人才政策的时候，要根据公平理论，对给予引进人才的待遇进行恰当的设计。引进的人才必须对学科建设起到积极而有效的推动作用，要人

尽其才，而且同时还要给予本校内同等层次人才相同的待遇，以免打击其积极性，造成优秀人才外流。

2. 建立科学的激励机制

根据斯金纳的强化理论，人的行为是否重复发生，与该行为发生后给予的强化有关。如果行为发生后产生了令人满意的效果，则这一行为最有可能重复发生；反之行为发生后产生了令人不满的结果，那么这一行为将不太可能重复发生。同时，他不赞成使用负强化，认为会产生不愉快的影响，而且当行为不被强化时，便倾向于逐渐消失。根据赫茨伯格的双因素理论，保健因素不加以改善，员工一定会产生不满，但改善后也仅仅是消除了不满，无法使员工产生满意感；而激励因素不加以改善不会使员工产生不满，但改善后一定会使员工产生满意感。人力资源管理学提出，从"以物为本"向"以人为本"的价值观转向，使有效激励成为管理工作的核心。高校教师作为一个特殊群体是高校办学的主体，是实现办学目标的主导力量，这就向高校管理者提出了更高的要求。如何充分调动高校现有教师的内在动力因素，把教师为实现目标的主导力量落实在工作的各个环节上，提高教师的教学水平、科研水平、创新能力以及为人师表的自觉性，是高校教师管理中的主要内容。科学的激励机制应根据受众的不同特点采取不同的措施。根据大学教师人群的特征，高校教师的激励措施应遵循以下原则。

第一，激励措施应将物质鼓励和精神鼓励结合起来。高校教师群体在个人的需求上对高层次的需求明显高于其他人群，注重精神激励会起到良好的效果。

第二，激励过程要注重公平性原则。根据美国心理学家亚当斯提出的公平理论，不公平使人的心理产生紧张和不安的状态，对人的行为动机有很大影响。当个人认为自己受到了不公平的对待，就会产生不满和消极行为，每个人都是用主观的判断来看待自己是否受到了公平的对待，在某种程度上，对奖励的相对值比绝对值更加重视。

第三，激励要注重时效性。奖励的时效对奖励的激励效果有很大的影响，它包括两方面的含义。一是奖励时机的选择。应在令人满意的行为发生后立即予以奖励，亦即正强化，这样强化的效果才能好。二是奖励频率的选择。奖励不能太频繁，太频繁则使其形成习惯，起不到激励的作用；而频率太低则会降低教师的期望值，打消教师的积极性。一般来说，长期性的、完成较困难的任务以及在工作满意度高的工作岗位，激励频率应小一些，但要让他们感到劳有所值；而经常性的、容易完成的工作和工作比较艰苦的工作岗位应经常进行激励。

第四，激励要适度。"中庸之道"是中国几千年文化的积淀，虽然目前经常被人为地批判为传统思想的糟粕，其实他们是没有理解中庸思想的精髓。中庸是要我们做事时把握好度，而不是简单的折中。激励的大小要与学校的承受能力、劳动的价值相适应才能服众，才能起到良好的激励效果。激励太多，容易产生不劳而获的心理预期，产生不了工作的动力；激励太少，劳而无获，同样也产生不了积极性。

3. 有效的激励模式

应从以下几种途径对教师进行激励。

第一，在薪酬制度设计上，要突出工作量对薪金总额的影响。过于平均的薪酬制度设计容易使教师在达到一定目标后产生惰性，如果在现有职级的基础上进行分化，同时拉开各级别间的薪金额度，可以使教师即使达到了某一级别仍有向上努力的空间。特别是教授岗位，因往上职称已经到顶，可以在那些距离带头人层次尚远的教师群体中设置教授的级别，达到了一定的教学工作量、教学效果以及科研工作量等，就可以拿到比未达到的教师高得多的薪金，这样设置的标准就成为一种导向。

第二，树立目标，激发教师的心理预期。这也是我们经常说的目标激励法。有关目标设定的研究表明，设定恰当的和富有挑战性的目标能够产生强烈的激励作用。目标太低，激发不了积极性；目标太高，由于实现无望，也同样产生不了积极性。目标的设定应遵循以下原则：一是目标要有挑战性，要具有一定的难度；二是目标要有可实现性，是指目标是教师经过自身的努力可以达到的；三是目标要具有量化指标，设定的目标不能是一个模糊的概念，要有数量和质量的指标进行表示，以便于考核；四是目标应由教师参与制定，所有教师，至少是绝大多数教师都可以广泛参与；五是目标的制定要与学校的发展目标相一致。学校要加强学科建设，提高教学质量，提升科研水平，改善教师结构，那么在教师的考核、酬金发放、职称评聘以及对教师的培养等方面都要恰当地提出对个人科研水平、教学质量以及知识结构、个人能力等方面的目标，这同时也是一种导向作用，使个人目标得以实现，间接达到学校目标的实现。

第三，公平对待教师的劳动是最好的激励措施。这里所说的公平，不是平均主义，而是按劳分配上的公平。我们在日常的工作和生活中，总是会与其他人进行比较，从而产生公平感或不公平感，教师同样如此。教师对激励措施往往更看重横向的比较，看其他人在付出同样多的劳动后得到的激励与自己获得的激励是否一致，而不仅仅是获得激励的绝对数量，而且，这种比较绝对的激励对教师来说更为重要。因此，不公平的激励在效果上甚至不如不激励。

第四，言必信，行必果。要注重对激励措施的兑现，不能只说不做，这包括两方面的含义：一是在制定激励措施时，要充分考虑到学校自身的承受能力，不能做出超过学校支付能力的承诺；二是做出的承诺就要兑现，即使当初的承诺已对学校的发展失去了意义，但在学校没有明确停止激励前，仍须兑现，这样会使教师免除付出劳动却无法获得回报的后顾之忧。

第五，教师参与决策是对教师的最大激励。教师参与决策是治理理论在高校管理中的一种实际体现，也是发扬民主、满足教师受尊重和信任的需要，同时能增进决策者和教师间的了解，创造出相互信任的心理氛围，还能增加教师的满足感和归属感。教师参与学校政策的制定是学校合理、正确决策的必要条件，而合理、正确的决策本身就是对教师最好的激励措施。现代管理心理学认为，在一个团体中，经由民主讨论而做出的决策比由领导者独断专行做出的决策能更多地获得成员的关心和支持。教师参与决策，从实际行动上证明了教师是学校的主人，而不是旁观者。教师参与决策的方式有很多种，如教师代表大会、日常政策制定时的征求意见、经常性的沟通以及成立各种由教师为主导的委员会负责专项事务的管理。教师参与决策，可以充分利用高校教师群体的高智力资源，有利于决策的科学性和合理性，还可以体现教师在学校的主人翁地位，使教师感到自身的利益和学校的利益息息相关，更有利于调动教师的积极性，使教师资源得到更充分的利用。

五、构造和谐氛围，形成独特的校园文化

校园文化是一种特殊的社会亚文化，是在特定的环境中创造出来的，与社会、时代密切相关又相对独立，有着鲜明校园特色的人文氛围、校园精神和环境。校园精神是校园文化的核心，是学校师生员工价值观和人生观的综合反映，是共同的理想、信念、追求，共同的行为规范和标准模式的综合体现。校园文化对教师的影响是看不见、摸不着的，也往往为管理者所忽视。现代的校园文化建设是现代人力资源管理理论与传统的人事管理制度之间的重要区别之一，校园文化建设对学校发展目标的实现起着保障和促进作用，主要表现在：首先，校园文化可以有目的地引导、塑造学校内部成员的行为，增强教师行为的一贯性；其次，文化本身就是一种黏合剂，可以将不同个性、不同思维方式甚至不同价值观的教师黏合在一起，增强教师队伍的凝聚力；再次，校园文化使教师在思想上自觉地将自己与其他学校区别开来，从而对增强教师对学校的认同感和归属感起到积极的促进作用；最后，校园文化使教师自觉地将自身利益与学校的总体利益联系在一起，将教师个人的发展目标与学校的总体目标联系在一起，教师与学校荣辱与共。

校园文化的形成非一朝一夕之功，而是在长期办学实践的基础上，经过历史的沉淀、自身的努力和外部环境的影响，逐步形成的一种特殊的社会文化形态。"罗马不是一天建成的"，但我们却不能因此而忽视了对校园文化的建设，教师作为其中的一分子，应该积极地投入到校园文化的建设过程中，为校园文化的形成写下自己浓厚的一笔。

校园文化建设的首要任务之一，就是传承学校的悠久历史。"以史为鉴，可以知兴替"，历史是我们最好的老师。从学校的历史中，我们可以总结出学校建校以来发展中的成功经验和失败教训，从学校发展的荣辱兴衰中，可以帮助我们培养教师的自豪感和归属感。校园文化建设还要弘扬科学精神。科学精神是学者在长期的研究活动中形成的价值观和

行为规范，是他们人格和精神气质中的精华，有着深刻的思想内涵和极强的思想文化教育功能。科学精神就是创新精神，没有创新，科学将失去生命力。在高校中弘扬科学精神，有利于教师正确树立世界观、价值观和人生观，有利于掌握科学的学习方法和研究方法，有利于教师深入地开展科学研究，提高教学质量和学术水平。

加强校园文化建设，不仅要给教师提供学术自由的发展空间，更要充分调动教师参与学校建设的积极性，为学校的发展献计献策。"百花齐放，百家争鸣"不仅仅是对教师的学术研究而言，对于学校政策的制定，更要坚持民主，在学校的决策中，要多倾听教师的声音，要欢迎在管理中出现的不同声音。只要全校教师都能投入到学校的建设中，关心学校的发展，在各自的角度对学校政策的制定进行客观评价，我们就能在发展的道路上少走弯路，这样才能更快、更好地实现学校的发展目标。

加强校园文化建设，要建立和谐的人际关系，要创造良好的校园文化氛围，让教师有更温馨的环境，能集中精力搞好科研和教学，使教师能体验到自身存在的价值，使其被尊重、被关心、被爱护的需要得到满足。良好的校园文化氛围能维持并增进教师的心理健康，保证教师群体间的团结与合作。主要措施有：首先，改进领导作风，改善干群关系，领导者和管理者要平易近人，不要端官架子，遇事要与教师多进行沟通，在工作上要协调一致；其次，应尊重教师在学术上的不同意见，尽可能地为教师创造良好的工作环境，关心教师生活上的困难，解除教师的后顾之忧；再次，学校要为教师间的人际交往创造良好的条件，消除各种障碍因素；最后，要加强对教师队伍中师德高尚、学术造诣突出、教学质量优秀的教师的宣传，使全校形成一种重品德、重知识、重人才的良好风气，使人力资源管理主体与教师之间形成一种互惠互利、默契双赢的局面。

总之，我们要把良好的校园文化作为学校效益、质量、规模协调发展的关键因素，并围绕学校的办学目标，合理规划，优化配置人才结构，更充分地发挥高校人力资源的效益。

第三节 高校教师的职责与要求

一、高等学校教师职业的性质与特点

教育是一种特殊的生产部门，教师是特殊的脑力劳动者。作为高校教师，其职业性质具有普通教师职业的共性，同时又因为他们的劳动对象是身心发展趋于成熟、具备一

定专业知识基础的学生，劳动产品是社会需要的各类高级专门人才，高等学校教师职业又具有其特殊性。

（一）教师职业的起源

"教师"二字起源于拉丁文 lacultas，意即能力、天赋、权力或权威，即把当教师的人视作很聪明、有天赋、有能力的，在社会上有地位、有权威、受人敬仰。中国古人非常尊重教师，教师的地位很高，祠堂、寺庙、家庭乃至官府立的牌位，上面写的是"天地君亲师"，把教师放在第五位，实际上是第三位，因为天和地是空的、虚构的。教师是人们崇拜的对象。孔子曾经说过，一个国家"立国"的三个要素是人口兴旺、经济富裕、教育发达，即把教育作为"立国"的一大支柱。而教育的任务是教师担当的，因此教师是"立国"之本。正如荀子所说，"尽师者，治之本也""国将兴，必贵师而重傅，国将衰，必贱师而轻傅"。也就是说，是否尊重教师、重视教师的作用，直接关系到一个国家的兴旺和衰败。

教师成为专门的职业是有一个漫长的发展过程的。如同教育是社会发展的产物一样，教师也是社会发展的产物，是社会教育发展的产物。从原始社会开始就有教育活动，但当时主要是家庭教育，家长教子女如何种植和采集野果，如何捕鱼猎兽，如何生活、生存。教师就是家长、长老，即"长者为师，能者为师"。

（二）高等学校教师职业的性质

科教兴国，教育为本；教育大计，教师为本。教育以育人为本，以学生为中心；办学以人才为本，以教师为主体，两者相辅相成，但教师在教育和教学中处于主导地位。

教师是一种特殊的职业、特殊的岗位，是与工人、农民、工程师、医生、企业家、科学家、艺术家等有着不同性质、不同任务的职业。

从职业对象来说，教师面对的不是无生命的物质，而是活生生的人，是正在成长中的儿童、青少年。人是有思维的、动态的、变化的，人的差异性很大，从幼儿到大学生有差异，不同地区的学生、不同家庭背景的学生有很大差异，学生从小受到的影响、教育程度有差异。因此，教师要把知识、技能、道德观念、价值观念传授给学生，要因人而异，因材施教，要从不同学生的身心特点出发，通过教育教学活动促进每个学生进步，难度很大。这种面对有生命的人的工作，使教师必须有特殊的本领和能力。好的教师能促进学生成长、成才，让人一生幸福；平庸的教师则阻碍学生的成长，让人一生痛苦。可见，教师对人的成长有重要的作用。

从职业的任务来说，教师不仅要教书，而且要育人。教师要根据不同年龄、不同学段的学生特点，把知识、技能传授给他们，把自己拥有的知识，通过教学活动，内化为学生头脑中的知识。由于学生是千差万别的，要让他们接受知识，要调动和激励学生的学习积极性，教师必须有高超的教学能力和教学艺术。教师还要担任"育人"工作。

从职业的内容来说，教师不仅要传授知识和技能，而且还要培养学生的思维力、创造力。传统的教育是以"知识为本"，以教师为中心、以教材为中心、以教室为中心，主要立足于知识的灌输与传授；而现代教育强调培养学生的能力，尤其是思维力、创造力。因此，教师在教育教学过程中，在课堂教学上要把培养、激发学生的思维力、创造力作为重要任务。如开展问题教学和探究式、研讨式教学。在教学中，让学生讨论，让学生收集资料，让学生体验知识的产生过程，让学生参加实践活动。教师不仅要向学生教授知识，更要教会学生掌握学习方法。教师的教学内容有三个阶段：从教会知识到教会学习；从学会学习到学会思考；从学会思考到学会创造。

从教师的工作方式来说，教师要提高教学效果离不开教学工具，如粉笔、黑板、幻灯等。现代教育要用电脑、PPT、多媒体教学，更主要的是要靠教师自己的知识、智慧、教学艺术、人格魅力。教师要把先进的文化和正确的人生观、价值观传授给学生，自己必须有高度的理论修养和文化修养，因为有理想的教师才能讲理想，有文化的教师才能讲文化。教师的一言一行，教师的品德和人格对学生起着榜样的作用、潜移默化的作用。我们平时讲的教师要"学高身正"，就是说教师不仅要学问好，而且要人品好，要以身作则。教师的工作方式是靠个人的智力、能力和魅力，集中体现在教育教学过程中，这样才能产生好的教育教学效果。

从最终目的看，教师不仅向学生传授知识，培育学生能力，使他们将来走向社会、走向工作岗位时，具备一定的知识结构和技能，而且更重要的是还要教会学生做人，成为一个爱祖国、爱人民的人，有高度责任心、事业心的人，有奉献精神和团队精神的人。教师不仅要教会学生知识，而且要教会学生学习，具有吸收信息和运用信息的能力。总之，教师要树立全面育人、全程育人、全员育人的理念，并付诸教学教育实践。

（三）高等学校教师职业的特点

在现代社会，教师不是人人都可以做的，而是一种专业。早在 20 世纪 60 年代中期，联合国教科文组织和国际劳工组织就强调教师的专业性质，提出"教学应被视为专业"。20 世纪末，我国建立了教师资格证书制度，这是国家对教师实行的特定的职业许可制度。教师资格包括四方面条件：中国公民身份、思想品德条件、学历条件、教育教学能力。实施教师资格证书制度是教师职业走向专业化的必要步骤，体现了教师职业的专业性和不可替代性。只有通过严格选拔的人，才能取得教师资格、担任教师工作，这样有利于提高教师的社会地位，增强教师职业的吸引力。实行教师资格制度，还有利于吸引非师范专业及社会上各方面优秀人才加入教师队伍，形成多元化的教师培养制度。

教师职业的特点主要体现在以下五个方面。

1. 教师职业的学术性和专业性

学术职业是以专门知识为中介的一种特殊类型的职业，从事的是专门的教学、研究和知识服务工作。专门化的知识是学术职业的基础。学术性的主要特点是教师对某一学科领域从事独立研究，有个人独立见解，教师可以充分发表个人的研究成果，而不受干扰和约束。专业性有两方面的含义：一是指教师是专门的职业，就像医生、律师、会计等一样，别人不可以替代；二是指从事某一专业教学和研究，如数学教师、物理教师、语文教师、外语教师等。无论是中学还是大学，都要对学生进行各学科专业方面的教学，因此有各学科专业方面的教师。有的教师从事基础课教学，有的教师从事专业课教学，每个教师都有自己的专业课，是这一领域的专家。他们要熟悉专业知识并能传授给学生，而且要有与该专业相关的知识，要及时掌握该专业领域的最新发展。教师为了搞好教学工作，不能仅依靠课本知识、照本宣科，还必须进行研究、探索，把自己研究的成果内化为自己的知识传授给学生。教师要把教学与科研结合起来，要对自己所教的专业知识进行研究，并积极开展科研活动，接受和承担科研项目。教师还要带领学生一起开展研究。总之，教师不能光做教书匠，还要做学问家、科学家。

2. 脑力劳动的复杂性和艰苦性

教师的劳动是塑造人的劳动，是从事劳动力再生产、科学知识再生产和社会成员再生产的一种特殊劳动。教师每天面对的是学生，学生的复杂性、多样性、多变性决定了教师劳动的复杂性和艰苦性。要使每个不同的学生都能受到教育，都能有提高、有进步、有发展，不是一件轻而易举的事情。教师向学生传授知识，要让不同的学生接受知识，也不是一件轻而易举的事情。知识的无穷性、交叉性、复合性也决定了脑力劳动的复杂性和艰苦性。脑力劳动不像在工厂里按一定的程序、规划、图纸、模型进行操作即可，而是要靠自己的再思考、再加工、再创造。教师要上好课，不可能靠一个教学大纲、一个教案就能解决所有问题。教师要有广博的知识，高超的思维能力、应变能力，才能及时处理好在教学过程、育人过程中遇到的各种不同问题。

3. 教师工作的创造性和灵活性

教师从事的是创造性的个体劳动，他们要向学生传授课本知识、专业知识，对学生进行思想道德教育。如何把书本上的知识变成生动有趣的、学生容易接受和吸收的知识，必须有创造性和灵活性。教师在教学中要旁征博引、举一反三、幽默风趣、引人入胜，要能够理论联系实际，善于应用现实生活中的材料。高等学校是知识传播、应用和创新的主要基地，又是培育创新人才的重要摇篮。高校的创新主要依赖于教师的创新精神和创造性的工作。教师不仅要在传授知识的过程中有创新和创造，而且要引导学生去创新和创造。如引导学生探索未知领域，引导学生独立思考，独创性地解决问题，尊重学生的独立见解，鼓励学生超过老师。

4. 教师职业的独立性和自由性

教师职业是教师独立完成的，如独立教学、独立研究、对学生负有独立的责任，同时每个教师还具有独立人格。教师职业的独立性体现在教学独立、研究独立、责任独立。教师在教学过程中，尽管有教学计划、教学大纲，有规定的课程、教材，但都要通过教师独立思考、独立操作，内化为个人的独立行为。自由性是指教师的学术职业是一种自由的职业，教师的研究和教学是自由的，教师也可以自由流动，从而促进学术的交流。

5. 为人师表的示范性和榜样性

教师是直面学生进行"传道、受业、解惑"的，要让学生接受教育、增强接受度，教师除了要有丰富的知识和教学技能外，还要有人格魅力。孔子说过，"其身正，不令而行；其身不正，虽令不从""不能正其身，如正人何？"。教师要用自己的行为为学生做示范、做榜样，才能起到好的教育效果。学生不仅要听教师是怎么说的，还要看教师是怎么做的，无声的语言，有时比有声的语言效果更好。教师的言行、仪表、风度、气质都对学生有很大的影响，具有潜移默化的作用。因此，教师必须时时处处严于律己，以自己的高尚品德、健康心灵、治学精神感染学生、教育学生。

二、高等学校教师的职责和要求

高等学校教师是学校的主体力量，是办好高等学校的关键。培养高级专门人才、促进社会经济文化的发展是高等学校教师肩负的重任，他们通过传承、发展和创造人类科学技术文化知识推动着社会的进步。

（一）高等学校教师的作用和任务

1. 高等学校教师的权利

职业的社会权利是指某一职业的从业人员在履行职责时所享有的各项权利。职业从业人员享有的社会权利的范围、程度与该职业社会地位的高低密切相关。教师享有的社会权利，除一般的公民权利外，主要是职业本身所赋予的专业方面的权利，包括在遵守有关法律和规定的基础上的教育教学、科学研究、学术交流等方面的自由和自主权。

《中华人民共和国教师法》第七条规定，教师享有下列权利：进行教育教学活动，开展教育教学改革和实验；从事科学研究、学术交流，参加专业的学术团体，在学术活动中充分发表意见；指导学生的学习和发展，评定学生的品行和学业成绩；按时获取工资报酬，享受国家规定的福利待遇以及寒暑假期的带薪休假；对学校教育教学、管理工作和教育行政部门的工作提出意见和建议，通过教职工代表大会或者其他形式，参与学校的民主管理；参加进修或者其他方式的培养。

2. 高等学校教师的作用

一是表现在对高级专门人才的培养上。高校教师通过继承、传播、发展和创造人类科学文化技术知识，来培养各类高级专门人才，促进社会经济文化的发展。国家综合实力的提高、社会的整体进步要依靠科技生产力水平的提高，科技的发展在很大程度上又取决于高等教育培养人才的数量和质量，即"科教兴国"，而高级专门人才的质量又取决于高校教师作用的发挥。高校教师在培养高级人才的过程中，不仅要传授知识，而且要帮助引导学生树立正确的世界观和人生观，培养学生高尚的道德品质和情操，塑造美好的心灵。

二是表现在对人类科技文化的传承与创造上。高校教师在培养高级专门人才的同时，还承担着传承、创造人类科技文化的历史使命。高校教师通过多种形式，如学术交流、科学研究、论文著作等，继承、传播、创造着人类科学技术文化知识。高校教师还利用自身丰富的知识积累和本学科领域的科研优势，参与国家和地方的科研项目，为社会提供科技服务，制造科研产品，直接参与社会物质财富的生产、创造，并通过社会活动，传播精神文明成果，促进精神文明的发展。

3. 高等学校教师的任务

高等学校的基本职能一般有三种：培养人才、发展科学、为社会服务。高等学校要完成这三种职能，主要通过教师的工作来实现。因此，高校教师的任务主要有以下几个方面。

（1）教书育人的任务

每个教师都应积极承担教学工作，认真搞好教学，努力提高教学质量，完成教书育人的任务，这是不言而喻的。高校教师要根据专业设置、培养目标的要求，并遵循大学生身心发展的规律，认真钻研教材，精心组织教学，在传授知识、发展学生智能的同时，还要对学生进行思想品德教育，帮助、引导学生树立正确的人生观和价值观，以培养出全面发展的、高素质的社会主义建设人才。

（2）科学研究的任务

高校教师要通过科学研究，不断提高自己的学术水平，掌握科学研究的规律和治学的方法，从而丰富、更新教学内容，有效地指导学生从事科学研究工作，培养学生的科研能力。同时，教师通过科学研究，可以站在本专业领域的前沿，使自己的研究成果在本学科处于领先地位，从而促进学科发展和专业的改造。因此，高校教师必须把教学与科研更加紧密地结合起来，互相促进，相得益彰，把科学研究当作自己的职责。

（3）为社会服务的任务

高等学校的现代化和开放性，使得它与社会经济发展、科技进步有着越来越密切的联系。教育尤其是高等教育作为一项产业，应该充分发挥其对社会的服务功能。高校教师应该利用自身的丰富知识和科研优势，通过学术报告、科技咨询、培训人才等多种形式为社会服务，创造物质财富和精神财富。在为社会服务的过程中，教师又可以更深入地了解社会对人才培养的要求和对高校科研方向的需求，更好地提高教学和科研水平。

（二）高等学校教师的职责

我国高等学校教师的职务分为助教、讲师、副教授、教授四级。

1. 助教的职责

承担课程的辅导、答疑、批改作业、辅导课、实验课、实习课、组织课堂讨论等教学工作，经批准，担任某些课程的部分或全部讲课工作，协助指导毕业论文、毕业设计；参加实验室建设，组织和指导生产实习、社会调查等方面的工作；担任学生的思想政治工作或教学、科学研究等方面的管理工作；参加教学法研究或科学研究、技术开发、社会服务及其他科学技术工作。

2. 讲师的职责

系统担任一门以上课程的讲授工作，组织课堂讨论，指导实习、社会调查，指导毕业论文、毕业设计；担任实验室的建设工作，组织和指导实验教学工作，编写实验课教材及实验指导书；参加科学研究、技术开发、社会服务及其他科学技术工作，参加教学法研究，参加编写、审议教材和教学参考书；根据工作需要协助教授、副教授指导研究生、进修教师等；担任学生的思想政治工作或教学、科学研究等方面的管理工作；根据工作需要，担任辅导、答疑、批改作业、辅导课、实验课和指导学生进行科学技术工作等教学工作。

3. 副教授的职责

担任一门主干基础课或者两门以上课程的讲授工作（其中一门应为基础课，包括专业基础课或技术基础课），组织课堂讨论，指导实习、社会调查，指导毕业论文、毕业设计；掌握本学科范围内的学术发展动态，参加学术活动并提出学术报告，参加科学研究、技术开发、社会服务及其他科学技术工作，根据需要，担任科学研究课题负责人，负责或参加审阅学术论文；主持或参加编写、审议新教材和教学参考书，主持或参加教学法研究；指导实验室的建设、设计，革新实验手段或充实新的实验内容；根据需要，指导硕士研究生，协助教授指导博士研究生，指导进修教师；担任学生的思想政治工作或教学、科学研究等方面的管理工作；根据工作需要，担任辅导、答疑、批改作业、辅导课、实验课、实习课等教学工作。

4. 教授的职责

除担任副教授职责范围的工作外，应承担比副教授职责要求更高的工作。领导本学科教学、科学研究工作，根据需要并通过评审确认后指导博士研究生。

（三）高校教师的基本要求

面临世界多极化、经济全球化的挑战，面临国内改革发展关键阶段，学科之间不断交叉融合，课程内容日益复杂，教学技术手段不断更新，教育对象不断变化，对象的层次不断扩大，这些都对高校教师提出了更高的要求。必须"严格教师资质，提升教师素质，努力造就一支师德高尚、业务精湛、结构合理、充满活力的高素质专业化教师队伍"。具体来说，对高校教师的基本要求有以下几条。

1. 要有正确的方向，忠诚于社会主义教育事业

高校教师必须热爱祖国、热爱党、热爱社会主义，拥护党的基本路线，坚持四项基本原则。树立科学的世界观和方法论，在教学过程中能自觉运用马列主义的立场、观点、方法分析问题和解决问题，引导学生正确认识世界。要忠诚、热爱教育事业，不论遇到什么困难，始终站在教育第一线，全面贯彻党的教育方针，为办好高等教育贡献力量。

2. 要热爱学生，做好教书育人工作

高校教师面对的学生来源不同、层次不同，这就要求教师要遵循学生身心发展的规律对学生施加影响，诲人不倦，为人师表。在向学生传授知识的同时，更要注意用热情、友爱的情感感染学生，关心学生，对学生进行全面的指导。"要增强教书育人的责任感和使命感。教师要关爱学生，严谨笃学，淡泊名利，自尊自律，以人格魅力和学识魅力教育感染学生，做学生健康成长的指导者和引路人。"

3. 要具有渊博的知识面，精通自己所教的专业或学科

在信息时代的今天，知识的膨胀、信息的充斥、网络的普及对高校教师所应具备知识的深度和广度都提出了更高的要求。教师除了具有广博的文化素养外，还必须精通自己所教的学科或专业，具有更扎实、更系统、更完整、更高深的专业基础和专业知识，并结合科研及时了解本专业的新成果和发展趋势，以适应变化的时代。此外，高校教师还应了解相关学科的知识。现代科学的整体性、渗透性越来越强，知识的综合性越来越显著，许多学科出现了"你中有我、我中有你"的趋势，作为高等学校的教师，更应该做到基础知识"厚"，专业面"宽"。

4. 要有合理的能力结构

合理的能力结构是教师完成教学、科研任务的必要前提，作为专门职业的现代教师必须具备以下能力。

（1）表达能力

表达能力包括口头表达能力和书面表达能力。教师的表达能力直接影响着教师教学和科研的效果。现代社会要求教师在口头表达方面，能流利大方、感情丰富地传达信息，

使学生在接受知识的同时得到美的享受；在书面表达方面，要求教师能准确无误、清晰明了地表达自己的思想。

（2）学习能力

教育界有一句俗语，"要给学生一杯水，教师必须有一桶水"，而且这"一桶水"还必须永远是新鲜的、流动的活水，只有这样，才能适应知识爆炸、信息激增的现代社会的要求。"未来的文盲不再是不识字的人，而是没有学会怎样学习的人。"因此，教师必须具备良好的学习能力，能结合自己的需要，运用现代信息技术，不断更新知识，调整自己的知识结构，使自己成为终身学习的典范。

（3）科研能力

现代教师不能满足于做一个"教书匠"，而要成为科研型教师。教师在进行科研活动时，一方面，可以根据社会发展的需要，选择自己力所能及的课题进行研究；另一方面，也可以针对教育教学过程中遇到的实际问题，结合教育教学理论进行研究和思考，提出解决问题的办法。

（4）创造性的教育能力

教育是一门科学，也是一门艺术，而艺术的生命在于创造。教师在教育过程中不能满足于做一个现有知识的传播者，要敢于突破、有所创新，努力做一个新科学文化知识的创造者。在教学过程中，要充分认识教育对象的身心特点，积极改进教学内容和教学方法，启发学生的创造性思维，做到常教常新、教以致用。

（5）驾驭现代教育技术的能力

计算机、多媒体作为重要的辅助教学手段被引入课堂之后，教学过程变得更加生动形象、丰富多彩，教学效率大大提高。目前，我国大多数高校技术硬件设施已初具规模，并已连成校园网，因此驾驭现代教育技术的能力是教师能力结构中的一个重要组成部分。

三、高等学校教师应具备的素质

要办好一所学校，要提高教育教学质量，关键在于教师的素质。现代教师应具备现代教育观、现代教学理念和良好的素质。

（一）高等学校教师应具备的现代教育观

1. 全面发展的教育观

现代大学的培养目标是德、智、体、美全面发展的具有创新精神和实践能力的高级专门人才。为此，教师必须树立全面的教育观，对学生实施包括德育、智育、体育、美育等在内的全面发展教育。把育人为本作为教育工作的根本要求。要以学生为主体，以教师为主导，充分发挥学生的主动性。要以学生为中心，因材施教，促进每个学生主动地、生动活泼地发展。教师在教育教学过程中不仅要重视智育，更要重视德育，还要加强体育、美育、劳动技术教育和社会实践，使诸方面教育相互渗透、协调发展，促进学生的全面发展和健康成长。树立全面的教育观，具体到实际的教育教学实践中，就是要坚持以人为本，全面实施素质教育，全方位地提高学生的综合素质。从根本上说，素质教育与全面发展教育实质上是一个问题，人的素质的提高也就是德、智、体、美、劳等的全面发展。全面发展教育是从总体上把握人的培养和教育，而素质教育则是全面发展教育的具体体现。

2. 以学生为本的民主观

教师的学生观决定着教师的教育态度及相应的教育方式，支配着教师的教学行为，并进而影响到教育教学的实际效果。以学生为本的民主观主要体现在三个方面：第一，承认学生的权利，承认学生与教师在人格上是平等的，承认学生与教师一样具有某些神圣不可侵犯的权利，尊重学生的人格尊严，不对学生实施体罚、变相体罚或者其他侮辱人格尊严的行为；第二，尊重学生，平等地对待学生；第三，以有利于学生的发展作为教师工作的出发点和根本目的。只有承认学生的权利，教师才有可能真正平等地对待学生，只有平等地对待学生，才有可能真正地促进学生的全面发展。当然，尊重学生、平等地对待学生，并不等于无原则地迁就、放纵学生，相反，还要严格要求学生。正如苏联教育家马卡连柯所言，在我们的辩证法里，这两者是一个东西。对我们所不尊重的人，不可能提出更多的要求；当我们对一个人提出很多要求的时候，在这种要求里也就包含着我们对这个人的尊重。

3. 个性化的教学观

传统教育往往强调整齐划一，由教师根据班级中等程度学生的情况来设计教学内容、教学方法、教学进度，用统一的教学内容、同样的教学方法、统一的教学进度来对全班学生进行教学，会抹杀学生的独特性，使本来应当具有丰富个性的人变成了一个个大致相同的"标准件"。现代教育强调发展学生的个性，要求教师树立个性化的教学观，根据学生的不同才能、兴趣和爱好，施以不同的教育，为学生提供尽可能自由的空间，允许学生根据自己的实际跨专业、跨学科选修若干课程，为学生个性的发展创造充分的条件，使每个学生的个性都得到充分、自由的发展。这里所强调的发展学生个性与前面所说的全面发展并不矛盾。正如马克思所说，即使在一定的社会关系中，每一个人都能成为出色的画家，但是这也绝不排斥使他成为一个别具一格的画家的可能性。全面发展绝不是用一个标准的尺度去要求和培养全体学生，而是为学生个性自由、全面的发展提供无限的可能性。

(二)高等学校教师应具备的教学理念

我国有几千年的历史和几十年的计划经济历史,这两个方面的思想观念在人们的脑子里留下了深深的烙印,广大教师也不例外。传统的教育观念在教学上主要表现在五个方面:

在教学的指导思想上,以知识为主,而不是以人的全面素质提高为本;

在教学模式上,是刚性的而不是弹性的教学计划,学生没有学习的选择权和自主权;

在教学内容上,存在繁、难、窄、旧的弊端,人文教育薄弱;

在教学方法上,存在单向的灌输式教育,以教师、教材、教室为中心;

在考试内容上,以考记忆性的知识为主。

现代教育理念是与市场经济、改革开放、现代化建设相适应的教育观念。现代教师要从以下几个方面转变教育观念。

1. 在培养目标上,从重育才向重育人转变

首先要改变片面的人才观。不少人认为"人才"就是指个人的知识和才能,因此把主要精力和时间放在传授知识、培养能力上面。仅注重"为何而生"的教育,而忽视了"如何做人"的教育,放松了对思想品德以及身体素质、心理素质方面的培养。学校教育必须注重对学生进行"为何而生""如何做人"的教育,树立德育为先、以人为本的教育观和人才观。以人为本是指以学生全面素质提高、全面发展为本。

2. 在教学目的上,从重传授知识向重培养能力转变

我国的教育长期以来有重理论轻实践的倾向。从中学到大学,学生学了许多书本知识,但理论脱离实际的情况严重,学生实践很少,学习能力、动手能力、社交能力较差。传统的教育主要关注向学生灌输多少知识,关注考分的高低;现代教育理念要从关注"育分"转到关注"育能"。素质教育的重点是培养学生的创新精神和实践能力。

3. 在教学内容上,从繁、难、窄、旧向精、复、宽、新转变

从重结论性知识向重方法性、价值性知识转变。在计划经济体制下,实行的是高度集中统一管理,学校的教材是全国或全省(自治区、直辖市)统一编写的,教材内容往往跟不上社会发展和学生发展的需求。在教学内容上,现代社会知识激增,科学技术越来越向多学科相互交叉、融合的方向发展,因此在教学内容上要精一些,知识面要宽一些,要给学生复合性的知识、新的知识、人文素养的知识。要向学生传授并让学生体验知识产生的过程,介绍知识的价值,激起学生的学习兴趣和对知识的热爱。

4. 在师生角色上,从教师中心论向学生中心论转变

树立教师、学生双主体观。长期以来,学校以教师为中心,学生围绕教师转,学生是被动地接受教育的客体,教师完全根据教材内容、根据自己现有的知识向学生传授。

教师有什么讲什么，教师讲什么学生听什么。教师面对全体学生讲统一的教材、统一的内容、统一的要求，不是根据学生的需求进行传授。在课堂上也是教师一人讲，学生坐在下面听。现代教育应以学生为中心，发挥学生在学习中的主体作用，教师起主导作用。教师要围绕学生转，要根据每个学生的不同情况制订培养计划、教学内容，使学生在学习上有自主权和选择权，要让学生参与到教学进程中去，要调动学生的积极性。

5. 在教学模式上，从刚性向弹性转变

把统一性与多样化、个性化教学结合起来。我国的教育受高度集权的计划经济体制影响很深，每个学生进校后，在事先设定好的统一的刚性教育模式中接受"铸造"。不管他喜欢不喜欢，不管他爱不爱学，都必须进入统一的"模具"中，学生的个性得不到张扬，尖子学生不能脱颖而出，学生的专特长得不到发挥，兴趣爱好得不到满足，无法做到因材施教。现代教育强调以人为本，就是要以每个学生为本，尊重他们的个性和专特长。学校应有多种教学模式，组建多种课程体系，开设大量选修课，让有不同需求、不同爱好的学生自己选择、自己组建知识结构。对少数尖子学生，在学完基础课以后可"计划单列"，另造"模具"，为他们配备导师，为他们单独制订教学计划，实施个性化的培养。

6. 在教学方法上，从单向性、封闭性向互动性、开放性转变

教学活动应是教师和学生双方互动的行为，但在"知识为本"的传统教育观念影响下，教师的主要职责是向学生传授知识，教学方法主要是灌输式的，教学以教师为中心，教学内容以教材为中心，教学的空间以教室为中心，学生只是带着耳朵去听，带着笔去记，或按照教师要求把书本上的重点用笔画出来，把双向的教学活动变成单向的教的活动。现代教育强调在教学上要激活课堂、激活学生，把学生当作课堂的主体，学生既是"听众"（观众），又是"演员"，教师要根据不同的教学内容、不同的教育对象，采取多种教学方法，把讲授式、研讨式、报告式、答题式、直观演示式、实验式等结合起来，充分调动学生的学习积极性。科学的教学方法是提高教学效率、提高学生学习能力的重要途径。

7. 在考试方式上，从考记忆性知识向考思维能力、创新能力转变

在"知识为本"的教育观念指导下，考查教与学的效果，主要看教师传授了多少知识，学生记住了多少知识，评价标准就是看考试分数。现代教育理念重视学生能力的发展，通过考试改革引导学生在学习能力、思维能力、创新能力方面的发展和提高。平时，学生获得知识可以通过多种渠道、多种方式，不能只考从课堂上学到的知识，也要考他们自学到的、从实践中学到的知识。

（三）高等学校教师应具备的身心素质

身心素质包括两个方面的内容：一是身体素质；二是心理素质。良好的身体素质是其他素质发展的基础，身体素质是"皮"，其他素质是"毛"。"皮之不存，毛将焉附"非常形象地说明了身体素质与其他素质之间的辩证关系。教师只有具备了强健的体魄、旺盛的精力，才能胜任长时间、高强度的教学、科研任务以及社会服务工作。如果身体素质差，即使知识渊博、品德高尚、满怀报国之志，也往往会感到心有余而力不足。教师要积极参加各种体育活动，养成良好的体育锻炼习惯，以增强自身的身体素质。

心理素质主要包括创新精神、协作精神、心理承受能力、坚强的意志和顽强的毅力、交际能力等。

1. 创新精神

创新是一个民族的灵魂，是国家兴旺发达的不竭动力。具有创新精神的高级专门人才的成长，受多方面因素的影响，但教师的素质尤其是创新精神和创新能力，对学生成长的影响更大，作用更直接。因此，现代大学要培养具有创新精神的高级专门人才，首先就要求教师有创新精神，不盲从、不守旧，锐意革新，勇于进取。

2. 协作精神

高校教师的主要任务是人才培养、科学研究和社会服务，它们都需要教师具有协作精神。从人才培养来说，学生的成长是教师集体共同劳动的结晶，需要全体教师在教育过程中互相协作，才能达到理想的教育效果。从科学研究来说，教师在探索新的领域时，光靠自己单个人的力量往往难以胜任，需要同事之间、同行之间进行校际乃至国际上的协作，才能共同攻克难关。即使是社会服务，往往也不是教师个人的事情，而是以教师群体的形式进行。

3. 心理承受能力

随着市场经济体制的逐步建立，竞争机制被引入大学校园之中，教师面临着来自学校、同事、学生和家庭的多重压力。这就要求教师要有良好的心理承受能力，否则就会感到紧张、焦虑、压抑、疲劳，不但不能胜任教育工作，甚至还会对自己的身心健康产生不利的影响。

4. 坚强的意志和顽强的毅力

由于现代教育和科研工作的复杂性，高校教师在具体的教学和科研工作中难免会遇到一些出人意料的失败和挫折。面对失败和挫折，教师不应满腹焦虑、意志消沉、灰心丧气、一蹶不振，而应冷静地分析失败的原因，认真总结失败的经验教训，变挫折为动力，以坚强的意志和顽强的毅力去克服困难、摆脱困境。正如陈鹤琴先生所说，"做教师的应该拿'绝不灰心'这四个字作为座右铭。如果在工作当中遇到任何困难，便可以拿这四个字来鼓舞情绪，振作精神，努力克服困难，达到目的，实现自己的理想"。

5. 交际能力

现代大学不再是与世隔绝的"象牙塔"，大学与社会之间的"围墙"已被打破，学校、家庭、社会之间已经连成一体,"教育社会化,社会教育化"已成为一种趋势。教师也不可能像以前那样整日埋首于书斋,而必须和各种各样的人进行交往,与学生、其他教师、家长、社区机构中的有关人员建立合作关系。这就要求教师必须具有一定的交际能力。

第四节 高校教师队伍结构的优化

加强教师队伍建设是办好学校、提高教育质量的关键。一方面,要提高教师地位,维护教师权益,改善教师待遇,使教师成为受人尊重的职业;另一方面,要严格教师资质,提升教师素质,努力造就一支师德高尚、业务精湛、结构合理、充满活力的高素质、专业化的教师队伍。提高教师素质要做到两点:一是做好教师的培养培训工作;二是优化教师队伍的结构。

一、高等学校教师的培养与发展

教师的培养是一项长期的任务,为使培养工作取得实效,开展教师培养工作就必须遵循立足国内、在职为主、加强实践、多种形式并举的原则,对教师进行岗位培训、在职进修、重点培养,并加强对其实践能力的培养。根据需要,对不同年龄阶段的教师采取不同的培养途径和形式。

(一)培养的途径与形式

我国高校教师的培养有四条基本途径,即在职进修、脱产学习、实践锻炼、学术交流。目前高校培养教师普遍采用的形式有以下几种。

1. 岗前培训班

适用于帮助新教师熟悉本职工作的岗位职责,了解和掌握从事教师工作的基本知识。

2. 单科进修班

适用于帮助开设新课的教师提高相应的专业知识水平和教学能力。

3. 助教进修班、旁听研究生课、研究生班

主要用于解决青年教师低学历和任职资格条件等方面的问题,同时改善和提高教师的知识结构。

4. 知识讲座、讲习班、研讨班

这类形式适用于中年教师更新知识结构,扩大知识面。

5. 国内进修、专题研讨班

主要培养骨干教师和学术带头人。

6. 社会实践

帮助青年教师接触社会、了解社会，增加社会知识和实践经验。

改革开放以来，与国外的学术交流越来越频繁，教师出国培养的机会逐渐增多，其主要形式有攻读学位、从事博士后研究、担任出国访问学者、出国考察讲学、参加国际学术会议等。

（二）不同年龄阶段教师的培养与提高

教师的成长一般要经历知识结构调整与扩充阶段（参加工作初期）、独立工作积累经验阶段（第一阶段后的 4～5 年）、工作成熟创造发明阶段（30～50 岁）、知识经验总结阶段（55 岁以后）。不同年龄阶段的教师具有不同的身心发展特点和学术水平，培养与提高工作应针对这种差异采取不同的措施。

1. 青年教师的培养与提高

教师的成长需要一个比较长的过程，因此要尽快、尽早地对青年教师进行培养与提高。青年教师的培养应立足国内、加强实践，坚持以在职进修为主、脱产进修为辅。对于新任教的青年教师，要指定讲师以上的教师当他们的指导教师；按照岗位职责，要求新教师在制订工作计划的同时制订进修计划。在教师担任助教期间，要及时安排他们进行业务进修。进修以在职为主，有条件和需要的，也可以外出脱产进修，一般采取报考在职研究生、助教进修班、在职进修研究生课程等形式。要求他们拓宽知识面，练好基本功，进一步掌握本学科的基本理论知识与专业理论知识，学习和研究教学法，掌握教学的原理和方法，尽快成长为一名成熟的教师。对成绩突出者要给予奖励或提前晋升职务。

2. 中年教师的提高

中年教师一般是具有讲师职称以上的教师。对他们的培养与提高，主要是分配给他们新的和重要的教学与科研任务，促使他们在教学与科研中做出成绩，从而得到锻炼，提高业务水平。有条件和需要时，可以安排国内或出国进修，要求他们不断更新业务知识。提供良好的生活条件和工作环境，鼓励他们不断多出成果，成为教学与科研的骨干。

3. 老教师的提高

老教师一般已是教授或副教授，他们有丰富的教学和科研经验，但在科学技术迅猛发展的今天，仍需要在教学科研中不断提高。除了完成他们的岗位职责外，还要求他们指导中青年教师的成长。

3. 学术骨干和学科带头人的培养与提高

培养一批高水平的学术骨干和学科带头人，是提高师资水平、办好高校的战略之举。

学术骨干应具备以下素质：经过五年左右的时间，争取成为本学科学术带头人的中青年教师和少数拔尖的青年教师；专业基础扎实，教学经验较丰富，教学水平较高；科研能力较强，对本学科的某一方面有较深入的研究，有一定的科研成果；治学态度严谨，学术思维活跃，勇于创新，对本学科的发展能提出有科学价值的创见，有一定的组织能力，能协同攻关；能熟练地掌握和运用一门外语。

学科带头人应具备的素质有以下几个方面：学术造诣深，理论基础雄厚，具有扎实的专业知识和丰富的实践经验，掌握与本学科有关的边缘学科知识和国内外学术发展动态，学术思维活跃，具有较强的国际学术交流水平；教学、科研成果卓著，有达到国内先进水平的学术专著或学术论文，在国际、国内学术界具有一定的地位和影响；治学态度严谨，能起到设计、组织和指导课题的作用；有较强的科研管理和组织领导能力，热心培养中青年教师，具有带博士研究生的能力；学术作风民主，具有团结协作的精神。

培养学术骨干和学科带头人，要从多个方面关心他们的成长，为他们创造和谐的学术环境，提供必需的图书设备和实验仪器，改善他们从事教学、科研的条件。对于骨干教师，主要通过工作实践来提高他们的水平，大胆起用新人，注意把他们安排在重要的学术岗位上，根据他们的实际情况安排参加重点科研项目或承担主要课程的讲授。要提高中青年尖子教师的知名度，大力扶植他们在学术上尽快成长。要把重点培养对象安排给学术造诣深的老专家、老教授当助手，以学习专业知识和治学方法，提高学术水平，培养科研能力。

对于学科带头人的培养措施有：设立科研基金，支持尖子教师在本学科领域的学术发展，使其能够站在本专业的前沿，研究成果在本学科中处于领先水平；建设各类访问学者和博士后等高层次人才培养基地，尽力让一批尖子教师在国内外崭露头角；组织多学科人员的高级研讨会、讨论班，通过学科交叉渗透的途径来产生新兴学科带头人。

二、高等学校教师队伍的结构优化

高等学校教师队伍的建设是办好高等学校的一项具有战略意义的大事。没有一支学科齐全、结构合理和业务素质均比较好的教师队伍，是不可能办好大学的。因此，正确认识、了解和优化教师队伍的结构具有十分重要的意义。

教师队伍的结构是指教师整体构成的状态。教师队伍的结构在很大程度上反映着教师队伍的整体素质和适应能力。教师队伍的结构是否合理，直接影响着教师队伍整体作用的发挥，直接影响着高校教学与科研的整体质量。教师结构主要包括职务结构、学历结构、年龄结构、专业结构和学缘结构。

(一)职务结构

职务结构是指教师队伍内部各级职务的比例。高校教师的职务由高到低分别是教授、副教授、讲师、助教。高校教师的职务结构是衡量教师队伍业务能力和水平、反映教师队伍整体素质的一项重要标志。不同类型、不同基础、承担不同任务的高校,其师资队伍的职务结构是有差别的。就一所高校来说,随着学校教育事业的发展,教师队伍的职务结构也会发生变化。因此,高校教师队伍的职务结构怎样才合理,要依据高校的不同类型、不同基础、承担的不同任务而定。一般来讲,以培养研究生和科学研究为主的高校,其职务结构多为"倒金字塔形",即教授、副教授等高级职务所占比例较大,这样才能适应高水平科学研究及教学的需要;对于教学与科研并重的高校,其职务结构往往为"卵形",即中级职务——讲师所占的比例较大,而高级职务和初级职务所占的比例较小;对于以教学为主的专科学校而言,其职务结构最好是"金字塔形",以加强教学的力量,避免高级职务教师过量,造成浪费。

从一所学校的教师职务结构到一个系、一个教研室的职务结构,都要依据不同的任务,综合分析,组成合理的结构,才能更好地适应教学与科研的要求。

(二)学历结构

学历结构指教师队伍最后学历的构成状况。它在一定程度上反映出教师队伍的业务素质,反映出教师的基础训练水平和教师发展的潜力。随着科学技术的发展和教育水平的提高,对教师的基础理论和科研能力的要求越来越高。一般来说,教师队伍中拥有高学历的比重越大,学校的科研、教学的潜力就越大,学术水平就越高。

我国高校的教师目前本科学历占多数,具有研究生学历的比例远低于发达国家,不能适应高等学校提高教学、科研水平的要求。因此,一方面,要加快研究生培养的速度,为高校输送更多高学历的教师;另一方面,对于高校中不具备研究生学历的教师特别是青年教师,要求他们报考在职硕士生、博士生,或在职进修硕士学位、博士学位的主要课程。力争在不远的将来,高校教师都能达到硕士和博士的实际水平,以保证高校教学与科研的质量。

(三)年龄结构

高校教师的年龄结构是指教师队伍的年龄构成状况,主要包括教师队伍的平均年龄、各级职务教师的平均年龄、各年龄段教师人数比例等几个主要指标。高校教师从事的是创造性的脑力劳动,它比任何一种物质生产劳动都更需要旺盛的精力和创造力。人的一生只有在记忆力、理解力和体力都比较好的时期,才能表现出较好的创造力。因此,教师队伍的年龄结构在很大程度上反映了整个教师群体的教学、科研活动及其兴衰趋势。

(四)专业结构

专业结构是指教师队伍中各专业教师的比例状况。高校教师合理的专业结构应与社会的经济、科学技术以及高等教育的发展相适应,应有利于完成学校的教学与科研任务,形成学校的办学特色,有利于边缘学科、新兴学科的发展。随着经济与科技的发展,社会对各级专门人才的需求有了变化,高校教师的专业结构已明显不能适应这一变化的要求,表现在:①伴随老专业的改造,一些教师难以适应转换专业的要求,出现部分教师相对过剩;②新专业的建设面临师资的严重不足;③同一专业中,基础课与专业课分离,对基础课重视不够,基础课教学师资力量薄弱。

因此,要顺应社会经济发展对宽专业、双专业、复合型人才需求的趋势,拓宽专业基础,打破学科、专业间的界限,选拔、培养具有宽厚专业基础和较强适应能力的专业教师。鼓励高职务、高水平的教师开设基础课,以培养出适应社会发展需要的各类专业人才。

(五)学缘结构

学缘结构是指高校教师来源的构成状况。为了防止和打破学术思想的沿袭守旧,加强不同学术风格和思想的交流与相互渗透,活跃思想,繁荣学术,教师队伍的学缘结构应该是"远缘杂交"。也就是说,一所高校的教师应来自五湖四海,尽量避免同一"源头"。我国高校教师队伍学缘结构存在的突出问题是"近亲繁殖",它的弊端是多方面的。需要采取有效措施改变这种状况,在保持教师队伍相对稳定性和连续性的同时,加强与校外教学、科研、生产、管理等部门之间的人才交流,逐步扩大"外源"教师的比例,优化教师学缘结构。

三、高等学校教师的聘任制度优化

高校教师聘任制度是高等学校实行的一种用人制度,不同于职称评定。它的特点是:根据学校的实际需要,设置一定数量的职务岗位,明确规定各级岗位的职责范围和任职条件,由评审委员会评定教师的任职资格,再由学校主管领导聘任具有相应任职资格的教师担任职务,被聘教师有一定的任期,在任期内领取相应的职务工资。教师聘任可以是称职者聘任,不称职者不聘或解聘,同时,教师也可以应聘、拒聘或辞聘。教师聘任制度对优化高等学校教师队伍结构,扩大高校用人自主权,增强人才管理的活力,促进高校人事制度的改革和学校整体发展都具有十分重要的意义。高校教师聘任制度包括教师准入和建立资格证书。国家制定教师资格标准,提高教师任职学历标准和品行要求。建立教师资格证书定期登记制度。实行高校教师聘任制度,需要做好以下工作。

（一）高等学校教师的职务设置

高校教师的职务设置是高校实行教师职务聘任制的重要基础和前提，也是聘任制的重点和难点。早在 20 世纪 80 年代，国务院在《关于实行专业技术职务聘任制的规定》中就明确提出："专业技术岗位是根据实际工作需要设置的有明确职责、任职条件和任期，并需要具备专门的业务知识和技术水平才能担任的工作岗位。""建立专业技术聘任制度，应当根据实际工作需要设置技术岗位。"国家教委规定："高等学校教师职务是根据学校所承担的教学、科学研究任务设置的工作岗位。"自我国高校实行教师聘任制度以来，教师聘任制度促进了教师队伍建设和学科梯队建设，但其优越性尚未充分发挥，还有许多突出的问题需要及时研究解决。其中，加强教师职务岗位设置就是一个亟待解决的关键问题。

1. 高等学校教师职务设置的内容

（1）确定规划任务

教师职务聘任应与学校事业的发展规模、学科的发展需要以及教师队伍建设的需要相适应。要制订学校、学科发展规划和师资建设规划，明确学校承担的任务和总体目标。

（2）确定教师编制

根据教学和科研任务，确定核实教师的编制数量，并分别落实到各系、室等基层单位。

（3）确定岗位职责

按照各级岗位工作，确定教师所应履行的工作职责，明确各级职务教师的工作任务。

（4）确定职务限额

根据学校承担的不同任务，按照教授、副教授、讲师、助教职务系列，确定各级职务间的比例数，建立合理的职务结构。

2. 高等学校教师职务设置的方法

（1）学科法

根据专业学科的二级学科，按水平层次划分为若干类，再根据不同学科点的现状、发展趋势配置不同数量的高、中、初各级岗位。学科法的最大优点在于把教师队伍建设同学科建设紧密结合起来，有利于学科专业建设和学校事业发展，有利于学科带头人的选拔和人才流动。

（2）任务法

在职位分类理论的指导下，以教学、科研、实验技术等实际任务为依据，根据任务的多少、难易程度和水平差异，把任务分解为多种类型和水平层次，给予一定的权重，计算、确定各级教师职务的岗位数。这种方法对以教学为主的高校更为适用。

（3）结构法

把高校按教学、科研及培养研究生、本科生等分成三类五档。不同类档的学校高级教师职务占教师总数有不同的结构比例。这种分类型、分层次的方法有许多可取之处。

3. 高校教师职务设置的管理

（1）建立健全教师职务岗位管理机构，保障岗位设置工作的正常运行

教师职务岗位设置，涉及学校教学、科研等各个部门，而不只是人事部门的事务。学校应在主管领导的直接领导下，各系（院）、人事处、教务处、科研处等部门直接参与。

（2）建立健全科学的教师职务岗位管理制度，保障岗位设置工作有章可循

学校教师职务岗位设置管理制度至少应包括校级的"教师职务岗位设置管理规程"和"教师职务岗位设置实施条例"。

学校合理科学地设置教师职务岗位，不但是深化改革、真正实行教师聘任制度的前提和基础，而且有利于广大教师明确任务，促进教师认真履行岗位职责；有利于调动广大教师的积极性和竞争意识；有利于人才的培养和学校的发展。

（二）高等学校教师职务的评审和聘任

1. 高等学校教师职务的评审

高校教师的任职资格评审是一项政策性很强的工作，它像教师队伍的一根指挥棒，评审的结果不仅影响教师的切身利益和发展方向，而且影响教师队伍的结构和素质，因此，任职资格评审是做好教师职务聘任的关键。开展这项工作，要抓好以下几个环节。

第一，要制订任职资格评审工作计划。计划中要特别明确各级任职资格的条件，保证聘任教师的质量。

第二，要建立健全评审机构。选拔学术水平高，负责公正，在教学、科研第一线工作，关心教师队伍建设的优秀教师和专家参加学科评议组和教师职务资格评聘委员会。

第三，合理分配职务限额。按照按需设岗、因事设人的原则分配限额，保证重点，既要顾全大局，又不能搞平均主义。

第四，严格坚持评审标准。评审工作必须坚持标准，保证质量，全面考核，择优聘任。对聘任教师的思想表现、工作态度、业务科研水平、工作能力和实际贡献等方面的条件进行全面考核。破除论资排辈的观念，对优秀的中青年教师，符合条件的，应及早安排到高级职务岗位，保证教师队伍的年轻化。

第五，做好工作总结和下年度申报人员情况的摸底工作，不断学习上级职改部门的新政策、新规定，研究工作中出现的新情况、新问题，适当调整指标体系，为来年的评审工作打下基础。

经过任职资格的评审，由室、系、院逐级审核向校长推荐，经教师职务聘任工作委员会确定教师的聘任名单，签发职务聘书。同时，各用人单位要与应聘教师签订任务书，明确聘任期间所应承担的教学和科研工作的具体任务和岗位责任，明确教师的权益和任期。

2. 完善高等学校教师聘任制度

高校教师聘任制度实行二十几年来，取得了显著的成绩，激发了教师从事教育教学工作的积极性和创造性，促进了高校教育、教学、科研及管理水平的提高，并且有力地推动了高校内部管理体制的改革。但是，由于诸多原因，教师聘任工作尚未达到预期目标，仍存在一些问题，如职称与职务混淆、人才合理流动机制尚未形成、教师职务资格评审进退两难等。因此，高校教师聘任制度亟待进一步完善和健全，主要措施包括以下几个方面。

(1) 进一步转变观念，加强领导

完善高校教师职务聘任制度，必须切实转变观念，不仅要把职称评定的观念转到聘任上来，而且要把过去对职务聘任形式的不正确观念加以纠正。不能把聘任制度简单地理解为评聘合一，也不能把评聘结合机械地理解为任职资格与职务的关系是一一对应的。否则，一旦评聘了教师职务，就形成了实际上的职务终身制。

(2) 尽快修订并适时出台高校教师聘任条例

《高等学校教师职务试行条例》经过几十年的试行，起到了评聘依据的作用，但现在有许多内容已落后于形势的发展。由于条例是实施聘任制的基本法规，关系到整个改革的方向，应尽快修订、实施，从而对各级教师职务的基本职责、基本任职条件、教师职务评审组织及评审办法等做出规定，规范教师聘任制度。

(3) 强化基础管理，实行教师聘任工作科学化、规范化、制度化

第一，要加强高校内部的岗位设置。高校主管部门要重新核定高校的编制，认真做好编制分解和职务结构比例分解工作，根据学校的学科建设和教学科研任务的需要，以有利于学科发展和有利于教师队伍建设为目标，科学合理地设岗。第二，要继续完善考核制度，使之经常化、科学化、规范化。对教师的考核要采用以定量为主、定性与定量相结合的考核方法，按照德、能、勤、绩的原则，根据教师的不同岗位所承担的不同任务制定量化标准，使其具有较强的可操作性。第三，严格评聘程序，保证评聘质量。评聘工作必须坚持公开的原则，评审要做到岗位公开，申报人述职公开，申报材料公开，评审条件、办法、程序公开，评审结构公开；聘任要做到岗位公开，聘任条件、办法、程序公开，申报人考核成绩公开，聘任结果公开。要切实做到公平竞争，保证评聘质量。第四，努力加强聘后管理工作，克服重评审轻聘任的倾向，做到教师聘任制度化。

(4) 积极进行人事分配制度的配套改革，建立良好的保障机制

要使高校教师聘任制度良好地运行，达到预期的效果，就需要有一些配套措施和建立良好的保障机制。就国家而言，当前应积极进行人事分配制度的配套改革，建立社会保障制度；就学校而言，应进一步加大校内管理体制改革的力度，加快实现高校教师的社会化管理和合理配置。一方面，要建立和完善人才流动机制；另一方面，要建立激励机制，尤其是工资激励机制，各级政府及高校主管部门要切实提高高校教师待遇。

(5) 加强宏观管理，完善监督机制

高校主管部门应改变过去以指标控制高级职务晋升的做法，实行结构比例控制，给高校以更多的自主权。在评审工作中，主要通过政策导向、程序规定、基本的任职条件标准、评审结果的检查等进行宏观监控。对评审中出现的不公正现象应提请高评委员会仲裁。通过加强对评审、聘任工作的监督、调控，通畅民主监督渠道，不断改进和完善教师聘任制度。

教师聘任制度是优化教师结构、提高教师整体素质的一种有效制度。推行教师聘任制是学校为了适应教育体制改革的要求以及学校自身发展的需要而进行的一种用人制度的改革与探索。真正意义上的教师聘任制度，将以它的开放性、灵活性和自主性，为学校师资管理提供新的思想和方法，也将为学校教师队伍建设带来新的生机和活力。

第五章 新时期高校学生管理探索

第一节 高校学生管理的现状与问题

21世纪是知识和信息的时代，我们面临的经济环境已经发生了深刻的变化，对于在校的大学生，他们是未来社会的知识精英和国家未来的栋梁，他们的素质如何，将直接关系到我国社会主义事业是否会后继有人，关系到中华民族的伟大复兴。高等学校是培养和造就适应新世纪社会发展的合格人才的基地，其培养的目标是具有创新精神和实践能力的高级人才，科学、规范、创新的学生管理工作是实现这一目标的重要保证。学生管理工作是高校各项工作的主要组成部分，它体现着一个学校的校风、校貌，是一个学校管理水平高低的重要标志，而学校管理水平的高低已成为衡量学校综合水平和学生素质的一个标准。在当前全国范围内大规模扩大高校招生、高校后勤社会化改革、并轨后的"双选"就业政策等新形势下，高校学生管理工作出现了许多新情况、新问题，如何使学生管理工作科学化、制度化、法制化，培养出大批合格的人才是当前学校管理研究的一个重要课题，也是公共管理学研究的重要内容。

学生管理工作是高校教育教学工作的重要组成部分。近年来，随着我国社会体制改革和高等教育改革的进一步深化，大学生的学习和生活环境发生了新的变化，高校学生管理工作也面临新的挑战。

当前，学生管理工作面临的问题有：管理体制改革相对滞后，管理方法陈旧，管理制度不健全。随着我国社会主义市场经济体制的逐步建立和完善，当代大学生成长的外部环境和内在因素发生了很大的变化：教学管理制度的改革、收费制度的改革、高校后勤社会化、就业形势严峻等，都给学生管理工作带来了许多思想认识和教育观念方面的新问题。互联网的负面效应也对高校学生管理工作提出了新的挑战。加强和改进高校学生管理工作的对策是：在明确管理目标的基础上，树立科学的管理理念。高校学生管理工作应变被动为主动，"以人为本"，强调学生的主体性，注重学生的主观特性，尊重学生的个性发展；坚持教育与管理相结合，强化学生自我管理。在此基础上，还应积极探索新的管理模式，完善学生管理体制，建立变分散为集中的管理，变多中心"小而全"为集中的"精而专"，变间接管理为直接管理；健全学生管理制度，使高校管理科学化、法制化；积极运用管理进网络、管理进社团、管理进公寓等新手段，拓展学生管理工作空间，运用现代化的教育管理手段，使高校学生管理工作进一步科学化、制度化、规范化。

一、当代大学生的特点

学生管理工作是高校教育教学工作的重要组成部分。近年来，随着我国社会改革和高等教育改革的进一步深化，大学生的学习和生活环境发生了新的变化，高校学生管理工作也面临新的挑战。大学生这个特殊群体的特点决定了学生管理工作的特点。

(一) 思想认识多元化

改革开放以来，特别是现阶段社会转型时期，大学生成为社会上一个醒目而特殊的群体。作为学生管理工作的客体，大学生一般具有以下特征。一是思想具有社会性。大学生思想状态源于社会，紧跟时代步伐，社会上的一切重大情况、现象及其对青年的影响都会从大学生身上表现出来。二是认知具有能动性。大学生是最富有主观能动性和积极创造性活力的群体，他们在接受教育时往往从自己的主观出发，具有主动的选择意向，这也体现了他们独具个性的自我认知状态。三是身心的可变性。大学生是一群从生理到心理正在趋向成熟的群体，特别在心理上、思想上，可塑性极大。在时代变动、社会转型的宏观背景下，有理想、有追求是当代大学生的主体要求。通过大量的问卷调查和对座谈会记录的分析，可以肯定的是，当代大学生的主流是好的，他们中的绝大多数是热爱党、热爱社会主义的，他们有较高的思想素质和道德观念，有较强的责任感和使命感，其思想状况可以概括为以下几个方面。

1. 爱国热情高涨，理想信念坚定

调查结果表明，从总体上看，当前大学生的思想政治状况是积极、健康、向上的，主流是好的。令人欣喜的是，大学生保持了较高的爱国热情，能理性地看待国家改革、发展面临的机遇和困难，对保持稳定的经济的可持续发展有信心。今天的大学生，把个人的前途同国家的发展联系在一起，因而他们关心国家大事、关心国家的发展，也关注着发展中存在的问题。有所不同的是，对发展中存在的问题，今天的大学生分析判断的能力增强了，观察分析问题比较客观、冷静，多了一分理性思考，少了一分情绪激进，应该说，这是当代大学生思想成熟的表现。

2. 健康积极看待人生，务实进取实现自我

调查结果表明，健康积极、务实进取是大学生人生观和价值观的主流。相比以往，今天的大学生更加注重自我价值的实现，并渴望能将对社会的贡献和个人价值的实现统一起来。

　　大学生健康积极的人生态度主要表现在绝大多数学生的基本价值判断上。比如，评价什么是"成功"，在学生的答案中排在前三位的分别是"对社会和集体贡献的大小""取得社会声望的高低"和"拥有精神财富的多少"，其中近八成的学生把对社会和集体的贡献放在了第一位；在人与人之间关系的问题上，大多数学生反对"人与人之间只有永恒的利益，没有永恒的友谊"这一观点；针对"帮助别人往往会使自己吃亏"的观点，大多数学生明确表示反对。

　　大学生务实进取，有着强烈的社会责任感和历史责任感，他们渴望施展才华，为国家和社会做出自己的贡献。在处理个人、集体、国家三者利益关系的问题上，大多数学生认为"在关键时刻个人利益要服从国家和集体的利益"，这一点从大学生"最想说的一句话"中也可以看出，不少学生写道："为中华民族的崛起而学习""胸怀祖国、报效人民""努力学习，报效祖国"。对于社会公益活动，如献血和志愿者服务等，绝大多数学生表示乐于参加。调查结果同时也表明，尽管大学生人生价值观主流健康向上，在价值判断上高度认同奉献精神、社会责任感、国家和集体的利益高于一切等，但在具体的价值选择上，部分大学生更加注重自我发展、自我实现，这使得大学生的人生观、价值观呈现出多样化的特征。

3. 拥护高等教育改革，注重全面素质提高

　　随着我国高等教育改革的不断深入，改革的成果正在逐步显现出来，大学生作为这些改革措施最直接的受益者，自然地成了高等教育改革的拥护者和促进者。与改革相伴而来的是竞争的加剧，就业的压力激发了学生成功、成才的愿望和自觉性，使大学生更加注重自身素质的提高。

　　调查表明，大学生十分关注学校的建设和发展，对高等教育改革，特别是其中有利于自身发展、提升自己社会竞争力的改革高度认同。绝大多数学生赞同全面推进素质教育、深化教学改革，对改革毕业生就业制度和鼓励大学生自主创业持肯定态度。大学生们普遍反映，高校后勤社会化改革转变了高校后勤的社会服务意识和服务观念，使学校的学习、生活条件有了一定的改善。调查还显示，身处校园的大学生已深知社会竞争的激烈，他们渴望通过大学的学习来丰富和完善自己，占领就业上的制高点，赢得发展上的主动，相比以往，大学校园学习气氛更加浓厚，学风也有了明显好转。调查也同时显示，虽然大学生对于高等教育改革的政策和措施总体持拥护态度，但对涉及自身利益调整的有关改革举措则心态复杂。例如，对于"缴费上学"的看法，绝大多数学生赞同完善和健全资助困难学生的政策，原因是近年来高校学费的调整和学习、生活费用的上涨，使大学生面临越来越大的经济压力，对改革的承受能力已接近极限。在大学生"感到最苦恼的事项"中，"上学费用高，经济困难"排在了比较突出的第三位。

高等教育改革的中心目标是培养高质量的人才，满足社会需求，进而促进社会的发展，而社会的发展又给大学生带来了施展才华的舞台和成才的机遇，因此，教育改革的目标与学生的成才愿望根本上是一致的，这使大学生成了高等教育改革的积极拥护者。

对当代大学生静态观察比较乐观，动态分析则有一些问题值得忧虑。由于社会和家庭环境等多方面的影响，大学生在智能结构、性格特征、心理品质和社会使命感等方面又与同龄人有不同的表现。

（1）自我意识突出，自主性较强

由于知识储量的增加，大学生不再像普通器皿一样满足于被动接纳和盲目遵从某种既定的社会价值范畴，也不会简单地依赖师长、家庭和社会的赏罚来强化自我意识，他们追求自我选择、自我内化，这是大学生与同龄人区别的最显著的标志。由于大学生自我意识突出，自主性较强，他们会千方百计地实现自我价值，使大学生群体呈现出勇于创新，勇于冒尖的勃勃生机。但是，如果有的学生自主选择不当，选择的方向和内容就会与社会要求不相适应。因此，加强大学生管理工作，帮助他们树立正确的人生观和价值观，引导他们把自我价值的实现与国家、社会的需要紧密地结合起来是十分必要的。

（2）逆反心理突出

高校的大学生对社会热点问题较同龄人更为敏感，对现实的思考具有独到的见解，有些大学生喜好把这些问题的分析和见解建立在反感现实的意念和偏激的论调上，以炫耀自己的标新立异。他们对于各种学术流派和思想乐于涉猎，特别是对与社会主流思想不一致的思潮容易产生浓厚的兴趣，有的甚至盲目追求，这往往是缺乏科学分析和理性思想的表现。高校学生管理工作既要保护大学生善于思考，关心时政的积极性，又要帮助大学生理性地看待问题，提高他们科学分析问题的能力。

（3）社会责任感呈现情绪化色彩

大学生具有较强的社会责任感，但是，由于缺乏社会实践的锻炼，社会经验不足，大学生的社会责任感往往带有深厚的情绪色彩，或好大喜功，或悲观低调，或盲目冲动，在社会发生重大事件的关键时刻常常失之偏颇，导致事件的后果和初衷相悖。这更加说明要加强学生管理工作，时刻关注他们的思想动态，引导、帮助大学生健康成长。总之，当代大学生在实际操作层面趋于务实，强烈反对形式主义，但在思考的深层次却常常陷入迷茫困惑。他们成才意识强、参与意识强、个体意识强，但服务意识弱、协调意识弱、集体意识弱。大学生在分析和处理问题时，更多地采用生产力标准，而较少采用生产关系标准；更多地采用市场经济原则尤其是等价交换原则，而较少采取我国传统社会道德准则尤其是奉献精神；更多地采用个人实际利益第一标准，而较少采用"公众意识"标准。对待社会，批判意识较强、建设意识较强，但抱负和能力常常不对称。在大学生生活风俗方面，还必须注意社会上不良风气对大学生的侵蚀，影响了学生的成长，增加了高校学生管理工作的难度。

（二）生活学习方式多样化

学生从高中升入大学后，就进入人生一个新的起点。不管是在学习上还是在生活上，都会与原来有很大的不同。

1. 生活方式多样化

生活方式是指人们在衣、食、住、行、爱好、嗜好、文化活动、民俗风气等方面的方式和行为习惯。据调查，在大学里，每一个学生的生活方式都不尽相同，有的学生把自己大量的时间都放在学习上，有的学生却经常去上网，有的学生利用业余时间来打工挣钱，有的学生喜欢运动，有的学生喜欢和同学们结伴去旅游，有的同学生活起居很有规律，有的同学生活起居无规律，等等。

2. 学习方式多样化

进入大学后，大学生普遍感到知识浩如烟海，各类活动繁多，这为每个人的发展提供了广阔的天地。以什么样的学习方式才可以处理好课本知识与课外知识、专业学习与能力培养等诸多方面的关系是许多大学生深感矛盾、困惑的问题。大学生的学习除了听课这一主要途径外，还有自学途径、学术交流途径、多媒体教学途径、社会实践途径等，当然，这些学习途径中小学时在一定程度上也存在，但在大学里，这些途径更能被大学生采用。有的同学能充分利用各种途径学习，而有的同学只会听教师讲课，大学生中有这样的极少数人，读了几年大学，却不知道如何从图书馆里查阅自己所需的资料。因此，以多样的学习方式进行学习是大学生必须掌握的一项基本功。

大学生学习和获得知识的方式和渠道多种多样，随着学分制的推行和素质教育要求的提出，大学生自选专业、自修课程、自定目标、自我发展的意识相对增强了；随着高校大学生居住公寓化和后勤服务社会化的不断完善，大学生以班集体为主体的学生基本组织形式将逐渐弱化，因住宿、生活、学习而结识在一起的大学生群体逐步在增强和扩大，这些都是大学生学习方式和组织形式多元化的具体表现。

大学生们在通过网络获取知识和信息的同时，也在一定程度上受到了网络的影响，其负面作用是不可忽视的。一部分学生上网是为了获取学习所需的资料，但也有一部分学生却利用网络进行一些与学习无关的活动。现在网络管理还处于盲区，管理不善，网络内容形形色色、五花八门，这些都严重影响着大学生的学习和生活，他们当中有些人因沉迷网络而耽误学习。

（三）性格特征复杂化

大学生性格特征的复杂化主要在以下几种现象中特别突出。

1. 务实与实惠的调和

大学生能较冷静理智地看待社会实际,但更多地关注与他们自身的生存发展相连的社会实际。个人发展机会、职位的高低和工资收入成为大学生择业的重要评价指标或选择条件。

2. 渴望与满足的不协调性

大学生迫切了解新知识、吸收新观念,自主选择对知识学习的要求较为强烈,选择知识的目的性逐步增强,但只满足热门、自己的喜好和眼前的需要,对自己的业务知识、能力水平、综合素质等方面缺乏正确的判断,并缺少更高、更全面、更长远的目标与要求。

3. 心理及个性化发展的不协调性

现在的大学生中,独生子女的比例较高,他们具有较强的自我意识、竞争意识和自强精神,追求个性化发展,因此,他们的集体主义观念、团队协作精神较弱,自控能力较差,心理素质不高。一些大学生因学习和就业的压力、恋爱受挫、环境不适、人际关系不协调等原因,容易产生心理障碍,出现厌学厌世的现象。一些大学生对学校、社会的希望值较高,但对社会竞争激烈的复杂性认识不够;自我意识较强,重视自我价值,但对现实自我价值的困难认识不足。

二、高校学生管理面临的问题

高校作为培养人才的重要阵地,其培养的目标是具有创新精神和实践能力的高级人才,科学、规范的学生管理工作是实现这一目标的重要保证。学生管理工作是高校教育教学工作的重要组成部分,它对于全面贯彻党的教育方针,培养入世后国家经济建设所需的"四有"大学生具有重要意义。当今,世界多极化、经济全球化、文化多元化的趋势日益增强,世界经济的竞争与合作、文明的冲突与融合都不断发生变化,正确的与错误的、进步的与落后的各种思想、文化、观念、信息相互交织、相互影响、相互激荡。在这样复杂多变的世界大环境中,我国的改革开放也不断深入,市场经济迅猛发展,促使全社会范围内的经济成分、利益主体、社会组织、生活方式和就业形势等方面日趋多样化,这些新形势、新情况、新问题从不同的层面、不同的角度,并以不同的形式渗透到高等学校。随着我国高等教育事业的不断发展,高等教育体制改革日益推进,高校学生管理工作者要教育、引导大学生适应市场对人才的需要,培养出有开拓创新精神,具有良好内在品质的合格人才。

(一) 管理体制相对滞后

在不同的历史阶段,高校学生管理工作有着不同的外部环境和影响因素,学生管理工作因而呈现不同的组织结构和体制特征。中华人民共和国成立后，全国范围内基本通行的是"分散管理"的管理体制，在 20 世纪 80 年代初，部分高校开始出现 20 世纪 90 年代以来全国高校普遍通行的"专兼管理"的管理体制。

"专兼管理"是指学校设立了学生工作处和学生工作部，学生工作处（部）作为高校学生工作的最主要和最重要的管理部门，承担基本上全部的学生事务及其管理工作，团委作为另一个重要部门，主要承担学生课外活动和校园文化活动的组织和管理，其他部门履行部分学生工作管理的职能。各高校出于加强学生思想政治工作和纪律管理的需要，同时因为学生事务的增加、学校管理部门的职能进一步分化等原因，都普遍设立了学生工作处。为了协调行政管理和思想教育两方面的工作，一些高校又在学生工作处的基础上设立了学生工作部，学工部作为党委部门，其职能是领导和协调学生思想政治工作。在此基础上，许多高校还成立了校党委和校行政领导下的学生工作委员会，学生工作处（部）作为其办事机构，承担高校学生管理工作的主要任务。

整个学校的学生管理工作要形成专兼结合、齐抓共管的局面。在系一级，党总支副书记对学生管理工作负领导责任，吸纳党总支办公室主任和团总支书记，成立学生工作领导小组用以指导和协调全系的学生工作，各班（年级）配备班（年级）主任或辅导员，加强日常的思想教育和管理工作。高校内部基本形成了分工明确、专兼结合、齐抓共管、校、系两级职责分明、条块结合的学生工作网络和运行机制。立体的机构及实施系统也就是我们前面所说的"分散管理"的管理体制。这一时期，学生管理工作的权限分散在学校许多部门，学生管理工作的职能由这些部门分别实施。在系一级，学生工作主要由系总支负责，年级和班级设立辅导员，辅导员承担所有学生事务，他们"融党政于一体，集教育管理于一身"，充当起学校最为基层的学生工作者。这一时期，系一级组织具有较大的管理权限，学生工作的运行机制在较大程度上表现为"以块为主"。

20 世纪 80 年代以来，随着市场经济的发展和完善，学生管理的内容与日俱增，市场经济的发展对高校学生管理产生了深刻的影响。譬如，学生工作的部分管理职能正在向服务职能转化；大学生就业正在由计划分配向双向选择、自主择业转化；固定学制正在向弹性学制转化；经济困难学生的资助由原来的发放助学金、困难补助向助学贷款和勤工助学转化等，这一系列变化都需要有新的完整的学生管理系统来保证实施，而这个系统的建立尚未完全形成。

（二）管理方法陈旧

高校学生管理仍然是依赖于正规的金字塔管理系统的行政命令式管理，他们基本上是向下传达精神、向上汇报工作。其中对学生产生直接影响且发挥较大作用的是院系学生会、团总支、班委会及宿管中心，其作用是监督学生是否违反纪律，做得好的班委会还会组织一些以娱乐为主的活动。实际上可以说，他们基本上进行的是外部控制，而不是主动地用比较科学的方法或经验指导和帮助学生成才，更不能唤醒学生内在的创造之魂。他们只告诉学生"不允许做什么"，而不是指导学生"怎样做才能更快、更好、更有效地成为人才"，使学生有对立感。

现有的管理模式忽视了大学生的自我教育和自我管理能力的培养，除了少数学生干部有机会锻炼组织管理能力外，绝大多数学生都没有培养和锻炼组织管理能力的机会，即使是少数的学生干部，也只是学会了一些组织实施中的监督控制能力。同时，现在的高校学生工作没有紧紧围绕培养人这个中心，是为管理而活动，仅有的大学生自我管理往往是自发的，水平不高，效果也不是很好，没有充分发掘学生的潜能来实现自我管理，以达到既培养学生的综合创新素质，又减轻工作人员负担的效果。由于缺乏自我教育和自我管理能力的培养，现在有相当一部分学生的状况不尽如人意，主要表现在：自我教育观念不强，自我管理能力差和自我服务意识弱；思想有很大的可塑性，较容易受到外界的影响；容易感情冲动，不冷静，盲目地狂热，有时感情用事，甚至缺乏理智的控制；有少部分学生很容易放纵自己，做出一些违规的事情；在学习上和生活上存在着较大的依赖性，缺少独立自主精神，不能适应新环境的新要求。

（三）管理制度不健全

我国教育改革与发展已进入到前所未有的攻坚阶段，而高校作为最基本的教育主体则承担着教育发展和不断创新的重任，实现高校学生工作管理模式的科学化、规范化、法制化，已成为亟待解决的问题。当前我国高校管理制度仍不健全、不完善。

各高校有关学生管理方面的规定林林总总、各具特色，但总的特征是抽象、笼统、粗糙。有的高校在一些处罚性条款，尤其是对学生处以勒令退学或开除处分的规定往往本身就不合法。例如，某高校学生守则规定，对于考试作弊的，一经发现，给予的处罚是：自动停学一年，回家参加劳动，到期后凭家庭所在地基层组织或父母单位出具的证明回校继续学习。这种变相"劳教"或"劳改"的规定本身就是违法的，高校根本就无权做出这类规定。再如，为了严肃考风考纪，有些学校规定，考试作弊一经发现即对作弊的考生处以勒令退学或开除学籍的处分。上大学的机会对学生来说是如何的来之不易，被勒令退学或开除对学生来说往往是命运与前途毁于一旦，且先不管如此规定是否违反高等学校教书育人的宗旨，就其本身来说其实就是不合法的。由此可见，随着依法治国步伐的加快，在校学生权利意识、法律意识增强，这些都对原有的学生管理理念、制度和方法产生了冲击，对高校原有的管理体制提出了挑战，要改变这种被动的局面，赢得主动，必须依法治校，学生管理必须实现民主法制化。

三、高校学生管理存在问题的原因分析

（一）教学管理制度改革扩大了学生的自主权

学分制、主辅修制、弹性学制等作为教学管理的新模式在高校的施行，是新时期高等教育"以人为本""学生主体"思想的重要体现，它为学生提供了更多的学习自主权和选择权，有利于调动学生的积极性和主动性。

首先，它转变了教育观念，促进了教学改革。学分制的实施，给了学生更多的自主权，特别是学生对专业和教师的选择，这就促使教学管理要灵活多变，通过不断完善教学管理制度来适应学分制改革的需要；同时，它还促使教师不得不重新审视自己的教学，多年不变的教学方法和教学内容将无法满足学生"选"的要求，教师必须转变观念不断更新自己的知识，才能适应学生的要求，教师还应改变教学方法，以提高教学质量；它同时也促进了专业建设和课程设置改革，市场因素决定着学生对专业课的选择，学生的"选"决定学校要不断根据市场的变化调整专业和课程，这种良性循环使学校产生了良好的经济与社会效益。

其次，学生学习由被动变为主动。传统教育的弊端在于学生成为知识的奴隶，个性受到压抑，创造力难以发挥，绝大部分学生是有所学而无所用。经过学分制、主辅修制、弹性学制等教学管理制度的改革，学生明确了学习目标，掌握了学习的主动权，学生不仅对学习感兴趣，而且能把学习作为一件充满乐趣的事情来做，学生的个性得到了充分发挥。

但是，不容忽视的是，教学管理制度的改革给传统的学生工作模式带来了新的挑战。一是学生工作的载体发生了变化。新的教学管理制度客观上造成了大学生"同班不同学、同学不同班"的现象，原有的学生自然班级的概念逐渐淡化，传统的以班级为学生工作主要载体的模式也发生了变化。它要求在教学进度、课程设置、考务管理、成绩管理、教材管理、学籍管理等方面均做出相应的改变来适应其改革与发展，同时也加大了学生管理工作的难度。传统的教学管理制度下，一个班都是在一起上课，管理起来非常方便，但在教学管理制度改革的学分制模式下，一个班的同学可能同一时间分散在不同的教室上不同的课。二是学生工作的对象呈现新的特点。新的教学管理制度的实施为大学生提供了宽松的学习环境和较为广阔的展现自我的空间，学生的个体化倾向进一步增强，集体观念、团队精神有所削弱。随着高等教育大众化进程的加快，高校学生的生源质量在下降，各种思想层次、知识水平和学习目标层次的学生集聚校园，给学生管理工作带来了新的问题，增加了管理工作的复杂性，显然，处于迅速发展中的高等学校对此没有充分的思想准备，也缺乏有效的应对措施。

（二）收费制度改革改变了学生与学校的关系

长期以来，大学生作为受教育者，始终处于一种被管理的地位，学校与学生之间是一种管理者与被管理者的关系，教育被当作一种管理活动来看待。如今，随着高等教育的改革与发展，特别是高校收费制度的改革，使教育不仅是一种管理活动，也成为一种消费，大学生不仅是受教育者，同时也是一名消费者，这就对传统的教育管理观念提出了挑战。既然教育是一种消费，教师与学生之间就不再是简单的教育者与受教育者的关系，而同时也是一种合同关系、一种契约关系。在这种新型关系中，教师与学生是平等的，大学生对自身利益的保护意识、权益观念在增强，他们对教育质量要求更高，对参与学校建设和管理的愿望更大。教师在教育教学过程中，要依法维护作为消费者的学生的合法权益。但目前，高校在日常教育教学和管理实践中，往往缺乏对师生关系的新认识，他们的传统思想观念和行为会自觉或不自觉地对学生的基本权益造成侵害，认为作为学生就应该服从学校、老师的安排决定，而忽视了学生的有理性的思维，缺乏对西方文化的兼容性，对学生的教育过于条条框框，大大约束了学生的自主能力和自我管理能力。

同时，随着收费制度的改革，高校贫困生的人数在逐渐增多，他们成了高等教育不可忽视的一个特殊群体。尽管贫困生中有"自信、自强、自立、自尊"精神的学生仍是大多数，但也有不少贫困生由于经济困难而在思想上产生不正常的现象，进而做出种种不道德的行为。部分上学困难甚至不能上学或中途辍学的同学可能心存怨言，为社会和高校学生管理工作埋下了矛盾隐患。

（三）高校后勤社会化诱发了诸多问题

近两年，全国高校后勤社会化改革取得了突破性进展，积累了经验，有力地保障和促进了高等教育的快速发展。后勤社会化就是通过分流将高校后勤服务纳入社会主义市场经济体制，建立由政府主导、社会为主、高校选择、办学需要的市场化服务体系，使传统上由学校直接承担的教学、科研的后勤保障和师生的生活服务逐步与教学、科研工作分离，发展成为独立的新兴高校后勤产业。但我们也要看到，高校后勤社会化的推进给学生管理工作带来了新情况、新特点：一是相当一部分学生住在校外，"同班不同室、同室不同班"，大学出现生活社区化、成才环境社会化的新情况，在一定程度上减少了学校对大学生行为的约束；二是改革后的学生公寓按成本收费，大学生的学习、生活条件都得到了改善，但原本作为培养大学生劳动观念、团队意识重要阵地的宿舍的育人功能有所弱化；三是共住学生群体规模大，管理工作相对薄弱。要尽快建立健全切实可行、科学合理的管理制度，认真把学生公寓管理好，管出水平，这是高校学生管理工作面临的又一新课题。

（四）就业形势严峻给学生管理工作带来的冲击

随着高校毕业生就业制度改革的不断深入，以及毕业生就业市场体制的逐步确立，新型的就业制度在给众多的大学生提供了公平竞争和施展才华的机会的同时，也使大部分毕业生面临严峻的就业形势。当前，高校扩招使毕业生供大于求的矛盾更加突出，一般高校毕业生尤其是专业与市场需求不对口的毕业生，就业率更低。一些学生悲观地面对"毕业就意味着失业"，在各种就业选择面前不知所措，出现困惑、焦虑、烦躁的心理。因此，当前流行一些本科高校学生留最后一年时间专门找工作，专科高校学生留最后半年时间专门找工作的做法，在学生找工作期间，教学质量根本无法保证。同时，每个学生的实习情况也不一样，有的同学已找到基本稳定的工作，并在单位上班；有的同学还想继续向更高的学历层次进军；有的同学则还在为没有找到合适的工作而四处奔波，这样就造成了毕业生好像一盘散沙，撒到哪里都有的现象，加大了学生管理工作的难度。与此同时，就业困难也成为学生厌学等的重要诱因。

（五）互联网的负面效应给学生管理工作带来的影响

21世纪无疑是一个高度信息化的时代，随着高新科技特别是信息技术的迅猛发展，互联网络的触角正以惊人的速度延伸到社会的各个层面。

首先，互联网上的信息垃圾对大学生行为产生误导作用。网络犯罪的手段也很多。虽然学生们进入网络的初衷是享受现代科技的成果、享受现代文明，并不断完善和发展自我，但青少年学生极易受到诱惑，容易采取极端过激行为。

其次，网络的虚拟化特征，导致大学生心理受害。网络创造的"虚拟现实"，一方面，为大学生提供了丰富的角色实践场所，满足了他们体会和尝试各种角色的精神需求，可以随心所欲地制造出假想的世界，使得人与人之间关系逐渐疏远，他们放弃了现实生活中与他人和社会接触的机会，容易加剧自我封闭，造成人际关系的淡化。人需要有直接的交往和情感交流，如果人们之间直接交往的机会少了，就会产生心理紧张、孤僻、情感冷漠以及其他心理不健康的问题。青年学生正处在身心发展的重要时期，网络即使能够使他们在网上与更多的人建立信息交流，但它不能替代现实社会的直接交流。另一方面，生动逼真并带有刺激性的游戏很容易使大学生心理失衡，混淆虚拟与现实的关系。总之，当前高校学生管理工作既面临良好的机遇，也面临着严峻的挑战，我们必须保持清醒的头脑，一定要从时代和历史的高度，用强烈的紧迫感和高度的责任心，抓住机遇，迎接挑战，认真做好高校学生管理工作。

第二节 新时期学生管理工作的开展

一、我国高校学生管理专业化及制度保障

(一) 高校学生管理工作概述

高校学生管理工作既是职业的一种类别，也是高校教育中的一项基本任务。高校的主要任务是培养高素质、高技能的人才，以满足社会发展对人才的需求，为国家的发展建设培养接班人。高校对人才的培养不仅是专业知识和技能的传授，还包括对学生的适应能力、人格形成、道德建设等多方面素质的培养。高校学生管理不仅为高校教学服务，更对学生形成正确道德观、价值观、人生观具有重要的作用。高校学生管理工作经历了长时间的探索和发展，在管理体系、管理理念、管理方式和人员配备方面日趋成熟。

高校学生管理是一门具有很强实践性的学科，它将教育学、管理学、心理学等多种学科加以融合，具有综合性特点。随着教育改革的持续进行，高校学生管理工作不断探索、不断发展，已从重单方面的强制性的说教、灌输模式逐渐向以人为本、服务化和制度化的方向转变。高校学生管理工作涵盖范围广泛，以引导学生思想的正向发展、为学生生活需要服务、指导学生就业发展、对学生进行心理健康的维护等多方面为工作内容。长期以来，国内的高校并没有将学生管理工作作为一个单独的学科，高校的行政化管理机制使工作在一线的学生管理从业人员仅作为管理工作的执行者，管理实权和自由决策力的缺乏，使其并不属于真正意义上的学生管理。这一点，国内与西方高校学生管理方面有很大的差异，在本质和境界上都存在较大的分歧。要从根本上提高我国高校学生管理工作，就应该向西方国家学习，走科学化的发展路线，既要有明确的管理目标、完善的管理体系、正确的管理理念，还要有高素质的管理人员职业发展与培训规划、方法，建立职业化、专业化、高素质化的高校管理工作人员队伍，这对于高校人才的培养具有重要的意义。

(二) 高校学生管理走专业化发展道路的必要性

高校教育是国家人才培养的重要行业，为社会各行各业的发展培养专门的人才，是国家发展的主要推动者。任何一个行业的发展都是从不成熟到成熟再到专业化的过程，每一种行业分工最终的发展趋势都是具体化、专业化。职业发展的专业化无论对于从业者本身的发展还是整个行业的发展都具有非常重要的意义。学生管理的专业化是将学生

管理工作作为一个专门的学科类别，同会计、法律、金融等专业一样，具有更强的专业性。从业人员也同其他从事专门性职业的群体一样，具有更专业的知识素养，为社会培养本行业的专门人才。现今我国高校学生管理工作对管理和被管理两方来说，是服务与被服务的关系，强调的是双方间的互动性。学生是服务的主体，占据着主动的地位。为了满足对新一代大学生的管理需要，高校学生管理者必须了解现代大学生的心理特点，用更加专业的知识和理论，采取更加专业的管理方法，做好现代高校学生的管理工作。

传统的观念认为，高校学生管理工作者不需要像高校中的专业教师那样具有高学历、高知识储备，无论谁来干都可以胜任此项工作。其实从本质上来说，高校学生管理工作是集教育学、管理学、心理学于一体的综合性学科，其专业性更强，专业要求更高，从事学生管理工作的人员在专业素质方面的要求更高，而且要具备丰富的实践经验。具体来讲，学生管理工作人员不仅具有教育学、管理学、心理学等学科理论知识的储备，还要具有能够亲力亲为指导学生的社会实践工作、学生的日常工作、学生的心理健康、学生学习生涯的规划、各种专业特色研讨会的开展、学生活动的组织以及学生就业指导等实践性强和业务性强的职业素养。

在国外学生管理工作从业人员都受过高校管理工作的专业教育，国家也会专门针对学生管理工作开展专门的业务培训。在我国国内的学生管理工作从业人员素质良莠不齐，理论知识储备欠缺，专业化程度低，而且执行行政式指令的工作模式，工作缺乏针对性，学生管理工作缺乏完善的管理体系和有效的管理制度，人员流动性大，学生管理工作很不理想。因此，学生管理只有走专业化的发展道路，才能从根本上提高学生管理工作的质量，为高等教育事业服务。

（三）高校学生管理工作的专业化理念的建立

随着高校教育改革的深化，高校内部管理进行着根本上的更新和变革，学生管理工作已经呈现出专业化的发展趋势。职业经过分化和发展，必然形成专业，从而形成强调专业知识和技能的职业。从职业分类的角度分析，专业是指群体经过专门的教育学习和训练，具有高深的、独特的专门知识和技术，按照一定标准进行职业活动，从而解决人生和社会问题，促进社会进步并获得相应报酬待遇和社会地位的专门职业，可以说，现如今高校学生管理工作已符合职业专业化的标准。现在学校管理学知识体系日益完善，在国内的高等院校的教育学院都有教授教育管理学的内容，在一些高校管理中已经有自己特定的管理方式和技术形成。另外，在高校内部对学生管理工作从业人员的知识技能已经有了一定的要求和标准，高校越来越重视学生管理工作从业人员的业务培训。而且，从社会角度来看，高校管理职业在社会中已经作为一个职业阶层存在。

高校学生管理工作者作为高校教育管理专业人员，获得系统而明确的专业理论知识是专业发展的又一重要维度。高校管理的教育性、综合性与复杂性要求高校学生管理工作者更应具有符合教育者、领导者和管理者角色要求的知识结构。专业伦理是高校学生管理工作专业最根本、最直接的体现，它包括从业者的职业道德、行为规范以及高校学生管理工作者的专业态度和动机，而专业态度和动机又是专业特征形成和发展的动力和基础。自我专业发展意识是保证高校学生管理工作者不断自觉地促进自我专业发展的内在主观动力。

（四）高校学生管理工作专业化的制度保障

高校学生管理工作受多方面因素的影响和制约，学生管理工作制度不仅是高校学生管理工作中最重要的影响因素，而且是学生管理工作开展的基础，为学生管理工作的贯彻落实提供制度支撑和保障。对于高校的发展而言，不但要加强硬件方面的建设，努力提升学生管理工作的实用价值和实际效果，在软件方面要建立健全学生管理工作制度，为学生管理工作的开展提供有力的制度保障。

1. 以制度形式明确学生工作管理的地位

高校出台的一系列的制度、规则或者年度工作规划要明确学生管理工作的地位，不仅为学生管理工作提供制度支撑，还要有一定额度的配套服务经费的划拨，在经济上给予支持，从制度和财力、物力等方面共同为学生管理工作的有效、健康发展提供支持和保障。随着教育形势的发展，高校学生管理工作应该与时俱进，根据形势的变化及时做出调整，使其与社会和教育的发展相适应。在当今社会上普遍存在一种现象，学生在校期间对学校的管理认可并服从，但是走出校园步入社会后，受社会转型期的影响，加上经验的欠缺，对社会现象缺乏自我辨识能力，导致缺乏主见，将在校期间学生管理给予的意见和指导忘记或者忽略。因此，明确学生管理工作在学校总体工作中的地位，遵循学生管理工作的服务宗旨，建立健全相关人员准入、考核、评比机制对提高学生管理工作十分重要。

2. 以制度形式确保学生管理工作岗位的职业化

高校学生管理工作岗位具体包括对学生进行思想政治的管理、心理健康的管理，为学生就业提供指导、进行法律法规教育、进行学生社会实践管理等。这些工作细化到学生管理工作的各个部门，对于部门岗位，应该建立明确的制度和规则，为管理工作的执行提供保障，确保岗位工作人员具有过硬的专业知识和专业技能。岗位人员在选拔和聘用的过程中，除了理论基础知识以外，对于思想政治岗位的工作人员要求具有本专业的知识素养，心理健康管理岗位的工作人员要求具有心理辅导的经验，并通过国家认可的执业资格认证考试；在法律教育岗位的工作人员要具有法律专业知识并具有丰富的经验，这些岗位都需要有规范的制度提供保障。

3. 采用艺术性学生管理模式、制度激励创新

高校学生管理工作的主要对象为大学生，大学生是青年群体中的典型，具有自身的特殊性。在大学生群体中工作，为他们提供服务，对各种事件处理的好坏直接对大学生人格的形成和社会认知以及人际关系的培养有着重要影响。因此，艺术化学生管理培养模式，使学生在接受学校管理工作过程中，不流于表面，而是发自内心的认可。将教育管理深入打动到学生的内心，使学生在社会交往的层面上得到正确的认知，这是学生管理工作的意义所在。以制度化的形式采取适度的激励，使学生管理工作人员优秀的工作表现和成果受到认可和鼓励，会激发工作人员的工作积极性，对工作更有兴趣，勇于创新，从而在整体上提高学生管理工作的质量。

综上所述，高校学生管理工作的职业化强调高校学生管理工作是一个独立的社会职业，而高校学生管理工作的专业化则要求提高高校学生管理工作从业人员的专业水平。通过高校学生管理工作专业化，进一步发展高校学生管理工作的专业精神、专业知识、专业能力和专业伦理，提高高校学生管理工作者的专业水平。

二、我国高校学生管理体制的发展趋势

高校学生管理的目标应是促进学生发展，同时包含教育、管理、服务职能。在未来学生管理过程中以生为本，充分发挥高校学生管理的育人功能，注重学生思想品德素养，促进学生自主发展，采用服务型行政事务管理方法，满足学生合理性需求。高校学生管理者在学生管理过程中只是起着辅导的作用，充分体现学生的主体地位，信任学生的自我管理能力，以"思想政治教育＋服务＋学生自主发展"为理念开展学生管理。

（一）未来高等教育在校学生的特征

1. 个人自主意识彰显

随着改革开放的不断深入，市场经济体制的确立，社会经济利益分配沿着竞争规律流动，市场经济的一个突出特点是按照市场法则平等竞争。社会政策对个人利益表示承认和肯定。因此，市场经济不仅从经济上要求独立个人的形成，而且在观念上要求强化人的主体意识。

当前以及未来的高校学生处于市场经济这一大环境，首先应具有较强的自主意识。这种自主意识，一方面，表现为要求对自身价值、自我尊严的追求；另一方面，表现为自我意识、民主意识、平等意识等新观念的勃兴。就业市场的竞争，关心个人发展机遇，自立、竞争、公平、效率等时代意识强烈，这使高校学生更加注重自我完善，表现出对市场经济急需的新知识以及新技能具有强烈的求知欲。高校学生积极思考并明确自身价

值，及时确定人生坐标，最大限度地实现自我价值。面对自主意识不断强烈的高校学生群体，高校应当更新学生管理理念以符合学生特点，树立"思想政治教育+服务+学生自主发展"的学生管理理念，促进学生发展。

2. 注重个人创新意识培养

未来的高校学生应具有较强的自主意识，还应注重个人创新意识的培养。创新是一个民族进步的灵魂，是一个国家兴旺发达的不竭动力。高等学校的毕业生不再被称为求职者，相反，他们更将成为创业者。21世纪是知识经济的时代，知识质与量的不断更新与增加，技术革命成果不断涌现，要求高等教育必须把重视创新精神、注重实践能力、突出个性特色的人才培养作为我们未来工作的重要目标。

随着我国不断推进经济发展方式的转型，致力于将我国建设成创新型国家，而这需要创新人才的大量涌现。作为21世纪的高校人才，应该具备创新精神。未来高校对优秀学生的界定不单只看学习成绩，创新意识应逐渐成为评定学生优秀与否的参考依据。学生对事物所持有的兴趣与好奇心是培养学生创新意识与创新精神的前提条件，要激发学生的学习兴趣和好奇心，高校在学生管理过程中应做到以下四点：第一，营造利于学生独立思考、自由探索、勇于创新的良好校园氛围，尊重学生的个人选择，善于挖掘学生个人的潜力，鼓励学生个性发展、自主发展；第二，建立有利于选拔创新人才的制度；第三，制定评价创新人才标准；第四，制定灵活多样的课程选修制度，给予高校学生条件支持，开展国际合作等方式，从而培养具有创新精神和创造能力的人才。

（二）"思想政治教育+服务+学生自主发展"的学生管理理念

存在主义哲学理论与学生发展理论是学生自主发展理念的重要理论支撑，未来高校学生中应以哲学和心理学理论为基础，树立"思想政治教育+服务+学生自主发展"的学生管理理念。

1. "思想政治教育+服务+学生自主发展"的学生管理理念理论基础

（1）存在主义哲学理论

存在主义强调人的存在先于思维、行动，重视个体独立性的存在。人不仅存在理性的一面，也有非理性的一面，追求的是多样的发展，而不只是掌握更多的理性。尽管个人发展方向不同，但自我提升的权利是平等的，因此应相信每个人自身都具备独立性、责任性和社会性。存在主义认为学生管理者应激发学生的主观能动性，培养学生的独立性、责任感和社会性行为，为学生的学习提供便利，促进学生自主学习。学生管理者应为学生自我合理需要提供服务，与教学工作者一起为促进学生的自主发展而共同努力。

（2）心理学理论

时至今日，美国心理学理论已相当成熟，我国也不断向其学习、吸收、借鉴。学生发展理论对高校学生管理工作有着重要指导作用，其中主要是关于人的发展，认知和道德的发展。

关于人的发展，美国著名精神病医师艾里克森提出心理社会发展阶段理论。主张人的一生可分为连续而又各不相同的八个阶段，每个阶段有其特定的发展任务，并且带有普遍性的心理社会危机。大学生处于成年早期，这一成长时期的主要发展任务是获得亲密感，避免孤独感，良好的人格特征是爱的品格。尽管艾里克森并没有非常详细地研究大学生这个群体，他更多的是从出生到衰亡整个人生历程来划分和研究。但他认为，社会环境决定着心理危机能否得到有效的解决。

高校学生管理工作要根据学生相应的发展任务，提供学生需要的辅导，把握学生心理发展规律，帮助学生解决心理困境，传授有关心理知识与技能，增强学生的抗压能力，获得良好的心理特质，促进学生自主发展。关于认知和道德的发展理论。瑞士心理学家皮亚杰提出认知发展的本质是适应，而适应的实质是主体与环境的平衡。平衡是主体发展的心理动力，人一生下来就是环境的主动探索者，不断地去追求符合环境要求的动态平衡状态。

关于道德发展理论，美国儿童发展心理学家柯尔伯格通过著名的海因兹偷药事件，根据被试者提供的判断理由，分析其中所隐含的认识结构特点，划分出道德发展的三个水平和六个阶段。柯尔伯格认为道德发展具有固定不变的顺序，环境和社会文化因素可以决定道德发展的内容和速度，但不能影响道德发展顺序。

皮亚杰的认知发展理论和柯尔伯格的道德发展理论都说明了环境对人的认知和道德的影响，对于学生来说，学校这个环境有着举足轻重的地位。因此，高校的学生管理工作应借鉴学生发展理论为树立"思想政治教育＋服务＋学生自主发展"的学生管理理念提供参考依据。

2. "思想政治教育＋服务＋学生自主发展"的学生管理理念分析

"思想政治教育＋服务＋学生自主发展"理念主要基于哲学和心理学理论提出。立德树人是教育的根本任务，应为该理念的实现提供强大的支持。在学生管理实践中，高校要加强对学生的思想政治与思想品德教育，应采用服务型行政事务的管理方法，促进学生的自主发展。

（1）加强高校学生思想政治与思想品德教育

从古至今，我国就一直重视学生的品德、道德。当人们对自己的罪行或过失负有责任时，就会产生强烈的不安、羞愧和负罪的情绪体验，即内疚。内疚者往往有良心上和道德上的自我谴责，并试图做出努力来弥补过失。适度的内疚感有益于改善人际关系，更好地适应社会生活，而过多的或过少的内疚感不利于身心健康发展。因此，个人的道德是社会公德的基础，只有个人的道德建立起来，才有资格谈及社会公德。"光有品行没有知识是脆弱的,但没有品行光有知识是危险的,是对社会的潜在威胁。"教人做人是高等教育的重要目标,高校学生要做有道德的人,只有在道德的基础上,才能做人中人,即做追求真理的真人,在追求真理的道路中,敢于做有创造的人,敢于做为真理而献身的人,将真善美的人格集于一身,是高等教育未来应追求的宏伟蓝图。

(2)采用服务型行政事务管理方法

设立完备的学生管理机构服务于学生需求,更直接地为学生学习提供便利,将高校学生事务管理与学术管理结合起来,共同促进学生学习和个人发展。学生与学校的关系是平等对话的关系,学校尊重学生的权利与人格,关心学生的学业进步、品格塑造与心理养成,通过各种服务型事务类的管理,为学生的学习、生活服务及自主发展提供保障。

(3)深化学生管理体制改革,促进高校学生管理民主化

我国高校管理制度不断地深化改革,推进民主化。赋予教授在学术事务管理中更大的决策权力,是未来我国高校管理走向民主化的一大表现。而推进高校管理民主化的另一重要表现是在高校学生管理方面,给予学生更多的自主管理权力。高校应从四个方面努力:第一,制定相关制度鼓励学生进行自主管理,在宏观上给予方向性指导;第二,鼓励学生参与高校学生具体事务管理;第三,鼓励学生成立各种社团,如学生会、青年志愿者协会、管理日常学生事务;第四,学校设有主管学生工作的机构,在宏观层次上给予指导,负责审批学生社团,指导学生会的开展。学生管理是以学生发展为导向的教育活动,最终目的是服务于人才培养,学生得以成长成才。

通过学生自我管理从而促进学生自主发展,是高校学生管理的最高目标。高校在学生管理过程中须营造宽松的氛围,让学生自主发展,尊重学生个体选择,充分发挥学生的个人兴趣与特长,挖掘每个学生的优势潜能,这是未来高校学生管理所追求的。而要达到学生自主发展,需要在教育价值取向上确立个体人的生命价值,而不是强调教育的社会工具价值。树立正确的学生观,在学生管理过程中重视学生的需要、兴趣、创造力和自由,充分尊重学生的尊严、潜能和价值,重视培养学生的主体性,使学生成为有进取意识和创造精神的社会主体。

我们要将"思想政治教育+服务+学生自主发展"的理念贯彻到高校学生管理工作之中,不仅在观念上重视学生的思想政治教育,最重要的是将学生的思想品德教育落实到实际管理中去。采用服务型行政事务管理方法,满足学生各种服务型需求。高校学生管理者在学生管理过程中只是起着辅导的作用,只有充分发挥学生的自我管理能力,营造宽松的氛围,才能促进学生的自主发展。

第三节 高校学生管理工作的创新探索

一、加强和改进高校学生管理工作的对策

（一）树立科学的管理理念

1. 明确管理目标

在教育界，当前最时髦的话语就是"素质教育"，所谓的"素质教育"和"应试教育"其实质不是过程而是结果。我们到底要培养什么样的学生？从理论上说是要培养社会主义四化建设的优秀人才，至少也得是合格人才。这话说得过于笼统。优秀人才的标准是什么？当然不仅仅是考试第一名，而是对社会发展有用的人，能对社会做出贡献的人。我们的教育已走入了一个误区，一方面，中国的现代化建设急需大量人才，而现状又是人才的奇缺；另一方面，每年的大学毕业生有很大一部分人找不到工作，还有一部分大学生虽然找到工作了，也是学非所用。许多家长，特别是贫困学生的家长不愿意让孩子上大学，按经济学的理论来说，投入和产出是不成正比的，他们每年要付出高达数万元的学杂费，而就业最低工资已经出现了月薪 800 元的现象，这就严肃地提出了我们的培养目标问题，而我们正是依据培养目标来实施管理的。得从三个方面去考核管理目标是比较合理的。

（1）心态方面

心态其实是决定一切的。这个心态不能简单地说又红又专，而应该是科学的、贴近实际的、符合社会发展方向的、中西方先进理念相结合的等等。

大学生要有很强烈的社会责任感。毋庸置疑，今天的大学生就是明天祖国的栋梁，他们在社会主义现代化的进程中起到了举足轻重的作用。但是，今天的大学生是"独生子女"的一代，当年被誉为"小皇帝"的一代，被网络信息包围的一代，这一代人是荣幸的，他们没有父辈的艰辛，但他们要比父辈理性得多。我们也要清醒地看到，没有付出艰辛也就很难有抱负，这是中外教育家的共识。要想改变现状，仅仅凭教育是不能奏效的，要有意识地给他们压担子，让他们多参加社会实践，帮助他们尽快地接受这个社会，热爱这个社会，报效这个社会，要让他们意识到"国家兴亡，匹夫有责"，对今天大学生的要求，不是要让他们绝对服从，而是要让他们有理性地思考。我国是一个有着五千年文明史的伟大国家，有优秀的文化遗产，当然也有糟粕，我们要有批判地继承，即不能虚无主义，也不能夜郎自大，而且，有很多的理念到今天也没有形成共识，如对

市场经济的一些游戏规则，可能会仁者见仁，智者见智，因此，要允许他们有不同的看法，允许他们坚持自己的做法。只要不对他人及国家民族的利益有伤害，就不要轻易地抹杀了他们的思想，要对今天的大学生有强大的包容性，不要要求他们做一些不情愿的事情，同时，他们也不能要求别人一切都和自己一样。

(2) 对中西方文化要有兼容性

应该说，中西方文化并不是对立的，它们都是现代文明的一笔丰厚的遗产。独生子女的一代被多位老人宠爱，表现出来的往往会有过于自私的一面，要培养他们有付出的心态，要特别注意培养他们的团队合作能力，要组织他们共同做事情，潜移默化地告诉他们合作的重要性。市场经济是法制经济，这对我国传统的人治经济是一个挑战，要告诉他们我们的国家正在朝着这个方向走，同时也不能操之过急，要有过程，但法制经济肯定是大势所趋，这一代大学生要走在前面，要用正确的理念引导他们。

在计划经济时代，一切都要服从组织需要，要甘当螺丝钉，应该说，这也不是全错，但今天要特别强调实现自我价值的一面。社会的发展就是因为每个人都实现了自己的价值（私利）而推动的。如何看待"私"字？首先，市场经济讲平等交易，优势互补，允许有私，中国已经加入世贸组织，世贸组织就是要在全世界范围内进行优势互补，就是要通过每个企业极大地追求私利，来达到社会效益的最大化；其次，私是建立在不侵犯别人利益的基础上的，我们今天对大学生的要求，就是不能为了追求自己的私而侵犯了别人的私，这是绝对不能允许的；最后，私没有明确的标准，因此也要有包容性，要有谦让的心态。

要有正确的消费观，不要再轻易地把高消费和资产阶级画等号，贫穷不等于无产阶级，富有也不是资产阶级的专利。今天的大学生有可能会享受到改革开放带来的成果，要看到享受这个成果本身也是经济发展的需要，如果人人都不愿意消费，社会财富怎么会转化为再投资和再发展呢？当然，也要引导他们量力而行，把自己的消费建立在可行的基础上，建立在科学的基础上。

要引导大学生做一个有文明礼貌、尊老爱幼的良好品行的人。现在国门大开，许多人有机会到国外去旅游观光，这当然是件好事，但我们也痛心地看到，国人一些陋习在国外受到指责，直接影响了我们的国际声誉，因此，要引导他们做一个高尚的人，做一个能被世界接受的人。

(3) 知识和科技创造性的模仿

先把西方的先进技术和理念拿来，然后消化、提高。据说，在美国到处跑的是日本的汽车，当年是日本人把美国的汽车引进国内，现在他们抢占了美国的市场，这是个经济奇迹。这也应该是我们的基本国策，因为现如今，我们与发达国家的差距很大，如果我们一切从零开始搞研发，则永远不可能赶超世界强国，因此，要在学校就培养大学生的模仿性创新意识，锻炼他们的能力。

2. 树立科学的管理理念

新世纪高素质、高质量的人才是具有高度责任感、熟悉中国国情、致力于解决中国及世界经济建设和社会发展的实际问题的人才；是具有创新精神、创业精神、创新能力、实践能力，有能力解决中国及世界经济建设和社会发展实际问题的人才；是能活跃于国际舞台、活跃于信息化时代、活跃于市场经济条件下的竞争环境、活跃于终身学习社会的人才，而高校的任务正是要为社会管理出这样的人才，因此，这就需要高校树立科学的管理理念。

首先，营造环境的重要性。①营造好的制度氛围。要营造好的制度氛围。我国正在做这方面的努力，尽管成果初现，但是还不尽如人意，还有许多的制度直接妨碍着社会的发展。我们的投资环境不好，大环境是很难一下子改变的，也无法急于求成，但我们不能坐等，要从制度做起，要营造积极的小环境。实践证明这是可行的，如有些学校优美如画的校园、良好的道德环境、和谐的人际关系等小环境就非常有利于学生的健康发展。②学校领导和教职员工的示范效应。如果家长是学生的第一任老师，那么学校领导和广大的教职员工就是学生的第二任老师。心理和社会角色定位使学生的言行富有模仿性，也最信赖他们的老师，把教师看作知识的化身、高尚人格的代表以及他们天然的学习榜样。教师的示范效应是由于学生本身的心理角色定位而形成的，因此，对学生的要求也就是对老师自己本身的要求，按照"社会认同原理"，一定要有学生的楷模和偶像。还有一种示范效应就是学生自己。据报道，在北京的一所幼儿园，孩子们的英语普遍学得非常好，这得益于幼儿园在每个班级都找到了英语尖子生，让他们免费入托，因为同龄人是最容易被同龄人模仿的，在心理学上叫作"社会认同原理"，这种教育也是很关键的。那么，在学校也可以想出很多这方面的办法，树立学生们自己的偶像，可以达到事半功倍的效果。③运用管理学的"破窗原理"，发现有不好的现象及时地消除掉，不能使之蔓延。管理学的"破窗原理"是指有一扇窗户玻璃被打碎了，如果不及时修补，那么第二块、第三块，乃至第四、第五块很快也会被打碎。对学校出现的一切不好的现象一定要及时地纠正，千万不能使之蔓延。

其次，管理必须以学生为中心。在高等教育改革不断深化的今天，学生管理者应重视转变管理观念，只有管理观念的更新，才能实现学生管理的创新，做到既按照合格人才的标准严格要求、精心管理，又根据学生特点，充分发挥其良好个性；既坚持宏观指导，又深入学生进行个别引导、教育；既坚持用统一的制度和培养标准去要求学生，又坚持按不同层次评价和教育管理学生；既坚持宽、严结合，又做到动态管理，从而提高管理的实效性和科学性，促进管理水平迈上一个新的台阶，更好地实现学校培养"四有"合格人才的目标。

树立"以人为本"的管理思想是做好高校学生管理工作的首要前提。人本理论是现代管理科学经常用到的主要理论之一，它在现代企业管理中起着很大的作用。现在，我们从教育管理这一角度探讨人本理论在高校学生管理工作中的应用，树立学生管理工作人本价值观，以人为本，尊重人的本质的主体性、能动性和多样性，这是学生管理工作从传统走向现代的创新之路。

要强调人的主体性。马克思说："人始终是主体。"马克思主义"人的主体性"原理告诉我们，人的主体性是人作为活动主体的质的规定性，是在认识和改造外部世界和人自身并创造自己历史的活动过程中所表现出来的能动性、创造性和自主性。在学生管理工作的过程中，大学生既是管理的客体，又是管理的主体。因为高校学生管理归根到底是对大学生的管理，一方面，从管理的决策、组织实施到目标的实现，都要依靠大学生，离开了大学生，管理工作就毫无意义，故大学生是管理中的主体；另一方面，大学生还需要管理者的教育引导，他同时也是被管理者，从这一层面来说，大学生又是管理的客体，两者应是辩证统一的。所以，在管理工作中应该确立"以大学生为中心"的思想，开展的一切管理活动都是为了服务于大学生，要尊重大学生的人格特点，最大限度地发挥学生的主动性与创造性，使之能够以主体的姿态积极参与管理活动，主动接受管理和开展自我管理。

要注重人的主观特性。人是有思想感情的，人的认识过程是一个复杂的系统，理性的思维过程是建立在情感、欲望等主观特性基础上的，它必须以人的基本要求、积极情感和意欲作为动力，正所谓"理乃情之所系"。列宁说过："没有人的情感，就从来没有，也不可能有人对真理的追求。"如果人的非理性本能要求、情感经常处于被压抑的状态，就不会有真正的理性之光。心理学研究表明：人与人之间的信息交流与传递，必须具有一定的心理基础，如果在信任心理基础上进行交流，教育者发生的思想信息和目标要求往往会被受教育者顺畅地接受，并能产生积极的行为效应。高校学生管理工作主要是由高校学生管理者和大学生组成，他们纯粹是由"人－人"构成的管理系统，如果在管理中不充分渗透"人性"，重视师生的情感交流，就难以调动大学生的积极性和主动性，为此，要以情感因素作为制度的润滑剂，去克服管理制度的冷漠及无情，以便加强管理的效度。所谓情感管理是"指在管理过程中尊重人的个性特点、考虑人的情感因素，强调师生之间进行双向情感交流，尊重人的情感，反对和防止任何损伤和践踏学生情感的管理行为"。其关键在于"以情感人"。这就要求管理者在按章办事的同时，真心实意地为学生服务，急学生之所急，想学生之所想，对学生进行情感投入，同时也注意把握学生的情感反应，通过情感沟通，了解学生的实际情况和出现的问题，并给予指引和教育，以达到有效管理的目的。

要尊重人的个体多样化。人的个性是客观存在的，由于人性是历史的、也是具体的，而不是抽象的、超历史的，因此，人都具有个体差异，表现出各种不同、多姿多彩的个性。作为管理对象的人，具有不同的社会属性和时间、空间属性。管理对象个体由于学习动机、兴趣、价值观等的影响和支配，以及原有的知识经验、情感意志等因素的制约，在接受教育管理中，个体的思想行为必然带有鲜明的个性色彩，对同一问题具有不同的看法和态度。这就要求我们在做学生管理工作的时候，要面对现实的人，全面准确地把握不同的管理对象所具有的共同特征和个性差异，针对不同对象的思想实际，制订不同的计划，提出不同层次的要求，并且运用不同的方法，有的放矢地解决不同管理对象的各种思想矛盾和思想问题，而不能先入为主、千人一法。大学生由于家庭条件、社会经历、个性特点、气质、能力和兴趣爱好的不同，思想活动的内容和特点也就千差万别、错综复杂。因此，在教育管理过程中，必须尊重学生的个性发展，因人而异、因材施教，要把学生管理工作做得有差异性和针对性。高校学生管理工作要以学生为中心，具体应该做到以下几点。

（1）学校的主体是学生，一定要坚持以学生为中心

市场经济有一个很重要的理念就是：客户不一定都对，但客户都很重要。用到学校应该是：学生不一定都对，但学生都很重要。有了这样的理念，相信一定能做好学生工作。学生和老师不是对立的，而是同一个硬币的两面，皮之不存，毛将焉附？教育与被教育是相辅相成的。这个理念要求学校要经常开展老师与学生之间的对话与沟通。老师在教育学生的同时，自己也在接受教育；学生在接受老师教育的同时，也潜移默化地影响着老师。

（2）学生管理要重在服务

以人为本不是口号，要落实在每一件工作中。服务是互相的，服务是高尚的，服务发生在每个人的身上，如果没有了服务对象，我们的工作也就没有了存在的意义。

（3）强调自我管理模式

学生自我管理，是指学生在学校指导下根据教育目的和培养目标的要求，运用现代科学管理方法，对自己的思想和行为进行自我调节和自我控制的过程，是学生自我认识的提高、自尊心的形成、自觉行为习惯品质的养成和自我奋发精神的培养的过程。高校学生管理的目的之一是为了激发学生的积极性、主动性和创造性，从某种意义上讲，高校学生管理的主客体目标是一致的，管理者希望能培养出一流的大学生，而学生也希望自己尽快成才。为了适应新形势、新情况，学生管理工作要从以学校管理为主向学生自主管理转变，要让学生了解学校的管理目标，从而消除在管理过程中的消极思想和对抗情绪，化管理为大学生的自觉行为。从心理学上说，任何人都不希望有人管理，可以有领袖、有楷模，但不要有管理。学生的自我管理应该体现在：一是由他们自己设定管理规范，由自己设定的管理规范，在执行起来自觉性要高得多；二是这个规范尽可能的自

由多一些，限制少一些，文化多一些，制度少一些；三是要让更多的学生参与管理，发挥他们的聪明才智，使学生在自己管理自己的过程中，既发挥自己的才能，锻炼、培养自己，又对自己的行为有所约束，使学生在具有健全人格和社会主义合格公民的基础上，千姿百态，各展其能。不要让少数人管理多数人，最好能让大家都有参与管理的机会，这样可以加强沟通和理解，也可以在管理中发现更多的人才。高校在强化学生自我管理的同时，还要注意帮助学生明确自我管理的意义，指导学生运用自我管理的方法，提供学生自我管理的机会等。

(4) 以表扬为主，建立激励机制

所谓激励是指激发人的动机，诱导人的行为，使其发挥内在的潜力，为实现所追求的目标而努力的过程，其实质就是调动人的积极性。激励措施是人本理论常用的手法，它对于做好人的工作具有非常大的作用。常用的激励方法有：理想激励法，即通过激发大学生的理想追求，鼓励大学生为实现自己的人生价值而努力学习和工作，这种激励法可以增强大学生的自豪感；目标激励法，即通过引导大学生不断朝着制定的目标奋进，使他们感到学习工作有奔头，这种激励法可以增强大学生的责任感；信息激励法，就是信息的交流与反馈，使大学生明确自己学习工作进展的情况，从而引发大学生的危机感，增强其紧迫感，使其更加努力地朝着目标奋进；精神激励法，就是从大学生的文化精神生活出发，通过表扬或授予一定的荣誉称号等来鼓励他们不断前进；物质激励法，就是通过一定的物质奖励手段来满足大学生的生活需要，调动他们的积极性，增强他们的实惠感。在运用激励法时要因人、因事、因地灵活运用，并且要讲究时机，适度运用，这样我们的管理就会取得更好的成效，管理水平也会自然而然地提高。

最后，以引导替代限制。社会的发展很快，无论是社会科学还是自然科学都会有许多新问题出现，学生和老师都会有困惑，这时就不能简单地肯定什么或否定什么，一是怕误导学生；二是如果管得多了，会有逆反心理。现在已有许多实践证明了：真理往往在少数人手里，所以要善待少数人。对于暂时解决不了的问题不要急于下结论，特别是对学生的创意千万不能随便地抹杀，我们只需要告诉学生什么可以做，什么不可以做，什么是底线，允许有上、中、下的差距出现，只要不超越底线就可以了。我们对思想活跃的学生更要加以引导，不能认为谁的思想活跃，就不能被接受。老师与学生之间一定要建立良好的沟通，平等交流，要有良好的互动。人与人之间如果没有了沟通，不难想象世界将会变成什么样子，人们之间就会没有了信任、了解、亲情、友情等等。

(二) 完善学生管理体制

学生管理是对在校大学生的全方位管理，内容比较广泛，涉及学校的多个部门，需要各部门协调一致，理顺各部门关系形成合力，以应对学生管理面临的新问题。在高校学生管理工作中，一是要加强学生工作机构的建设，强化其组织协调功能，理顺学生管理系统各部门、各层次、各岗位的职责、权限关系，建立健全责任制，做到责任到岗，责任到人，责、权、利相统一。二是要适当放权，发挥基层作用。现行的高校管理体制是以校、系两级职责分明，条块结合的学生工作网络和运行机制为显著特征的，校、系应组织担负对学生进行思想教育和行政管理的双重任务。因此，既要赋予系开展学生管理工作的职责，又要让其拥有开展学生管理工作所需要的权力，做到责权统一。适当下放管理权限给系，便于其及时发现问题，及时教育处理，可提高管理工作的实效性。三是进一步推行校系一级学生工作体制的党政融洽，协调统一。四是实行年级辅导员制，与学分制相适应。强化以系为单位的年级管理，进一步增强班级管理、专业教学之间的融合力度。但强化并不否认班级管理，因为在学分制的条件下，学生班级仍然是一个重要的学生单元组合，应纳入学生管理体制。

鉴于过去的传统和现在高校学生管理体制的基础，对完善学生管理体制的设想是成立"精而专"的学生教育管理部。作为社会主义的中国，高校理所当然地要承担起我国社会主义建设继往开来的历史重任，使新一代不仅承担现代科学技术，更重要的是接好社会主义的班，这是我国高等教育坚持社会主义方向的最大特色和根本保证。当前，我国高校学生管理实行的是党政合一、条块结合、纵横联合、两极运行的管理体制，这种管理体制有着管理观念陈旧、管理幅度大、效率低、效果差、管理模式单一等缺点。只有变分散管理为集中管理，变多中心"小而全"为集中的"精而专"，变间接管理为直接管理的体制，才能更好地为贯彻实施思想教育计划提供可靠的组织保证。那么，这样的管理体制是什么？如，成立学生教育管理部。

当前我国高校学生管理工作体制的模式是"专兼管理"，即以学生工作处（部）为专门机构，协调校内的团委、宣传部、德育教研室、保卫处、教务处、后勤处等部门开展工作。学生工作要实现"专而精"，就是要将当前兼职部门分管的所有学生事务都划归学生工作管理系统——学生教育管理部，它主要包括日常管理办公室、学生资助管理中心、招生就业办公室、团委办公室、思想政治管理办公室、心理咨询中心等。其中，由日常管理中心负责对全院学生进行学籍、档案、日常、处分等管理；由学生资助管理中心负责勤工助学、困难学生资助、助学贷款、学生评优等管理；由招生就业中心负责招收学生、学生毕业就业联系等管理；由团委负责学生课外活动、校园文化活动、第二课堂等的组织和管理；由思想政治管理中心负责学生思想政治、德育、形势政策等教育的管理；由心理咨询中心负责学生心理方面的咨询与研究，每个管理部门直接面对辅导员，由辅导员再做下一级管理。

这种管理体制结构就是对现有的学生管理机构进行分化和整合，将学生工作从各基层单位中分离出来，形成功能专一的新机构，建立直属学生工作党委副书记或副校长领导的多个中心和办公室。学生教育管理部受学校党委及校长直接领导，实行管理上的直线职能制，这样便形成分工明确、职责范围清楚、管理专业化程度高的学生管理队伍，便于学生管理上水平、上台阶。如变间接管理为直接管理。它有利于学校直接深入学生工作，建立专业队伍，改变以往由各系负责，学校间接领导的状况，取消系一级对学生管理的中间环节，克服多头领导的弊端，提高工作效率，形成畅通的信息渠道，使学生管理工作实现高效率。再如，变"小而全"为集中的"精而专"。由于现行的学生管理体制实行各系负责制，在全校范围内形成了学生管理工作的多中心，而对各系部来讲，"小而全"的学生管理工作与教学、科研等相并列，很难将学生管理工作摆在突出的位置，各系领导也没有太多的精力。

集中管理就是要破除现有体制，将学生管理工作从各基层单位分离出来，形成专一的学生工作体系。首先，它有利于学生教育管理工作向科学化、专业化发展。由于成立了学生教育管理部，摆脱了政出多门，各行其是的复杂局面，使政出一门，一竿到底，步调一致，整齐划一，减少了中间环节，避免了推诿扯皮，使工作更加迅捷有效；由于工作目标的一致性，工作性质的稳定性与专一性为学生管理的专业化奠定了基础；又由于在这种体制下，各系不再管理学生，系领导可以集中力量抓教学改革，提高教学质量和科研水平。其次，它完善了学生服务体系。21世纪，学生教育管理工作发生了重大变化，其所包含的内容复杂，而学生教育管理部实现了招生、勤工助学、国家助学贷款、奖惩、心理咨询、就业的一条龙服务，为学生健康成长、顺利完成学业提供了可靠的服务。最后，它有利于提高工作效率。由于成立学生教育管理部，在对学生进行统一管理的同时，全体学生管理干部也统一归口，集中管理，由于人员所属性质的一致性，为有计划、有目的地培养、提高学生管理干部的素质提供了条件。集中管理，统一使用，也易于工作的合理安排，在工作中易于形成拳头，提高工作效率。

（三）健全学生管理制度

学生是学校最大的群体，学生管理工作的成效直接关系到整个高校的稳定与发展。高教改革迅猛发展，使大学越来越成为没有"围墙"的校园，大学生智商高、知识面广、观念更新周期短、法律意识不断增强，大学生个体之间、个体与学校之间的权利和利益关系也变得更加复杂，这迫切要求学生管理工作要运用法律和规章制度调节规范各主体之间的关系。依法治校、依法对大学生进行教育和管理是高等教育的任务，也是高校学生管理工作的指导思想。因此，建立科学、规范、完整的学生工作规章制度是学生管理工作的需要。高校应按照国家的有关法律规定，依据本校实际情况，制定完整的、可操作性强的程序、步骤和规章制度，并以此规范学生的行为，行使有效的管理。

首先，高校在对学生的管理中，必须依法制定全方位的规章制度，并对现有的规章和条例进行清理和修订，过去行之有效的方法和改革成果应予以继承，同时要充分考虑整个社会法制的进步和依法治校原则对学生管理的要求，无论是修订原有的规章制度，还是重新制定规章制度，都要注意与国家的法律法规、方针政策相一致，在规范管理的同时，要注意保护学生享有的合法权益，真正体现法的价值。

其次，要更正一种错误观念，即仅仅把法律作为一种工具和手段来治理学校和办理一切事情，把法制化管理理解为"以罚治校，以罚代管"。"管理"并非管制，"管理"是管理和服务的统一，要把法律作为管理学校的依据和最高权威，因为法律除具有惩罚、警戒、预防违法行为的功能，更重要的是还有评价、指引、预测人们行为、保护、奖励合法行为以及思想教育等基础功能。

最后，建立学生救济机制，保护学生的合法权益。可以建立学生申诉制度，使学生权利得到救济。

（四）改进学生管理方式

高校学生管理工作应以改革创新的精神，积极探索新途径、新方法、新手段，大力推进学生管理工作进网络、进社团、进公寓，形成学生管理的新格局。

1. 学生管理工作进网络

网络技术使教育发生了根本变革，它日益成为高校大学生获取知识和各种信息的重要手段。网络文化具有内容丰富、传播快捷、环境开放、覆盖面广、难以监控等特点。它是一把"双刃剑"，既给高校学生管理工作创造了良好的机遇，又使高校学生管理工作面临严峻挑战。高校应充分利用网络这一现代化手段，搭建起有效的信息网络，积极拓展高校学生管理工作的新领域。

计算机技术是信息时代的高科技技术，是大学生必须掌握的一门应用技术。因此，要正确引导和教育学生健康地使用计算机，真正提高大学生的网络知识层次和上网水平。一是要加强网络道德和心理素质教育，增强大学生的自控能力。应定期举办网络知识和网络心理讲座，对上网同学从思想上进行正反两个方面的教育，树立学生的责任意识，要让他们知道在上网的过程中，什么内容是不健康的、什么行为是不道德的和违法的，以增强他们的是非敏感能力和鉴别能力。二是要加强网络管理，严格入网要求，以防止有害信息的侵蚀。一方面，要提高校园网主页质量；另一方面，要加强与校外网吧的联系，帮助学生走上健康之路。三是要引导大学生开展一些丰富多彩、健康向上的活动，多举办一些与学生利益相关的计算机知识竞赛和问答。四是要培养团队精神，增加人际交往，实现师生之间、学生之间、学生与学校之间的网上交流，拓宽学生思想教育工作的渠道。例如，郑州经济管理干部学院每学期都定期组织"网页设计大赛""电子竞技大赛"等计算机方面的比赛，为学生建立了良性的向导，拓宽了知识面。五是要培养、建立一支精干高效的学生管理工作队伍。学生管理工作者应掌握网络信息技术，学习网上教育方法，及时收集、分析、监控网络信息，发现学生关注的热点、难点问题，尤其是带倾向性、群体性的问题，应及时采取有效措施，有针对性地做好工作。

2. 学生管理工作进社团

校园文化是以学生为主体，以课外活动为主要手段，以校园精神为主要特征的群体文化。生机蓬勃、稳定和谐、健康向上的校园文化氛围，可以使大学生在参与中陶冶情操、规范行为、开启智慧，产生一种归属感和安全感，有利于增强大学生客观认识自我、完善自我以及自我判断、自我发展的能力。在素质教育大旗的昭示下，高校社团如雨后春笋般兴起，形成了一股"创立社团热"，社团文化建设已成为校园文化建设的一个核心内容。应该说，无论是早期的文学社、艺术团、学术沙龙，还是近期的公关协会、科技开发中心等，都是青年学生在不同层次需求的驱动下，展示才华、锻炼能力、加强联系、获得沟通的好场所，其中不少社团也是教育者理解学生，调适教育行为，提高教育效果的好渠道。高校学生管理工作者应该充分利用社团，积极开展思想指导和管理工作。

首先，要提高校园社团文化的活动层次。目前，校园社团文化建设中存在"三多三少"现象，即娱乐型的内容多，启迪型、思考型的内容少；各种社团名目多，而真正有吸引力的社团少；校内活动多，而能拿出去的东西少，究其原因，主要是社团文化活动的层次较低造成的。因此，加强校园社团文化建设就是要努力提高社团文化建设的层次，使它接近或略为超过大学生的理解能力和欣赏水平，从而更适合大学生的口味。

其次，要加强学生社团的规范与管理。学生社团是学生自我管理，自我教育的重要形式。学校要加强对社团组织的管理，使社团在开展活动时注意遵循以下原则：一是学生社团必须服从学校的领导和管理，学生社团应在法律、宪法和校纪校规范围内活动，不得从事与社团宗旨违背的活动；二是学生社团邀请校外人员到学校进行学术活动，须经学校同意；三是学生社团面向校内的刊物，须经学校批准，并接受学校管理。

最后，要注意坚持开展校园社团文化活动的长期性与实效性。有些地方开展校园文化活动存在着节日时活动一哄而上，平时则活动寥寥的现象，或者活动只注重表面，仅仅追求轰动效应、摆花架子、做表面文章，不注重学生从活动中获益，这样的活动与教育目标是背道而驰的，与我们校园文化建设的要求也是格格不入的，应该在工作中杜绝。

3. 学生管理工作进公寓

随着高校后勤服务社会化步伐的加快，学生公寓的环境氛围、文化设施、管理服务的质量，以及公寓的管理模式都对传统的高校学生管理工作提出了新的挑战，也给高校的稳定工作带来了新的问题。因此，学生管理工作进公寓是高等教育改革与发展的时代要求，是高校学生管理工作者的战略抉择。学生管理工作进公寓是一项全新的工作，也是一项艰巨的工作，我们要根据当前学生公寓管理特点，建立学生管理工作新的组织形式、工作机制。如辅导员进驻学生公寓,与学生同吃、同住、同生活;把学生党团组织建到公寓,充分发挥党团组织引导人、团结人、凝聚人的作用;建立学生公寓的自我管理组织,努力把学生公寓建成学生自我教育、自我管理、自我服务的场所;积极组织开展公寓文化建设活动,为学生管理工作创造良好的环境条件和氛围等。学生管理工作进公寓,要特别重视加强对大学生集群行为的控制与引导。客观上,高校学生住宿的公寓化,容易引发学生的集群行为,而大学生的集群行为具有行为过程的失控性、行为后果的破坏性等特点,一旦对学生的集群行为失去控制,极易扰乱校园秩序。因此,一方面,要教育引导大学生全面、客观、辩证地思考问题;另一方面,要建立正常的信息反馈和对话机制,针对问题,因势利导,及时进行情绪疏通,从而加强对大学生集群行为的控制与引导。

21世纪需要的是综合素质高且具有创新精神和实践能力的高级人才。要实现这一目标,新形势下高校学生管理工作必须变被动为主动,确立以人为中心的管理思想,把学生看成既是管理对象,同时又是管理的主体,在管理中充分发扬民主调动大学生的积极性,加强自我管理。同时,我们还需要不断加强学生管理工作队伍建设,探索新的管理模式,运用现代化的教育管理手段,使高校学生管理工作进一步科学化、制度化、规范化。我们相信,只要不断学习和积极探索,高校学生管理工作一定能适应新形势的要求,为人才的培养做出更大的贡献。

二、高校学生管理人本化取向体制的创新策略

教育的发展、管理制度建设的出发点就是要把学生的根本利益和发展放在首要位置,真正将以人为本的科学发展观运用到具体的教育管理实践之中,针对目前高校学生管理制度人本化缺失的问题,首先要从建构人性化制度着手,从促进学生全面发展的角度出发,坚定"以人为本"的信念,赋予学生应有的权力并建立健全柔性管理机制,加强高校人本化学生管理来顺应当今高校学生管理制度的需求并且弥补制度的不足。

(一)坚持"以生为本"的管理理念

建构人本化高校学生管理制度,转变传统的高校学生管理思维,树立"以生为本"的管理理念,实现学生的全面发展是现代高校教育的出发点和落脚点,实现高校学生人本化管理制度是创新探索符合高校学生心理行为新特点的管理模式,是做好高校学生管理的基础和有效途径。"以生为本"的理念是人本化管理理念的题中之意,"以生为本"应以满足学生需求、促进学生发展、实现学生价值为本,"以生为本"最简单的理解就是"把满足学生的需求作为学生工作的目标和核心"。做到以学生为先,把学生的培养放在高校一切工作的首要位置;以学生为重,不能因为突出科研工作、国际交流、教学质量等

忽视学生管理工作；以学生为主，不仅充分尊重学生的主体地位，而且要在管理中以学生为主，让学生自我教育；以学生为荣，把培养高素质的学生和学生取得的荣誉看作各项工作最大的成绩。随着教育的发展、管理制度的改革，高校学生管理的出发点更是要把学生的根本利益和发展放在首要位置，真正将以人为本的科学发展观运用到具体的教育管理实践之中。

1. 坚持"以生为本"，构建生本位思维

长期以来，在高校学生管理工作中，管理者和学生这两个主体之间处于一种不平等的地位，高校往往把学生管理工作宏观地看成高校工作的一个环节，从学校利益衡量学生的管理。相比之下，忽略了学生主体的需求，严重束缚了学生的自我意识、独立意识和主人翁的意识。"以生为本"的管理理念，要求学生管理工作者打破传统的"以师为本"或者"以校为本"的管理理念，充分认清"我是谁""管理依靠谁""管理为了谁"，从学生管理工作的实际、学生这个核心群体的实际出发，考虑主体的根本需要，针对学生的特点，尊重学生的权利，侧重发挥管理者的激励引导作用特别是在保护学生合法权利上，不能以片面的集体主义牺牲学生的合法权利，提高对每个学生个体的重视程度，使学生获得全面个性的可持续发展，使国家与学校的人才培养目标和学生的成长需求相结合，从而得到真正的统一。

2. 坚持"以生为本"，突显管理型服务

现代高校管理理念普遍认为对学生的管理实际上都是为学生的成长和发展而服务的。学生在发展的过程中需要什么样的管理，高校就应当把这种管理作为一种服务提供给学生，而不是把这种管理当作一种资本凌驾于学生之上。这种服务型管理把管理学生、教育学生和服务学生三者有机结合起来，特别是要突显管理服务于学生的理念。在管理制度建设、规章制度的制定上、管理者的管理实践和实施上都要摆正自己的位置，树立管理服务而不是服务管理的意识。彻底改变过去片面强调学生对整体社会的价值义务，把学生的主体价值放在社会整体价值之内充分满足学生的生存和发展需求，促进学生个人价值实现和集体价值实现的有机统一。这既是现代教育的发展趋势，也是新形势下实现管理型服务的现实需求。

3. 坚持"以生为本"，彰显个性化发展

由于内外环境的多样化，每个学生必然存在着不同程度的差异，并且这种差异很难随着主观意志的转移而转移。以生为本就是要承认并尊重学生的个体差别和个性差异，顺应学生身心发展规律，因人而异，因材施教。高校大学生都是具有独立思考能力的个体，是充满朝气和活力的，同时这个群体也引起社会各界的高度重视并给予厚望，因此在尊重学生个性差异的基础上，还要从整个国家和民族的高度对学生进行引导、规范和管理。从学生个人的内外成长环境上看，学生在个人认知和性格特点上都存在着差异，因此在

注重学生差异化的基础上,还要对学生个人的成长道路、思想道德等进行有针对性的引导。在学习和生活当中需要让每个人的思想都能在这个群体中闪光,并不是要强调大家的思想高度一致,强调思想一致对一个大学的管理是非常不利的,完全不同的甚至对立的思想互相碰撞,这样的大学才是一个有创新机制的大学。

(二)更新优化学生管理制度体系

制度伦理化和伦理制度化都属制度伦理研究的范畴。制度伦理化是指社会体制的道德性,表现为内在于一定体制的制度、法律、法规、政策、条例等所分配权利和义务的公平性和合理性;伦理制度化是指人们把一定社会的伦理原则和道德要求提升,规定为制度,并强调伦理的制度化、规范化和法律化。无论是制度的伦理化还是伦理的制度化,对实现当代高校学生管理制度体系都有理论意义和指导意义。

制度伦理化与伦理制度化是密切制度与伦理之间关系的两种不同思维路向,前者重在对制度本身进行道德上的评判和矫正,通过内容的建构促使伦理原则和道德观念在制度中的渗透与落实;后者强调将某种社会倡导、公众认可的道德规范转变成为具有强制效力的制度。两者在管理秩序的重整与道德建设中发挥着各自不同的功能。在构建人本化高校学生管理过程中,制度的伦理化更应当成为制度优化、创新的首要选择。制度应该伦理化,不合乎伦理的制度是没有生命力的;同时,伦理也应该制度化,符合人们广泛认同的道德标准和审美取向的伦理通过制度化以后,更有利于发挥其作用。学生是高校最核心的主体,是高校服务的对象,高校的责任和义务就是帮助学生实现全面发展,现行的高校学生管理在理念和应用中,都不同程度违背甚至超越蕴含在高校学生管理中的伦理,而符合伦理的却还未形成制度。当前,高校正处于全面改革的阶段,在高校学生管理制度创新的过程中要坚持制度的伦理化、伦理制度化"两手抓"。对不符合伦理规范的制度进行调整,补充符合伦理规范的新制度,这本身就是一种重要的创新。

1. 更新学生管理制度体系建设理念

(1) 融入文化管理机制

在高校学生管理的实践中,全面提高学生的自我约束能力和理性自主能力是高校管理发展永恒的追求。人类的基本行为是由文化来决定的,由于文化的变化很大,所以对人性唯一正确的判断是它的可塑性很大。人与文化的关系是密不可分的,文化可以塑造人、引导人、管理人。高校人本化学生管理就是要突出学生在学习和生活中的主动性、主体性和自觉意识,高校管理文化不仅包含育人理念、学术发展空间、办学特色等要素,也包含管理人员所形成的管理文化,每一种文化的形成都是多种文化主体互相协调、作用而成的,高校人本化学生管理最重要的目的是唤起学生的文化自觉性,用优秀的文化潜移默化地影响学生的行为,最终形成文化管理。以文化来取代制度,当然不是取消制度,而是制度要人文化，具有人文色彩，充满以人为本的文化温情。因此，高校学生管理制度应该与人文精神、价值观念、行为准则和道德规范融为一体，得到学生对高校的管理理念和管理价值取向的高度认同，提升学生的使命感、责任感与荣誉感，增强学生对学校文化的向心力和凝聚力。刚性的制度管理为文化管理起到了重要的保障和支撑，文化管理使制度管理得到升华，文化管理充分体现了高校作为文化机构管理的科学化、人本化。

（2）建立柔性化管理机制

传统的高校学生管理理念强调的是对大学生的思想和行为进行严格的要求和规范，强制性特征明显，学生管理部门和管理者往往对学生采取"压"这种硬管理的方式，直接导致管理者和被管理者在情绪方面的对立。因此，要把传统的服务于管理的观念向管理服务的观念转变。建立柔性化管理机制，需要做到以下几点。第一，要建立"以学生为服务主体"的观念，把服务学生作为出发点和归宿点，想学生所想的最主要的问题，关心学生关心的最主要的问题，解决学生最渴望解决的问题。第二，柔性化的管理机制要把激励引导当作学生管理的主要手段，通过制度上的激励引导学生树立远大理想抱负，专注求学，养成科学的思维方法，特别是在学生的思想"总开关"上下文章，指引学生把个人的成才梦和伟大的强国梦有机地统一起来。第三，柔性管理机制的建立要把学生的主体创造性放在重要的位置，不能像过去那样，只谈义务不谈权利，要明确告诉学生在校期间享有的合法权利和应当履行的义务，把权利和义务写进制度的高度并加以保护，在保护学生的权益方面，特别是在针对学生的处分决定，要做到程序正当、证据充足、依据明确、定性准确、处分恰当，避免学生和管理者产生硬性冲突，学校对学生的处分或处理要认真贯彻《普通高等学校学生管理规定》，学生享有陈述、申辩和申诉的权利，学校要有明确的程序并予以确保。第四，建立柔性化的管理机制要发挥学生主体能动性，变被动管理为自我管理。高校学生管理工作应当充分发挥学生的力量，变被动服从管理为主动参与管理，这种转变是民主理念的要求，也是缓解消除高校学生管理中的矛盾和抵触情绪的重要手段这种管理不仅促进了高校学生管理的发展，而且培养了高校学生骨干的能力素质，有助于高校学生培养自主、自立的意识，逐步消除对家庭、社会、学校的依赖，使学生在思想上得到进步。学生参与到管理中也是对管理工作理解的过程，通过这种过程，高校学生不仅得到能力素质的锻炼，更是对制度存在的主观情感的转变。第五，柔性管理机制的建立要与高校文化繁荣发展接轨。近年来，高校文化在社会文化大繁荣、大发展的背景下也日益呈现出多样化发展，这种软的因素对学生心理和思想因素的影响也日益凸显，从正式上讲，这种文化的导向集中体现在大学精神的凝练；从非正式来说，就是存在高校各个角落的文化活动。这种蕴含在文化活动中的价值引导力，最容易被学生接受，对学生的作用力不容忽视。因此，在建立柔性管理机制的同时，应当深刻把握文化对学生产生的深远影响，特别是在西方文化大肆腐蚀青年学生的背景下，更要在意识领域加强对学生的管理服务。

(3) 建立制度反馈机制

及时做好学生意见的处理工作，是新时期制度改革所面临的重要任务。高校要建立健全有效的学生制度反馈机制，在信息交互和反馈的过程中，学生意见的反馈和解释直接关系到制度的合理性、执行力与落实情况。学生与管理者之间可以相互表达自己的想法、倾听他人的意见，有利于达成共识并形成共同的愿景。学校应该设立学生管理制度反馈部门，收集学生对学校管理制度的意见，高校各职能部门将收集的信息进行分析整理，研究并制订改革方案。同时，要做到反馈及时化、经常化、规范化。学校要向学生公开学校工作计划、进程等相关内容，学生应享有对高校各个职能部门的监督权，确保高效管理制度民主化、规范化。高校要从人本化的角度对学生权利制度进行完善和重构。

2. 优化学生管理制度体系实现途径

为了进一步推进人本化高校制度建设的进程，顺应我国国情和时代的要求。

(1) 推进政校分开、管办分离

将现代学校制度的实施进一步深化，积极探索适应我国高校实情和学生发展的管理制度，从宏观的角度上，要努力构建政府、学校、社会之间的新型关系。克服行政化倾向，改变当前中国高校的隶属关系，把高校从国家的行政体制中脱离，取消实际存在的行政级别和行政化管理模式。

(2) 落实和扩大学校的办学自主权

围绕《高等教育法》规定的七个方面的办学自主权，以转变职能和改变隶属关系为重点，加强高校在办学方面的选择。具体来说，"要自主开展教学活动、科学研究、技术开发和社会服务，自主设置和调整学科、专业，自主制订学校的规划并组织实施，自主设置教学、科研、行政管理机构，自主确定学校内部收入分配，自主管理和使用人才，自主管理和使用学校财产和经费。同时，要大力支持高校开展国际交流合作，提高国际化水平"。

(3) 完善学校内部治理结构

完善党委领导下的校长负责制，形成科学有效的决策方式。完善大学校长选拔任用办法；发挥学术委员会在学科建设、学术评价、学术发展中的重要作用。探索教授治校的有效途径；加强教职工代表大会、学生代表大会建设，激发学生参与管理的内在动力，发挥群众团体的作用，积极借助社会力量加强学校的学生管理。

(4) 加强大学章程建设

教育主管部门要积极落实对大学章程的审批工作。及时出台相应的大学章程报送审批制度，制定各类学校的办学标准或按学校类别出台不同类型学校的章程样稿。多种形式宣传大学章程的价值和相关理论知识，提高相关主体对大学章程的认识和建设大学章程的自觉性。大学内要提高对大学章程的认识，成为学校章程建设的表率。学生管理的相关主体通过多种形式加强对大学章程的认识。

(5) 扩大校企合作

探索建立高等学校理事会或董事会，健全社会支持和监督学校发展的长效机制。一是在学校建设的物质投入方面和项目研发上，加强和企业合作促进知识的价值实现；二是在人才输送和学生就业方面，通过和企业的合作，帮助学生树立正确的目标和价值观念。

(6) 推进专业评价

鼓励专门机构和社会中介机构对高等学校学科、专业、课程等水平和质量进行评估，通过定量、定性的指标和不确定性指标的综合衡量，包括学生和家长的满意程度，学生的就业、发展情况，形成中国特色学校评价模式。

(三) 发挥学生在管理制度建设中的主体作用

发挥高校学生在管理制度建设中的主体作用既是符合高校学生管理特征的现实需要，也是推进高校学生管理制度确实服务学生发展的必由之路。传统的高校学生管理制度建设无论参与者还是制度本身的理念、内容，更多体现着校方意志和管理需要。随着现代高校管理理念被普遍接受和高校学生群体的自主性不断增强，传统的由管理者主导的制度建设越来越难以适应管理的现实需要。当前，高校学生管理必须根据新时期大学生的年龄特征和心理特征，充分调动和激励学生的内在积极性、主动性和创造性，确立大学生在对于自身管理中的主体地位，发挥大学生在管理制度建设中的主体作用。以生为本的管理理念在制度建设中的体现就是要尊重学生的主体地位，尊重学生的主体地位首要就是承认学生的主体价值，学生作为社会上的人，除了要致力于实现社会的整体价值，还要实现自我的价值，这种自我价值通常表现为对其自身生存和发展需求的满足，以及对学生人权的尊重等。因此，在管理制度建设中，要充分认清并尊重这样的现实状况，不能像过去那样片面放大集体价值的实现，过分抵制高校学生的自我价值实现，要在制度建设上尊重学生的主体地位，首要的就是要反映高校学生价值的实现。

首先，应该推进依法治国在高校学生管理领域的落实，从法律上确定高校学生参与学生管理制度制定的权利，特别是让高校学生在涉及切身利益、敏感问题，如收费、处分等方面有充分的参与权和自由的发言权。其次，可以依托学生这个被管理群体，实现学生自主化管理，有效地减少管理主体和客体之间的冲突。陶行知说过，"最好的教育是教育学生自己做好自己的先生"，最主要的是要在制度的内容上，多给予高校学生自主管理的权限范围，切实把学生看作一个可以信赖的、能动的主体，在尊重学生意愿的基础上，实现学生的自我管理和自我发展。最后，还应当依靠学生构建制度建设的矫正机制。实践是检验真理的唯一标准，人本化高校学生管理制度建设中，必须在管理实践中不断发挥学生的主体作用,及时收集反馈制度建设存在的不足,坚持以学生的发展作为出发点。学生主体也应当在矫正机制中起到主要作用。

当前,高校在学生管理过程中最重要的任务就是要增强其管理服务意识,传统的高校学生管理制度的影响还将长期存在,要真正体现学生的主体意识还要彻底解放思想,要从传统的社会价值向注重学生的全面发展转变。学生实现自我管理的意识,学生地位由传统的管理客体向管理主体转变。特别是在制度建设中充分唤醒学生的主体意识,激发他们的积极性和创造性。

(四)推进学生管理的差异化与个性化

高校学生群体多样化已经成为高校最主要的特征之一,集中体现在每个学生的成长环境差异、发展需求上的差异等方面,要求在高校学生管理制度建设中正确把握其共性和个性,特别是对特殊学生群体的政策在制度建设上应当进一步完善。主要针对特困生群体、关系不良的学生群体、成绩落后的群体、不被重视的学生群体、待就业的学生群体、情感受挫的学生群体、意志薄弱的学生群体、适应能力差的学生群体、少数民族群体等应当有相应、具有针对性管理的制度和措施,这些群体中存在不同程度对待高校学习生活消极被动,容易焦虑和自卑,不愿和同学相处甚至极易受到高校环境中负面因素的影响并产生悲观、绝望、无助、空虚等心理,在制度构建和管理实践中必须突出这些管理的重点和难点。全面开展大学生特殊群体普查工作,了解和掌握他们的真实情况。在加大日常管理力度的同时,还要特别注重以下几点。一是要更新高校学生思想政治教育的内容和体系。传统的高校学生思想政治教育还存在着少数人对教育的认识不到位,教育的针对性不足,资金投入不够,政治理论课的时效性不强、感染力不够等问题,部分高校认为评定学生培养质量的唯一标准就是学生的学习成绩,严重制约了学生的全面发展。人本化高校学生管理要求高校必须把思想政治建设摆在各项工作的首位,贯穿在高校育人的全过程,成立专业的高校学生思想政治工作队伍,探索完善适应新形势和高校学生新特点的学生思想政治教育领导机制和工作机制。帮助高校学生特别是特殊学生群体树立正确的人生观、价值观、世界观,树立崇高的理想和道德追求,特别是要提高高校学生辨别是非的能力、忍受挫折和逆境的能力,学会正确地对待和处理学习和生活中出现的实际问题,学会融入环境实现发展。二是要健全高校学生心理疏导工作机制。高校学生中的特殊群体往往是心理问题多发的群体。当面对理想和现实的差距时,或多或少会出现失望、焦虑等负面情绪。如果自我调节无法消除这些负面情绪就容易发展成为心理问题。因此,高校学生的心理疏导工作必须立足帮助学生解决实际、现实的困难,消除心理的困惑,使其心理和人格向健康的方向发展。一方面,应当建立完善心理咨询机构,并且让这种咨询机构流动起来,服务在高校学生特别是特殊群体之间,主动靠上去做工作；另一方面，应当对教师、学生管理者甚至是学生干部开展广泛的心理疏导相关培训，把心理疏导能力作为衡量高校学生工作者的重要指标。最主要的是要形成常态化的学生交心、谈心制度，及时了解学生的真实情况和实际想法。尊重每个学生的个性思想，立足尊重和促进学生的全面发展，做好心理服务工作。三是创造良好的人际氛围。高校有自己独特的文化和环境，人际氛围是由学生群体创造的，也影响着每一个高校学生。和谐、友爱、平等的人际氛围，不仅能陶冶学生的情操、开阔学生的胸怀，而且能消除或缓和人际交往上的矛盾。随着西方文化思想不断涌入，特别是个人主义理念不断冲击学生的思想和多年来构筑的精神世界，不良的社会风气在慢慢腐蚀部分学生的心灵，消磨高校学生的意志。一些特殊群体，特别在融入高校学生群体中出现问题的学生，如果受到不良风气的影响，将会使其思想态度形成恶性循环。高校必须从思想上宣扬主旋律，把提高学生的道德水平作为基础，营造互帮互助、民主平等、宽以待人的人际交往氛围，消除学生群体之间的隔阂，消除特殊学生群体的孤立感。

（五）完善大学生的维权机制

由于高校学生的利益纠纷往往局限在校内，因此高校学生的维权机制也应当立足于校内。在高校学生维权机制的构建中，虽然各个要素的地位和作用不同，但是整个机制运行过程中，每个要素之间都存在着非常紧密的联系，每个要素都体现着整个维权机制的综合作用和功能，都是为了最大限度地保护高校学生的合法权益。

首先，高校要明确大学生维权机制的主体。进一步明确高校学生的权益由谁来维护，最要紧的就是要明确高校学生在高校中的地位及学生和高校之间的关系。高校应当主动承担维护学生合法权益的义务，不能像管理企业、教师、军人那样去管理高校学生，也不能把学生作为社会中的一般群体对待，更不能忽视、小视高校学生的任何一项权益。作为学生管理者，不能把学生的管理当作简单一种制度维护，必须时刻记住自己是学生的服务者，是学生权益维护的第一责任人，高校的各个部门对学生的权益都有保护的义务，特别是不能因为学校的利益忽视学生的利益，为了部门利益损害学生的利益。学生是权利的主体也是维护自身权利的维护者之一，既要明确、正确对待自己的权利和义务，不能容许权益被损害，也不能因为维护自己的权益损害学校或者其他学生的合法权益。

其次，需要对相关制度进行维权。高校学生维权制度的建立是完善高校学生维权机制的关键。制度是高校学生维护合法权益的硬件，维权机制是高校学生维护合法权利的软件，只有软硬件相结合才能切实保护好高校学生的合法权益。只有建立维权相关制度，高校学生的维权工作才有依据，才能有根本的保障，才能长期坚持下去。从现实上看，目前大学生的维权仅停留在学生代表会、校长信箱之类的反馈上，而不是在涉及学生权益时介入型，特别是在维权制度建设上基本处于空白，大学生维权制度建立的迫切性远远超过其他群体的维权制度。我国高校应当参考国外高校做法，在坚持完善原有内容的基础上，建立学生参与高校管理制度，让学生作为一个独立的群体参与高校各项规章的制定，特别是在涉及学生相关利益的问题上，保证学生的全过程参与。建立监督制度，赋予学生权利来监督高校方方面面的建设，必要时应当建立社会舆论媒体监督高校的渠道。特别是在高校处分学生的时候，让学生充分介入。此外，还应当建立相关的保护性、援助制度。保证学生在接受处理的过程中有依据为自己辩护，有地方为自己寻求帮助。

最后，要建立维权的传感体系。信息之间的有效传递是维护高校学生利益重要保障。不但能在损害学生利益的行为发生时采取有效的措施制止，而且能够在必要的时候给予帮助和挽救。此外，高效的传感体系能够将种种矛盾逐步反馈，避免量的积累达到质的变化。在维权机制尚未健全的过程中，高效的传感机制的作用是不可替代的。既要在学校的党政组织内建立传感体系，又要在学生组织中建立，并且要实现两个系统之间的有机结合。一方面，高校要努力形成以学生为主、为学生服务的意识，让学生有地方说出自己的想法。另一方面，要加强高校学生维权的意识和责任，不但能大胆说出自己的想法，而且要保证信息的真实性和客观性。有效信息的传递是维权工作变被动为主动的重要途径，也只有一个高效的传感体系，维权工作才能落实到每个学生的身上。

第六章 新时期高校行政管理改革

教育行政管理旨在培养具有较为扎实的经济科学、管理科学和教育科学理论基础,具备较为开阔的社会科学学术视野和掌握现代教育经济与教育财政研究方法的复合型专业人才。以适应我国经济文化发展和教育教学改革对高层次人才的需要,为中国教育经济与管理的发展造就一批与时俱进、奋发有为的高级人才。

高校行政管理通过控制、协调、指挥、组织和计划的措施,构建良好的生活、工作及教学秩序。为高校高素质人才的培养、研制高层次科研成果奠定坚实的基础。行政管理的主要工作是为高校中的师生提供良好的行政服务,确保学校科研及教学等工作的顺利展开。但是其具有工作内容复杂、工作量大等缺点。因此,让高校行政管理的工作为高校师生提供服务,就一定要重点注重高校改革及发展中高校行政管理的重要性,强化其服务性的根本性质。

高校行政管理与学术管理相辅相成,因此,高校的内部事务可化分为学术事务和行政事务。与之相对应,高校的管理可以划分为性质不同而又有关联的学术管理和行政管理。高校是知识的殿堂,"学术性是大学的灵魂",学术管理在高校管理中具有举足轻重的作用。高校学术管理的主体包括学术人员和学术组织。学术管理的客体是学术事务,包括教学活动、科学研究、学科建设、课程设置、师资培养、学位授予以及就业、招生等事务。高校具有学术属性的同时,还具有行政属性,在其发展的过程中形成了自己的科层制结构,具有自己的行政体系。高校行政管理的主体是行政管理人员和行政机构,其客体是行政事务,主要涉及人事、组织、宣传、基建、后勤等事务。

高校行政管理的最终目标是使学校拥有的人力、物力等资源发挥出最大的效益,以完成学校的各项任务。我国高校行政管理在借鉴国外高校先进经验的同时结合我国国情初步形成了高校行政管理体系。这一管理体系在保障高校实现教学、科研两大主要任务目标、培养高素质大学生的过程中发挥着重要作用。当前,我国高校数量多,大学生人数众多,办学质量不断提高,办学条件也不断改善。全面深化改革时期,社会在较快发展的同时也对高校的教学、管理提出更高的要求。高校行政管理是保证高校办学方向、贯彻党的教育方针的重要保障。高校行政管理水平的高低直接影响着教学科研资源能否合理配置,因此,高效的管理工作水平对高校取得跨越式发展具有重要意义。

第一节 高校行政管理现状与问题

一、高校行政管理中的问题

当前，各大高校实施高校行政管理的方式存在着差异。大部分传统高校行政管理的实施具有一定的基层制特点，在权力与人事方面存在下级负责上级的特点。当上级指定管理目标之后，每一级的行政管理根据上级目标的制定，制定分目标。学校采取的行政政策也是逐级落实到基层。高校传统的行政管理在具体工作中缺乏创新意识、因循守旧、视野过于狭窄。学术与行政各部门相比而言，后者的权力明显高于前者。高校的主旨是学术研究，这是产生新观念、新思想、新知识的必经之路，也是高等院校在今后发展的最终趋势。更是高校学术创新、思想、知识以及文化建设的决定性条件。因此，高校学术管理应该具有相应的自治性与独立性。但是在目前高校行政管理状况中，学术权力的位置被行政权力所挤占，而且还呈现逐步加重的势态。学术权力的降低使高校学术研究受到严重的阻碍，其功能也被严重削弱。

（一）高校行政管理部门观念落后，缺乏服务意识

在服务型高校的建设过程中，行政管理人员要把为全校的学生和教职员工进行服务当作工作的重点，然而，在传统的高校行政管理理念中，行政管理工作人员并没有形成相应的理念，工作人员对自身的定位没有放在服务上。不少高校在行政管理的过程中仍沿用过去老办法与老思路，规范化与法制化建设明显不够，难以适应高等院校教学发展的需要。在行政管理方面，重视机构、重视权力分配、重视规章法则，但是人才培养方面却遭受严重的忽视。在处理事务的时候，领导不表明态度，没有自己的立场，墨守成规。同时高校基层行政管理部门必须接受多层次的领导。基层工作人员面对繁忙的日常事务很难有足够的时间去思考、研究，导致高校行政管理工作的服务质量较低，难以满足高校学生与教职员工的具体诉求，也就导致了高校行政管理工作的工作效率较低。

（二）行政管理人员素质偏低，无法满足发展需求

从某一方面来说，行政管理应当属于一项辅助性的工作。在实际的行政管理中，注重效率与质量。但是在某些高校中，工作人员的素质与行政管理工作不符。第一，行政管理的人员来源范围广，很多工作人员并没有经过系统高等教育基础理论与专业管理知识的培训，也没有经过选拔，存在严重的"照顾"因素。这也导致行政人员素质缺位现象的发生。第二，高校高层领导对行政管理产生错误认识，认为其可有可无。在平时工作中，工作人员疏于管理，采取放养式的管理方式，并未给其提供机会进行职业培训，也造成工作人员没有较高的素质。第三，受到机关化带来的影响。

（三）高校行政管理组织结构不合理

机构设置不科学，行政管理人员多。我国的高校行政管理体系层级数量过多，许多部门的职责或功能都有所不同，机构重叠现象非常严重，并且行政人员数量每年只有增加没有减少，出现了行政管理人员冗杂的现象，使得校园行政很难达到理想的管理状态，决策力严重分散，权责不明，办事效率低下。这就导致教师与学生日常办理各种手续时，会面对相当复杂的工作流程。一件简单的事情就可能会涉及很多的部门，而部门之间权责不清，行政权力泛化。在这样一种情况下，行政部门相互配合与协作不够，造成巨大的人力、物力浪费，降低行政办公效率，给学生和教师带来了极大的不便。而有些高校的行政管理组织结构则较为单一，忽视了行政管理组织要为全校师生负责和工作的目的，成为一种自上而下的管理模式。而合理的高校行政管理组织结构应该是一种自下而上的良性结构。这种不合理的组织结构严重降低了行政管理体系的工作效率，影响了高校的教学质量和科研水平。此外，行政管理存在官本位及层级制度。上至高校高层领导，下至教职工，存在较强的等级观念。

二、高校行政管理改革与创新的重要意义

由上述的分析就可以了解到，目前高校行政管理存在着较多的漏洞与不足。行政管理方面存在问题，在一定程度上影响高校教学活动的顺利实施。基于此，改革和创新高校行政管理具有非常重要的意义。

（一）适应新时期发展需要

高校是培养知识创新与高层次人才的重要领域，其在社会中的作用越来越突出，对社会影响力也越来越明显。高校教育持续发展，面对新时期各项要求，改革与创新已经逐渐受到高校的重视。高校唯有通过转变观念、更新管理模式，才能够推进高校行政管理改革与创新，才能够适应新时期社会发展的需要。

（二）保障高校改革发展顺利实施

在高校改革实施的过程中，高校行政管理具有协调、激励、参谋与保障等多方面的作用。在高校日常办学活动中，出现任何问题，都有可能影响到整个学校的教学工作，影响高校后期的发展。而行政管理在此过程中就是借用服务来处理不同部门之间的关系，

以达到扬长避短、充分发挥各方面的优势、促进高校深入改革的目的，进而完善监督检查制度，根据不同部门，制定出不同的督办要求，促使各部门在组织开展的过程中能够及时完成任务，并根据实际工作提出具有针对性的发展意见，促使高校各项工作顺利实施。

三、完善高校行政管理的基本思路

（一）协调行政管理与学术管理的关系

高校的行政管理与学术管理共同组成高校特殊的机构，这两者的本质就是要促进高校的不断发展。在此过程中，需要这两部门进行互动，协调好两者之间的关系，就能够保证各项问题能够被有针对性地解决，提高高校决策的科学性、合理性，预防资源的浪费。协调好两者之间的关系，需要从管理体制、组织设置、制度建设与工作程序等多方面着手，通过制度与体制促使学术管理与行政管理更加规范化。

（二）实行柔性化管理

在高校行政管理的过程中，采用柔性化的管理方式，不仅可以将工作人员的积极性与主动性充分地调动起来，还能够加强行政管理与学术人员之间沟通交流，促使学校管理目标的实现。但是在实行柔性管理的过程中，首先就得树立民主管理理念，增强民主参与意识。在学校各项管理与决策的过程中，让师生参与进来，培养师生的主人翁意识与责任感。在行政管理的过程中，使用柔性化管理，可以激励内心，促进和谐校园的建设。同时还需要关注师生的情感需要。柔性管理的中心是人，充分尊重与理解是柔性管理的前提。行政管理的过程中将人的中心作用充分凸显出来，可以增加亲和力与凝聚力。

（三）提高行政管理人员的素质

改革和创新行政管理，行政管理队伍的建设在其中具有非常重要的影响。不断提高行政管理人员的素质，优化行政管理队伍，是提高行政管理水平的要件。因此，高校就应当在行政管理人员选拔上，严格遵循相应的准则与标准，保证行政管理人员综合素质满足该项工作的需要。同时还应当对工作环境进行优化，促使行政管理人员在管理工作中能够将其视作自己的事情，尽心尽力办好。

（四）转变高校行政管理的观念

首先，在行政管理中，要做到以人为本，转变对行政管理的认识。对自身进行明确定位，树立正确的管理观念。其次，在实施行政管理工作时，积极探索以人为本的方法及思路。转变行政管理工作的工作方式，重点实现以人为本的管理。最后，在实际工作中，对于被管理者要给予足够的尊重。在日常教学中，关心教职工，让他们没有冷落、孤立的感觉。使被管理者能够积极发展，坚持以人为本，不仅可以更好地落实行政管理的各项工作，而且也提高了行政管理在高校运行中的影响，更充分地发挥行政管理的重要性。

（五）深入高校行政管理理论研究

实践出真知，但却是建立在现有理论的基础上。因此，为更好地促进行政管理工作的开展，很有必要对其进行理论研究。第一，行政管理课题进行立项，鼓励学者对其理论进行研究，营造良好的研究氛围。第二，给予取得行政管理成果的学者奖励，调动高校学者研究的积极性，促进理论研究的顺利完成。第三，采纳成功理论研究进行深入研究。借鉴先进的研究经验，结合高校发展的实际情况，研究出适合自身学校发展的理论。

总而言之，在高校教学不断发展的过程中，高校行政管理作为重要的内容必须予以高度重视。而为能够与高校各项工作相互匹配，就得改革和创新高校行政管理，促使其在高校中发挥出真正的作用。

第二节 高校行政运行模式的创新

我国有研究者提出，教育制度有三种基本形态，分别是自在性教育制度、强制性教育制度和自主性教育制度，现代教育制度处于由强制性教育制度向自主性教育制度变革的过程。导致这种变革的主要因素是一种基于个人教育利益的多元主义制度博弈。反观大学管理制度改革的情形，的确有与之相似之处。随着城市兴起而自发产生的中世纪大学，主要由教授或学生控制，他们所主动建立的管理制度具有一定的自发性，且主要限于学校内部学术事务。随着民族国家的兴起，大学成为国家的一部分，或者说国家设施，政府日益加强了对大学的控制。政府依据国家和社会的需要，制定了一系列制度。这些制度对于大学来说，具有某种外在的强制性，在某些情形下，服从是获取资源的必要条件。政府行政权力及其在大学内部延伸的行政权力，主导着大学管理制度的主要方面。当然，在不同的国家，由于传统的不同，行政权力的作用方式各有不同。例如，在法国、日本等国，校外是高度中央集权，而在校内，特别是在传统上由教授们所控制的学术领域，教授们依然享有很大的权威。20世纪以来，随着高度异质化的多元化巨型大学的出现，大学组织松散结合的特性日趋显著，形成了多种利益主体和多种权力机制共同主导着大学管理制度改革的局面。与此同时，大学凭借日益增长的自主权，开始在大学管理制度改革中扮演更加主动的角色，大学人士在大学制度改革中的影响力日益增强。

一、决策模式创新

随着大学自身的发展及其与外界关系的变化，受社会权力的影响，大学由主要追求学术目标，逐步转向追求多种目标，主导大学决策的权力，也由单一的学术性、学科性权力，逐步转向包括学术权力、行政权力和社会权力在内的多种权力。

适应这一变化趋势，各国大学大力改革决策模式，在加强直线式决策机构与各类决策委员会协调配合的同时，根据市场的需要，进行灵活决策。

（一）学院模式

中世纪大学，除少数大学由学生团体管理为主外，绝大多数大学由教授为主体的学术人员进行管理。这种实际决策权力主要掌握在学术人员手中的决策模式，通常被称作学院模式（教授统治）或学术团体模式。

例如，在早期的巴黎大学，有关校内管理问题的全部决策，几乎都是由教师做出的。学位要求、课程、教师的任用，以及其他重要问题，也都由教师做出决定。这种决策模式具有两方面的显著特点。

一是权力在基层。伯顿·克拉克认为，在大学或学院的基层是承担特定教学任务的事业单位和学科共同构成的矩阵，教授们所属的学科领域是其权威的最终渊源。教授在其所在的学科内专断甚至专制地工作，同时，他们又集合起来，平等地和部分平等地集体决定较大事项。

二是以分权为基础。由于大学或学院中存在着许多不同的学科，而各学科领域处于"相互割裂"的状态，因此，由来自各学科领域的教授们所进行的决策，必然是非集权的、松散的、软弱的。

由于高等教育的结构重在基层，它就特别有赖于在下层释放能量。由学院模式的优势在于，其有助于调动学术人员的积极性，并使学术自由得到保障。

伯顿·克拉克认为，学院式统治虽然是教授们管理整个系或学部、学院、研究生院和大学等组织最偏爱的方式，但是，由于需要进行长时间的讨论、协商和协调，往往难以应付环境变化对及时决策的要求，从而影响办学效率。同时，由于教授们的个人独裁，容易产生决策上的自以为是。形成以学者自治为主要特征的"自我服务"和自我满足倾向，从而影响学校与社会的沟通，导致封闭与僵化。

例如，20世纪50年代。在德国，"教授们权力空前，对内对外均是如此，所以当时的大学被称为'学者共和国'，意谓着教授的一统天下。这种以高等学校自治为中心的高等教育思想所导致的结果是：①政府对高等教育的管理及社会对高等教育的影响减少到最低限度；②教授们基本不关心社会、经济的实际需要，仅根据学术本身的需要或自己的爱好来进行教学和科研；③学校内部的事务由教授们共同商议、决定，在各自的研究所内，教授们享有独裁式的权力，不存在其他人员参与管理的机会"。

其结果是导致大学与经济、社会相脱离以及学术至上倾向的发展，大学日益成为学术象牙塔。

（二）行政模式

随着国家日益加强对大学的控制，大学内部逐步建立起等级制的行政管理体制。在一些国家，大学内部管理出现了明显的行政化倾向。行政管理人员在大学决策中发挥主导作用。这种实际决策权力主要掌握在行政人员手中的决策模式，通常被称作行政模式或科层制模式。在美国许多大学的管理决策中，以校长为首的行政部门具有较大的管理权。

例如，美国"加州大学的权力结构在层次上分为联合大学（大学）、大学（分校）、学院和系四个层次。在大学层次，董事会是最高的权力机构，校长是大学的执行首脑，直接向董事会负责，负责教学的常务副校长在很大程度上承担了学校的管理工作"。加州大学的管理属于严格的等级管理。下级必须对上级负责，权力中心在上层，学术委员会等权力比较有限。行政模式的主要特点是权力集中于上层，有助于促进大学的整合，提高管理的效率，正因为如此，也往往容易造成行政部门过多干预学术事务，妨碍学术发展，并造成行政人员和学术人员的矛盾，从而在某种程度上影响学术水平的提高。

（三）双重模式

从大学决策的实际看，学术人员和行政人员往往在不同管理领域，或不同管理层次分享决策权力，因此，在同一所大学里，可能出现教授与领导并行不悖的局面。

这种教学科研人员和行政管理人员分享权力的形式，通常被称作双重模式。具体可分为两种情况。

一是在不同的管理领域分享权力。在学术领域，决策权倾向于学术人员；在其他管理领域，决策权倾向于行政人员。

最典型的如英国大学，一般都建有理事会和评议会这两种机构。理事会主要由非学术人员组成，其主要职责是负责学校的财政、物质设施的计划和维修，以及工作人员的任命和正式确认等。学术评议会则主要由学术人员组成，负责有关学术问题的决策。而特别重大的决策，如首席行政人员的推举，则要由理事会成员和评议会成员共同组成的校务委员会决策。

二是在不同管理层次分享权力。在学院、系及其他亚层次组织，决策权倾向于学术人员。在整个大学层面,各国情况有所不同。例如,美国主要由校外人士组成的董事会控制。欧洲大陆国家的大学,往往由政府直接控制,院校行政或董事管理形式,则相对虚弱。欧洲大陆国家的大学素来被称为"国家大学",政府行政权力在大学发展规划、学历认定,以及资源分配等方面,发挥着重要控制作用,政府充当了高校的监护人,大学的行政权力被大大削弱。但是,中央集权削弱的是大学层次权力。在学部和基层,教授的活动领域很大。

(四)市场模式

以上三种模式所注重的是大学内部的权力关系,以及相关人员积极性的发挥。但是,决策问题不能脱离环境的情境特征,大学管理需要处理的关键问题是,如何适应环境的变化。随着社会利益的分化和各种利益主体影响的日益扩大,大学如何适应多种社会利益主体的诉求,并调整其决策模式和运行机制的问题日显突出。

伯顿·克拉克在分析部分国家高等教育系统整合过程时,提出了三种理想的权力协调模式,即国家权力、学术权威和市场,认为市场对高等教育系统影响有日益扩大的趋势,并且着重分析了消费者市场、劳动力市场和院校市场这三种主要的教育市场形势。但是,广义的市场远不止这三种形式。它包括影响大学发展的多种利益主体。所谓大学决策的市场模式,就是指社会相关利益主体参与和影响大学决策的形式。因此,就其重视和强调社会参与而言,又可以称其为"社会模式"。

市场模式具有三个方面的特点。

一是重视大学与环境的互动。大学不是通过对抗环境的复杂性来进行自我保护的,而是主动调适和适应环境,并从环境中获取资源。

二是大学以基于自身特性的方式,对自身环境的资源进行加工,恰恰是不同于市场方式的加工过程,才维持了大学作为开放系统的不同结构。因此,大学对市场的适应不等于"市场化",即把市场机制直接移植进来。

三是市场模式具有分散决策的特点,在适应市场的过程中,大学各子系统逐步成为具有较大自主权的相对独立的经营主体,大学经营化程度不断提高。

市场更主要的是一种超越传统权力关系的力量,其影响集中体现在改变大学、政府,以及大学与政府的关系上。

日本学者金子元久在讨论市场模式的特点时提出:"从现在发生的实际变化来看,在高等教育中,既有供求直接面对意义上的市场,也有政府模拟市场机制形态的模拟市场。"

供求直接面对的市场,主要为需求市场和竞争市场,即消费者市场、劳动力市场和院校市场。学生家庭和用人单位出于对大学教育功能和研究功能的需要而对大学支付费用，各类院校为获得这些费用而展开竞争。所谓模拟市场，则是把市场功能的一部分以某种形态导入政府的资源供给中。例如，强调对大学的"问责"，只有那些经过评估，绩效令政府满意的大学，才能获得较多的政府资助。20世纪80年代，英国撒切尔和美国里根政府受"新自由主义"观念影响，推行公共行政的市场化，大幅度削减高等教育财政拨款，对大学实行选择性支持。在英国，在强调大学通过自己的努力增强自我发展能力的同时，政府借助社会中介机构加强了对大学的评估，并把评价结果与政府的财政拨款挂钩。在美国，大学提供的服务在多大程度上与服务需要相适应，越来越成为财政拨款的基准。

总之，各国政府拨款方式已逐步由原来的"一揽子拨款"，改为目标激励性拨款、引子拨款、绩效拨款、基准拨款、竞标拨款、边际成本拨款等形式，市场和模拟市场在一定程度上改变了政府权力的运作方式。与此同时，也就提出了谁应当对大学的可持续发展最终负责，国家还是高等学校自身，目前的拨款方式是否有助于保持大学的长期产出能力等问题。

二、控制模式创新

（一）基层控制

21世纪初，香港大学资助委员会发表了由香港教育统筹局委托英国爱丁堡大学校长主持撰写的题为《香港高等教育》的报告。其中，在讨论所谓"院校管治"时，做了两种模式的区分。其中，甲模式为绝对等级制，权力完全为上层所有，并根据严格的习惯和规定，向下层逐级下放权力、责任和义务；乙模式则与之相反，其决策过程完全采取民主协商方式，所有成员原则上享有均等的权力，在需要以投票方式表决时，原则上也是每人一票。其中，乙模式由于上下层之间界限不明，所以将其称为"无等级的协商制"实际情形是教授治校，管理重心偏向基层。基层控制是早期大学的显著特征之一。在以后的发展中，这一特征在许多国家的大学中得以保存。在英国，从垂直维度看，英国的权威处于底部的行会形式的控制。英国19世纪30年代成立的伦敦大学校务委员会无权干涉各附属学院的教学，它对各学院的唯一控制手段，便是学位考试，学院在招生、教学、经济、管理上均独立自主。

基层控制具有结构扁平化的特征，具体体现在。学家时出第一，博弈地位均等化。大学或学院的各组成部分松散结合，权力扩散到各学科或教学科研部门，来自各学科的教授们在大学或学院的管理中，原则上具有同等权利。

第二，结构运作多样化。大学或学院的目标经常与基层目标发生冲突，后者引出了众多的方向，各学科或部门之间的沟通，往往按照各自的既得利益进行，使得协调非常困难，结果往往由建立在自愿基础上的非正式规范来进行控制。

第三，结构实体独立化。各学科或部门高度自主，相对独立，上层结构虚化，下层经常决定并管理上层。因此，基层控制在具有尊重学术自由、有利发挥学术人员的创造性等优势的同时，也容易因各行其是，造成混乱无序和资源浪费。为修正其不足，一些国家逐步加强了上层调节性机构的建设。

（二）上层控制

上述《香港高等教育》报告中提到的"甲模式"，就是典型的上层控制模式。这种模式，以美国大学较为典型。"如同英国模式一样，美国模式综合了受人宠爱的教授控制和院校董事管理与行政控制等形式。但是，与英国相比，教授控制力量较为弱小，院校董事和行政人员的影响较为强大。"

在美国的院校内部，系主任一般是自上而下经协商而产生，中间层次的学院一级，院长一般由任命产生。但是，对于一些高度集权体制的国家而言，上层控制主要体现在国家对大学的直接控制上，国家教育行政部门在某种程度上取代了大学行政部门。比如，拿破仑时代的法国帝国大学就是政校合一的机构，既是全国最高教育行政机关，又是办学实体。结果，在法国大学本身院校层面的行政权力相对较弱。上层结构的权力集中在国家教育部的领导手中。没有院校董事会管理制度，院校行政的力量相对较弱。不过，即使在法国、日本等高度集权体制的国家，大学基层特别是教授依然享有较大的自主权。

例如，根据规定，东京大学设立评议会，为学校最高权力机构，由各学部长、各直属部门负责人、每学部两名教授代表组成。总长（与校长合一）为评议长和名义上的法人代表。评议会的职责是审议、协调、决定学校的重大事项和监督总长的工作。各学部的教授会，由全体教授组成，吸收部分行政人员参加，负责选举学部长和决定学部的重大举措。但是，上层控制对大学整体办学自主权的取代或剥夺，很大程度制约着大学的发展。当一个系统发展并变得更加复杂时，如果日常的权威继续由中央机构行使，这个系统应付逐步变得难以管理。而且当上层建筑逐渐收缩成为一个顶峰，并且建立起等级森严的控制权力的时候，高等教育活动的基层结构就会发生失去功能的情况。

例如，在法国帝国大学存续的数十年间，由于中央统得过死，学校缺乏自主权和活力，加上条块分创、分散隔绝等原因，影响了学术水平和教育质量，甚至一度影响了法国大学的国际声誉。因此，上述集权制国家在改革过程中，在向大学放权的同时，也采取了加强大学本身行政权力或加强协调机制等措施，形成了另一种形式的集中。

（三）多元协调

大学控制模式改革的总体趋势是由两极趋向中间。绝对的基层控制和上层控制，毕竟属于马克斯·韦伯式的"理想类型"，各国通过对基层控制和上层控制模式的不断改革，逐步建立了上下结合、多元协调的复合控制模式，针对不同的管理对象，形成了开放灵活、模式多样的控制方式。社会系统理论认为，管理者同时也是被管理者，当行政管理者在管理教师行为的时候，教师也在设法影响并管理行政管理者的行为。实际情况是，教师在护卫其传统势力范围或管理领域过程中，开始介入行政管理者的优势领域；而管理者护卫其传统势力范围或管理领域过程中，也开始介入教师的优势领域。在保持原有的传统的同时，又通过变革形成了新的优势。此外，不同类型高等教育体系之间的相互借鉴和趋同，在某种程度上也促进大学内部控制模式的改革。

一般认为，现实中存在两种比较典型的高等教育体制模式，一种为国家主导型高等教育体系；另一种为社会主导型高等教育体系。大致而言，国家主导型高等教育体系容易形成集权式管理，社会主导型高等教育体系则容易形成基层民主管理模式。在发展过程中，社会主导型高等教育体系加强了统筹与整合的力度，国家主导型高等教育体系则通过向下放权和引入市场机制，增强了适应性和灵活性，结果殊途同归。

三、我国高校运行机制的特点

（一）大学经营化程度的提高

改革开放以来，随着大学办学自主权的逐步扩大，大学的实体地位不断增强。办学规模的迅速扩张，政府财政性投入占大学经费开支比例的逐步下降，使得大学如何面向市场通过自主经营获取赖以生存和发展的资源，成为摆在大学管理者面前的一个现实问题。

在此情形下，市场原则及其管理手段被广泛引进大学管理领域，形成了一系列促进大学面向市场自主办学的具体制度。例如，问责制度、融资制度等，前者要求学校各部门能够说明所取得的科研成果、教学质量、办学效益及持续发展能力等，后者则要求大学在国家公共财政能力有限或逐渐下降的情况下，积极通过向银行贷款、引进民间资本、开展教育融资等多种手段筹集发展资金，增强自主发展能力。大学必须自主确定目标定位，通过营造品牌和特色吸引生源，借以维持其在教育消费市场、劳动力市场和院校市场中的生存能力。

(二)管理重心的逐步下移

如何处理集权与分权的关系,一直是我国大学内部管理中需要解决的问题。一方面,如果没有必要的集权,就无法把多元分散且异质化程度很高的各部分整合成为一体,也难以形成共同的战略、文化和利益。另一方面,当大学变得日益复杂时,这种整合的难度也进一步加大。因为,"当一个系统发展并变得更加复杂时,如果日常的权威继续由中央机构行使,这个系统应付逐步变得难以管理"。长期以来,我国大学内部管理实行的是高度集权的管理体制,其结果是以服务为主的职能部门拥有较大的权力,它们实际上成为推行集权的重要手段,并且往往异化成为对院系的领导,院系权力较少。有学者认为,这种体制下形成了一个实际控制学校但又无须对学校发展承担直接责任的行政管理者阶层。例如,财务处管理财务,但无须对开辟财源负责;人事处负责教师的录用、职称晋升等方面的管理,但无须对各院系、各学科专业的教学和科研质量直接负责。为此,在合并相关系科组建成立学院的过程中,多数大学都进行了扁平化的分权管理改革,重新划分学校与学院的权利与责任边界,推进管理重心下移,在经费使用和学术决策等方面,赋予学院以较大的自主权,同时,也要求学院承担相应的责任。

(三)学术人员决策权和影响力的扩大

在长期的计划体制下,政府资源都是通过行政系统分配的,这造成了大学行政人员权力过大的局面。在一些大学中,行政职能部门既是决策者又是管理者、监督者和评价者,以致许多名义上由学术组织出面做的事情,最终决定权依然在行政部门,学术组织不过是为其"打工",走个形式而已,甚至校、院、系的各类学术组织也如行政科层部门一样,层层服从,对上负责。为改变行政权力过于膨胀、学术权力相对较弱、行政权力常常代替学术权力的状况,许多大学通过改革,建立健全了各种常设性的学术组织。如学术委员会、学位委员会、教学工作指导委员会、教材建设委员会、课程建设委员会和专业技术职务评聘委员会等,同时,增强学者群体在大学管理、决策和资源分配等具有实质意义的事务中的影响力,并以一定程序和制度确保学者群体行使其权力。

总之,大学管理制度改革的基本线索是在理顺大学内部权力关系的基础上,建立上下平衡、内外结合、合理有序的大学权力体制和运行机制。大学管理制度改革的基本特点是,将保存传统与改革创新统一起来,由两极趋向中间,达到对立面的统一,具体体现在寻求自律与他律的统一。改革中,力图通过建立既合作又分工的学术体制和行政体制,来协调大学内部学术权力和行政权力的关系,在遵循学术发展逻辑的同时,适应国家和社会需要。在近期的改革中,又根据大学作为社会开放系统,与社会之间边界模糊,松散结合,特征日益彰显的新情况,积极进行权力体制和组织方式的创新,通过建立分散治理结构，整合学术权力、行政权力和其他各种权力，以达成大学发展内部规律与外部规律的统一。

将提高组织化程度与促进管理重心下移相结合。适应大学多元分化的趋势，各国在加强整合协调的同时，积极扩大基层民主，以促进大学上层结构与下层结构之间的平衡协调，并根据管理对象的不同特点，构建起灵活开放的多元协调模式。

追求效率与激发活力相统一，既关注大学整体性目标，又重视各子系统的目标。既追求目标的一致性，又强调目标的合成性。大力促进科层制模式与委员会制民主模式的结合，通过建立分散治理结构，以实现效率与活力、规范性与灵活性的统一。

第三节 高校行政管理改革的措施

一、重视高校思想政治教育

行政管理是学校管理的重要组成部分，高校的行政管理应该结合学校的办学特色和人才培养目标，根据相关的管理原则和办法，按照一定的流程，监督学校各个组织和部门的活动计划和进度，以实现学校各项资源的管理。思想政治教育是高校行政管理的重要基础，而行政管理也是顺利开展思想政治教育的良好保障。为了使高校思想政治教育和行政管理的作用有效地发挥出来，需要将两者有机地结合起来，以促进高校教育水平的提升。

（一）高校思想政治教育和行政管理的关系

1. 思想政治教育是开展行政管理工作的思想基础

高校在制定和实施行政管理措施时，都是要用思想政治教育来作为指导的。行政管理的目的是用规章制度来对高校师生的行为进行规范，因此行政管理活动具备强制性的特点。行政管理规范被管理者的行为，但是无法实现对被管理者的思想教育，简单来说就是即使高校的师生不认同学校的某些制度，但是为了不受到处分，也必须遵守规章制度。如果要让师生认可学校的规章制度并且能够自觉地执行，就需要在思想上对师生进行教育，让被管理者对制度的制定能够真正地理解，在思想层面上认可该制度，这样学校的规章制度才是有意义的。因此，思想政治教育是行政管理活动的思想基础，只有思想政治教育取得了成果，才能为学校的行政管理减小实施的阻力。

2. 行政管理是实施思想政治教育的途径

行政管理的强制性措施是思想政治教育的支撑，且思想政治教育能够巩固高校教育的成果。思想政治教育能够让学生树立正确的人生观和价值观，以保证学生的行为能够符合社会主流价值观，符合社会主义现代化建设的要求。然而单纯的教育对于学生产生的影响往往是有限的，对一些自制力比较差的学生，其作用甚至是微不足道的，这就需要运用行政管理的手段来辅助思想政治教育。根据思想政治教育中暴露出来的问题，行政管理依据学生的实际情况有针对性地制定规章制度，强制学生必须按照制度来执行，对于违反规章制度的学生要采取相应的行政处分。因此，强制性的行政管理能够规范学生的行为，约束那些自制力差的学生。

3. 思想政治教育与行政管理是相辅相成的

高校教育的最终目的就是培养有理想、有素质、三观端正的人才。思想政治教育与行政管理的根本目的也是促进学生政治思想素质的提高，两者在其中起着相辅相成的作用。从某些角度上来说，思想政治教育就是一种柔性的行政管理，而行政管理就是强制性的思想政治教育。行政管理活动如果没有思想政治教育作为基础，那么就会得不到学生的理解和认识，从而适得其反；如果思想政治教育没有行政管理作为执行手段，那么就会丧失强制力，对学生起不到教育的作用。因此，思想政治教育是实施行政管理的思想保障，而行政管理是实施思想政治教育一些强制性措施的手段。思想政治教育通过教育促进学生思想认识的提高，行政管理通过规章制度对学生的行为进行规范，两者都是为了学生树立正确价值观，并对学生做出正确的人生选择进行引导。

（二）高校思想政治教育和行政管理有机结合的具体做法

1. 改进思想政治工作体系以推动行政管理工作的顺利开展

第一，高校的思想政治工作主要是对学校的工作人员进行思想教育，学校要利用先进的管理理论来加强思想教育。学校要培养工作人员的参与意识和责任感，利用多种思想政治教育模式，将学校工作人员的参与意识调动起来，加强学校管理人员和被管理人员之间的关系，减少因为不能理解管理者的意图和对策而引起的不满情绪，为工作人员打造一个良好的工作环境。第二，对激励体系进行完善，以将工作人员的积极性充分调动起来，加强工作人员的参与。在以往激励制度的基础上，对管理者的行为激励以及关怀激励和支持激励等激励制度进行不断的改进。第三，强化培训，开展多渠道和多元化模式的业务知识和文化教育，提升工作人员的专业能力。

2. 提升行政管理干部的思想政治素质

要保证高校行政管理工作的高效性，关键是要具备一支具有高政治素质的行政管理干部队伍。行政管理干部需要具备高尚的品德和才华，怀抱远大的理想和目标，无私奉献的精神和服务精神，能够克服工作中遇到的各种困难，能够认真努力地完成工作任务。除此之外，行政管理干部还要具有良好的知识构架，具备综合分析能力和处理具体问题的能力，只有道德和才能都具备，才能强化高校行政管理干部队伍的素质建设，因此行政管理干部需要三观端正，不断提升自身的政治素养，才能实现思想政治教育和行政管理的有效结合。

随着高等教育不断地改革和深入，各高校的办学规模也不断加大，这也使得在学校的管理工作中出现越来越多的问题，在这样的形势下，对高校行政管理者的要求也越来越高，而思想政治教育和行政管理的关系密切，高校在实施行政管理的同时，还需要加强思想政治教育工作，全面地提高高校管理的有效性。

二、服务型高校行政管理体系的构建

随着我国社会经济的不断发展，教育的重要性越来越高，科教兴国已经成为我国重要的发展战略。而在我国高校高速发展的过程当中，各种设施的建设水平越来越高，服务型高校的理念已经深入到高校工作中来，使得行政管理工作的内容和职能等方面发生了翻天覆地的转变。传统的行政管理模式无法满足我国服务型高校建设的要求，这也就使得我国高校的行政管理工作必须按照服务型高校的发展而进行相应的变革。通过积极地建立服务型行政管理体系、深入地了解服务型行政管理理念，完善相应的规章制度，可以使得我国的服务型行政管理水平有大幅度的提升，一方面，促进了我国服务型高校的发展；另一方面，也提升了高校的教学和科研质量、具有重要的现实意义。

（一）高校行政管理的服务特性内涵

服务型行政管理也就是指在高校的行政管理过程中，要以教师和学生的需求为根本目标，通过更好地对教师和学生进行服务，从而提升行政管理水平。服务型行政管理的基本理念，就是以学生和全体教职员工为中心，以人为本的行政管理理念，核心目的是为了学生和全体教职员工提供更加优质的服务，而对传统的行政管理理念进行更改，通过强化服务型行政管理理念，完善服务型行政管理相关的规章制度，从而更好地对高校中的学生和全体教职员工提供相应的服务，促进学校整体的行政管理水平，从而推动学校在教学水平、科研水平等方面的全面发展，使高校的综合实力能够不断地提升。根据高校服务型行政管理的深化使用，一方面，可以有效地保证高校行政管理的公开性，让每个学生和教职员工都能够对高校行政管理有充足的认识，促进高校行政管理与日常教学和科研方面能够有机地结合，促进双方的共同发展。服务型行政管理的运用有助于促进高校行政管理的公正性，由于高校中人数数量众多，平时所需要处理的任务也较多，通过对于服务型行政管理的使用，可以让每件工作都能基于学生和教职员工的需求而进行，有效地保证了服务型行政管理的公正性和公平性。高校行政管理的服务特性有以下几个特征。

1. 专业性的服务

由于高校中各个系别、学院都具有不同的专业，高校的行政管理工作过程中，经常会出现一些涉及专业领域的管理工作，而这些管理工作由于具有极强的专业性，也就对高校行政管理工作者带来了较大的工作难度。因此，高校行政管理工作人员要有足够的专业知识，只有具有专业能力的工作人员才能够更好地进行高校行政管理工作，从而为高校的学生和教职员工提供更多优质的服务。

2. 服务客体具有多样性

服务型的高校行政管理体系的工作核心，是满足学生和教职员工的基本需求，为学生和教职员工进行服务。然而，由于学校中的人数众多，每个人都具有不同的要求，导致了高校行政管理体系的服务具有多样性的特点。因此，高校行政管理工作人员要针对每个服务客体的具体要求，进行不同的行政管理服务，从而满足每个服务客体的基本要求，提升高校行政管理的服务能力。

3. 服务具有规范性的特征

对于高校行政管理体系而言，只有具备了较强的规范性，实行规范化的服务，才能更好地提升高校行政管理的服务质量。因此，高校行政管理体系的建立，要以满足学生和教职员工的需求为核心理念，通过对学生和教职员工进行规范化的服务，在每一个工作的环节都要进行科学的设置并管理，提升高校行政管理工作的工作流程，从而让高校的学生和教职员工能够享受到更加优质的服务，促进高校教学质量和科研水平的不断发展。

（二）高校行政管理服务特性的意义

高校行政管理是学校在日常运行和发展过程中重要的组成部分，在高校中占有重要的地位。高校行政管理能力的不断提升，有助于高校教学能力和科研能力的发展，对于服务型高校建设而言，服务型高校行政管理具有更重要的地位。

1. 服务型高校行政管理有助于高校行政管理改革

高校行政管理是维护高校日常运作和发展的重要环节，也是高校进行教学和科研的重要保障。不同的高校由于其实际情况有所不同，行政管理体系也有所不同，其管理模式对不同的高校具有不同的影响。而随着服务型高校理念的不断深化和发展，传统的高校行政管理模式已经无法符合高校的发展和建设，因此，对于高校行政管理体系进行相应的改革，已经成为高校不断发展的必然要求。服务型高校行政管理是以高校的学生与全体教职员工的诉求为核心的，以为学生和全体教职员工提供服务，更好地满足服务型高校的建设理念。因此，服务型高校行政管理的使用可以有效地促进服务型高校的不断发展，促进高校教学水平和科研水平的不断提高。

2. 服务型高校行政管理有助于培养高素质的优秀人才

高校的核心目的是为国家和社会培养更多高素质的优秀人才，而服务型高校的核心理念更是以学生和教师为本，对学生的能力和素质进行培养，因此，服务型高校行政管理要立足于学生和教师的实际要求，为高校的教学和科研层面提供更优质的服务，为高校的人才培养奠定坚实的基础。对于服务型高校行政管理理念的深化和使用，可以有效地培养行政管理部门的服务理念，从理念上提升行政管理部门的服务效果，使得行政管理部门能够更好地对学生和教职员工进行服务，让高校培养高素质的优秀人才的核心理念能够融入行政管理部门当中，从而使得全校形成为学生的培养服务的理念，提高教师的工作积极性，促进教学水平的不断提高，同时，服务型高校行政管理模式的使用，还可以给学生一个良好的生活和学习环境，激发学生的学习兴趣，提高学生的学习效果，为高校培养出更多高素质的优秀人才。

3. 服务型高校行政管理有助于高校科研发展

高校除了是培养人才的重要场所，还是进行科研的重要场所。传统的高校行政管理模式，注重行政权力的主体地位，而忽略了学术权力的重要作用，导致高校行政管理体系无法为高校的科研方面做出应有的贡献，导致高校的科研水平难以得到发展。而在服务型高校中，除了注重对学生的培养以及对学生与全体教职员工的服务，还要注重提升学校的科研能力，这就要求在行政管理模式中，更加注重学术的重要地位。服务型高校行政管理模式能够更好地协调各个部门之间的关系，让各个部门能够在促进高校科研水平的目标上共同努力，从而为高校顺利进行科研项目提供相应的保障。同时，在服务型高校行政管理的模式下，不光要注重高校的日常工作，更要着眼于未来，对于高校的未来发展有一个明确的认知，建立相应的战略方针，从而有效地提升高校的教学质量和科研水平。

（三）基于服务特性的高校行政管理工作构建思路

1. 改变传统的高校行政管理理念

传统的高校行政管理理念，更加侧重管制整个行政管理的工作流程，使工作的每一个环节都能更加符合高校相关的规章制度，而忽略了行政管理应该满足学生与教职工的基本要求，这也就导致了服务型高校行政管理体系难以进行构建和发展，阻碍了高校的发展步伐。因此，在高校服务型行政管理体系的构建过程中，高校的行政管理部门必须转变传统的行政管理观念，通过树立以学生和教职员工为本的服务思想来对全校的师生负责，在行政管理的工作过程中，充分考虑学生与教职员工的基本要求。

2. 建设服务型高校行政管理队伍

行政管理工作人员在整个行政管理工作流程中占有主体作用，行政管理工作人员的工作能力和素质，直接地影响了整个行政管理工作的质量。因此，对于行政管理工作队伍进行相应的建设，对提升服务型高校的行政管理水平具有重要的意义。在服务型行政管理队伍的构建过程中，首先要提高行政管理工作人员的思想政治素养，使行政管理工作人员能够具有良好的职业道德，使其具有服务的意识。

3. 建立完善的服务型高校行政管理制度

完善的制度是保证服务型高校行政管理顺利开展的重要前提，因此，在服务型高校行政管理的建设过程中，要对服务型高校行政管理的规章制度进行相应的建设。要建立相应的民主决策制度，让全校的学生与教职员工都能够融入管理过程中来。

还要建立一个对于行政管理水平和质量的评价监督机制，让学生和教职员工能够对服务型高校行政管理进行相应的评价，并吸取其中的不足之处进行相应的改正，以保证服务型高校行政管理能够顺利地进行。

行政管理体系在我国高校的发展和建设上具有重要的意义，通过对于服务型高校行政管理体系的构建，可以有效地深化我国服务型高校建设的程度，促进我国高校教学水平和科研水平的不断提升。

三、"以人为本"的后勤服务体系构建

后勤服务视角下的高校行政管理部门，不仅肩负着科研和教学的重任，还承担着学校后勤服务和管理的职能。现阶段，我国高校教育事业的发展推动了行政管理体制的改革，行政管理高校后勤工作面临着巨大的困难，而后勤行政管理部门属于学校的枢纽，起着协调内外的作用，因此，只有构建"以人为本"的高校行政管理体系，才能提高后勤行政管理的质量。

（一）"以人为本"的高校行政管理理念

"以人为本"的高校行政管理理念，是以"为广大师生服务"为宗旨的，也是国家对教育事业发展的新要求，对我国经济、文化的发展都具有深远的影响。在传统的管理模式下，高校行政管理理念落后，严重忽视了广大师生的主体作用，导致行政机构臃肿，管理人员工作效率低下，后勤服务质量得不到有效保障，严重影响了教学科研工作的开展。因此，只有对高校后勤行政管理体系进行优化和改革，贯彻"以人为本"的管理理念，将服务教学、教师和学生当作首要任务，提高管理人员的综合素质，才能为高校各项工

作的开展提供保障，促进我国教育事业的发展。

（二）高校后勤工作开展面临的困境

1. 后勤行政管理理念滞后

在传统管理因素的制约下，武汉某高校的后勤行政管理理念落后，过分强调行政职能，管理固定化、呆板化，强硬的管理导致后勤行政管理缺乏活性，阻碍了高校后勤行政管理的发展，导致高校后勤服务无法跟上时代发展的步伐，影响了教育教学活动的开展。

2. 后勤服务保障功能低下

高校教育教学的主要目的是为社会培养高素质的复合型人才，科研教学是学校工作的核心内容，后勤服务则是为科研教学做准备的。近年来，武汉某高校的招生规模逐渐扩大，学生对学校的设施和服务要求越来越高，但是学校只重视科研教学工作，后勤工作边缘化，后勤服务保障功能低下，后勤行政管理人员综合素质低下，严重影响了学校后勤工作的开展。

3. 后勤干部队伍严重缺乏

一些高校在发展中长期处于计划经济体制的状态，学校后勤部门的职工多是教职工家属，这就导致高校后勤行政管理人员管理水平参差不齐，年龄结构不合理、后勤干部队伍严重缺乏，综合素质低下，对学校的发展趋势和发展需求掌握程度较低，无法为广大师生提供高质量的后勤服务。

4. 后勤运作机制极不协调

在计划经济背景下，武汉某高校的后勤运作机制极不协调，高校后勤行政管理仍采用了传统的后勤行政管理模式，没有将现代化的信息管理技术应用到后勤行政管理中，这就使得高校后勤行政管理缺乏科学指导，无法按照市场经济原则实现高校资源的优化配置，严重影响了"以人为本"的高校行政管理体系的构建。

（三）"以人为本"的高校后勤行政管理体系的构建

1. 树立"以人为本"的管理理念

这些大学要实现高校后勤的人性化管理目标，必须树立"以人为本"的管理理念，确保后勤行政管理舒心、放心；能够充分满足现代化管理要求，加强管理的人性化，才能充分调动后勤人员工作的积极性和主动性，确保其在工作中尽心、尽力、尽责，更好地服务于广大师生，让教师和学生在良好的校园环境中工作和学习，从根本上实现人力、财力、物力的功能最大化和效用最大化。

2. 提升后勤服务保障功能

随着高等教育的大众化发展，武汉某高校后勤工作正朝着社会化的方向发展，学校的大学生多为00后独生子女,他们对高校后勤服务的要求不断细化,为有效满足学校、教师和学生的基本需求,必须重视对后勤行政管理体系的优化和完善,改变传统的后勤行政管理模式,提升高校后勤服务保障功能,为广大师生提供主动、高效、便捷的服务,充分满足高校发展的基本需求。在高校后勤行政管理工作中要坚持走可持续发展的路线,实现科学化管理,以人为本,提高高校后勤行政管理人员的工作热情。

3. 建立高素质的后勤干部队伍

要想做好高校后勤保障服务工作,必须重视对高校后勤人员的培养,建立高素质的后勤干部队伍。高校只有加强高素质后勤干部队伍建设,聘请专家开展后勤服务知识讲座,不断更新高校后勤行政管理理念,增强后勤人员的责任感、服务意识和服务水平,才能使后勤行政管理跟上时代发展的步伐。

4. 优化和完善后勤运作机制

随着科学技术的快速发展,传统的后勤行政管理模式已经不能满足高校教育事业发展的需求,因此,优化和完善某高校后勤运作机制是十分必要的。将先进的信息技术应用到后勤行政管理中,能够实现高校后勤的信息化管理,使后勤行政管理部门及时掌握并汇总工作信息,为高校后勤行政决策创造有利条件。高校还可以构建信息交流平台,有效实现师生和后勤人员的双向互动,提高后勤行政管理水平,使后勤行政管理工作科学化、规范化、合理化。总结高校后勤服务是学校中心任务开展的重要保障,后勤部门只有在服务广大师生的过程中贯彻落实"以人为本"的理念,才能为高校后勤工作和教育教学工作开拓新的局面,实现高校后勤行政管理的科学化和规范化,促进教育教学活动的开展。

四、高校行政管理效率提升策略

面对时代发展的要求,高校行政管理应加强制度建设,依托制度优势提高行政管理效率,积极吸纳优秀管理人才,构建完善的辅助机制,切实解决行政管理中存在的问题,为高校行政管理工作水平的提高提供保障。从制度层面出发,应重点思考提高高校行政管理水平的现实路径。

(一)健全人才准入制度,引进尖端的行政管理人才

在高校行政管理领域,大部分行政管理人员都来自基层,其管理方法与管理理念是在日常工作经验中形成的,而且是以工作经验为基础开展各项管理工作。大部分行政管理人员自身所具备的知识水平偏低,没有掌握新型的管理方式,管理理念较为落后。随着时代的发展,尤其是信息化水平的不断提高,依托工作经验的行政管理模式已无法适

应时代发展的各种要求。基于此,在高校行政管理中应高度重视创新管理模式的问题,积极构建完善的人才准入机制,以此提高行政管理队伍的整体水平;应以人才退出机制为辅助,对行政管理人员进行定期考核,依据其表现决定去留。发挥机制优势,能够激发高校行政管理的活力,提高管理效率与质量。

(二)完善管理和服务的责任制和绩效管理

公立高等院校的经费来源主要为政府拨款,在院校管理层面需要受到行政体制的约束,因此,应结合院校实际,打破传统的单一制行政管理模式,引入管理责任制和服务责任制,以企业管理和服务模式为参考,切实将行政管理工作落实到个人。此外,要适当下放行政管理权力,依据管理人员个人特长合理安排管理岗位,使管理人员的才能得到充分发挥,提高个人发展与高校发展的契合度。

1. 明确行政管理人员的职责

在工作中,只有按照岗位的不同,制定不同的绩效考核标准,才能达到完善绩效管理的目的。第一,高校需要根据自身的运转需求,确定行政管理部门以及行政管理工作人员的数量。如果学校的规模比较大,则可以设置较多的行政管理人员,反之,则要减少。第二,要根据岗位的不同,确定不同的工作职能,规定行政管理人员所应该承担的责任和义务,使行政管理的效率得以提升。第三,学校要为每个行政管理人员确定对应的绩效目标。比如在确定绩效目标的时候,需要根据部门的整体绩效目标、个人的岗位要求、行政管理目标、行政管理的难度等方面进行综合考量,使绩效管理的目标可以在工作当中得到实现。

2. 完善绩效管理考评体系

需要完善绩效考评体系,才能有效完成绩效管理的目标,促进行政管理人员的自我提升,因此在实际过程中需要加强绩效考评体系的修正,才能满足管理的要求。为了使高校行政管理人员的绩效考评更合理、更有效,应从以下几方面入手。

(1)目标分解,计划到位,科学定位,有效沟通,职责明确

在绩效管理的四个环节中,绩效目标的设立最重要,它是绩效管理活动的中心和总方向,决定着计划时的最终目的、执行时的行为导向、考核时的具体标准。设定绩效计划目的在于将学校发展战略及目标与每位行政管理人员的行动结合起来,确保行政管理人员的工作目标与学校的战略目标保持一致,以最大限度地保证学校战略目标的实现。绩效计划必须清楚说明期望行政管理人员达到的结果以及为达到该结果所期望行政管理人员表现出的行为和技能。通过层层分解目标来实现,并力争保持学校战略目标与规划和教职员工个人愿景的和谐一致。

（2）重视过程考评和控制，力求考评的完整性和连续性

控制是管理的一项基本职能，它是通过对计划执行情况的监督、检查等方式，及时发现目标偏差，找出原因，采取措施，以保证目标实现的过程。一个完整的绩效管理系统包括绩效目标与计划、绩效控制、绩效考评、绩效反馈四个环节。要使绩效考评真正有效，必须关注以下几方面。

①做好平时记录，形成绩效文档

绩效管理一个很重要的原则就是无意外，认真做好被考评人员的平时绩效记录，形成绩效文档，作为年终考评的依据，确保年终考评有理有据、公平公正。

②营造浓厚的学习氛围，提高员工自我学习能力

高校本身就是一个学习型的组织，更要根据不断变化的形势，调整人才培养和人才需求的目标和计划，为行政管理人员的发展营造一个良好环境、创造相应的条件。

③慎重选择考评主体，体现全面性、针对性

高校行政管理人员服务的对象主要包括领导、教师、学生及其他相关的管理人员。应该说相对教师来说要广泛得多，同时，不同的行政管理岗位又有自身不同的主要服务对象，对行政管理人员的绩效考评应慎重选择其考评主体，力求全面性、针对性，并考虑到其与被考评人的关系、素质、各类考评主体的人员分配比例等因素，从而使考评结果更具公平性、公正性、合理性，也更可信、更有效。

④确立奖惩性评价与发展性评价相结合的价值取向

在绩效考评过程中，由于价值取向的不同，评估的指标、标准及考核评估的方法等都会有相应取舍。可以说价值取向是绩效考评的基础，也是建立整个绩效考评体系的方向。奖惩性评价主要以奖惩为目的，是一种不完全的评价，是一种终结性的面向过去的评价。它在某种程度上可以促进改革、促进提高，引起部分人员的共鸣和反响，但它从根本上忽视了评价的激励改进和导向的功能，不利于促进全体行政管理人员的发展。而发展性评价既注重人的全面发展、和谐发展、个性发展和人格完善，又注重一个组织发展和社会发展的需要，体现价值一元性与多元性的统一。但发展性评价若不与奖惩性评价相结合，又会导致广大行政管理人员无压力和激励刺激，同样对提高管理水平及服务质量无益。因此，在高校行政管理人员的绩效考评中必须将两种评价方法结合起来，综合运用，才能收到很好的效果。

⑤重视个人绩效的同时，关注团队绩效，实现绩效最大化

对于高校的每个行政管理岗位而言，实际上都要求多种能力的组合，而每个人能力结构是不同的，同时，一个人的能力也是有限的。而高校的行政管理是个完整的系统，许多管理工作是相互联系、相互影响、相互制约的。因此，学校管理者若能在进行个体绩效考评指标设定时，根据各岗位的实际情况，适当加入一些与团队绩效和流程相关的

指标。并通过团队绩效目标及相关工作流程将具不同能力结构的人融合在一起，量才用人，任其所长，不任其所短，创造机会，重视引导，形成团队成员互促共赢的局面，实现绩效最大化。

3. 加强考评结果的运用

首先，要重点关注考评结果的反馈。当完成考评之后发现行政管理人员存在的问题，要及时寻找原因，找出解决的方法，改善行政管理人员的行为。其次，要将考评结果与行政管理人员的薪酬、升职挂钩，使行政管理人员可以争先提高自身的工作质量，以期获得更好的考评成绩。最后，要将考评结果进行对外公布，使行政管理人员可以了解到绩效管理的权威性，从而注意自身的行为，提高行政管理的效率。

4. 强化绩效考核的激励措施

由美国心理学家斯金纳提出强化理论可知，人们总是期望完成任务并取得阶段性成绩后，能够得到适当的奖励和大家的肯定。组织的战略目标如果没有相应的物质激励或精神激励来持续强化，长此以往，高校行政管理人员的工作积极性就会逐渐消失。根据激励理论及激励方法的不同，建立在高校行政管理人员的管理者可从以下几方面强化绩效考核的激励措施。

（1）物质激励

现阶段，物质激励仍然是大多数高校行政管理人员关注的重心。高校行政管理人员的管理者可以将各岗位人员特征和性格特征、需求的差异性、服务数量、服务质量、服务对象的满意度及服务难易程度等综合测评价格与其绩效工资挂钩，在各单位内进行绩效工资的二次分配，不同部门、不同岗位不同的行政管理人员之间拉开差距，以体现多劳多得，优绩优酬。如在重庆某所高校，教职工的工资由基础工资和绩效工资组成，基础工资是保证职工的基本生活水平，绩效工资是跟工作量及服务质量成正比，基础工资是完成学校规定的整个工作量的百分比，才能拿到基本固定工资。绩效工资则依据高校行政管理人员对德、能、勤、绩、廉五个考核标准进行考核，将考核结果的成绩按绩效工资比例发放，这种基于绩效考核的薪酬分配机制是物质激励的一种方式，但不能包括激励机制的全部。

（2）精神激励

物质激励与精神激励两者之间相互配合、相得益彰、缺一不可，只重视物质激励而轻视精神激励不仅会加重学校经济负担，而且对员工的长远发展不利，而只重视精神激励轻物质激励，不能满足职工的基本生活需求，因此，要两者有效结合，各自发挥自身优势，弥补另外一方的不足。精神激励相对于物质激励而言是无形的激励，是看不见摸不着的激励方式，但是能满足人们精神上的需求，包括给员工升职、对他们的工作认可、岗位晋升、培训激励和被尊重的激励等多种形式的激励手段，能给他们带来荣誉感、成就感和满足感，持续地凝聚他们的心，让他们激情饱满地实现组织目标；随着人们生活水平的提高，高校行政管理的决策者和管理者在采取物质激励的同时，还应该把重心转移到以满足较高层次需要，马斯洛需求层次理论指出，人们在满足生理需求和安全需求后，会更多地关注社交、自尊、自我实现等更高层次的需求。

（3）知识激励

知识激励也是激励中的重要部分，是指高校行政管理人员对知识的需求，及时提供必要的技能知识、信息及学习知识的机会来调动他们的积极性和创造性的一种激励手段。高校行政管理人员是知识型人才，他们既有一般人的基本需求，又渴望生活的归属感，事业上的成就感和社会上的荣誉感，收入对其满足需要的边际效用呈递减趋势，随着生活水平的提高，对物质激励越来越淡化，非物质的需求所占的比重越来越大，自我实现需求占据主导地位。知识激励主要包括向不同单位各个职能部门行政管理人员提供必要的专业知识培训和获取各种知识的机会，如定期将高校行政管理人员输送到与自己工作或所学专业相关的培训基地进行知识培训，以提高其专业知识技能和综合素质。

（4）目标激励

目标激励是指高校设置整体发展的目标，使行政管理人员的个人目标与学校的整体目标紧密地结合在一起，让他们感觉到他们的个人利益与学校整体利益息息相关，愿意全心全意为高校发展服务。建议高校行政岗位的管理者在采取物质激励的同时，还须结合目标激励机制，结合各个部门不同岗位人员的绩效考核结果、能力和素质特征、服务态度、服务质量和工作效果，为其确定适当的岗位目标，岗位目标再分解成多个目标与本人工作岗位有效地结合起来，能够诱发人努力地去争取和进取的方向。心理学上把目标称为诱因，启发其奋发向上的内在动力。同时各高校根据自身战略目标和学校的财力引入现代企业人力资源管理理念，并制定竞争性和市场化的宽带薪酬制度，从而吸引优秀人才，推动教育事业的发展。一方面，将有事业心、进取心、有领导力、综合水平兼优的人员安排到重要的工作岗位上，充分挖掘他们的才能，调动他们的工作热情，推动他们的职业生涯发展；另一方面，可以根据绩效考核结果对高校行政管理岗位进行优化配置，将不同岗位、不同层次的人员合理配置到相对应的岗位上去，人尽其才。

（三）建立健全行政管理制度，实施量化管理和信息化管理

有章可循是开展各项管理工作的重要前提，同时也是确保管理取得成效的关键。为了提高高校行政管理效率，需要构建完善的管理制度，依托制度优势开展各项行政管理工作。为此，在院校内部应针对管理人员设置值班制度、岗位责任制度、办公制度等。还应结合管理人员的工作特征，设置绩效考核制度，确保绩效考核所采取的评价指标具有代表性与科学性，并将制度落实程度纳入个人考核内容之中，与绩效联系在一起。在管理制度构建的过程中应始终坚持以人为本的工作理念，面向所有行政管理人员征集相关意见，以确保制度本身具备良好的操作性和实践性。在高校行政管理中存在着较多环节的信息沟通问题，如管理高层向基层传递信息需要经过多个层级，而基层向管理层传递信息也同样需要经过多个层级，导致信息传递效率较低，难以发挥信息的时效性。基于此，应完善高校行政管理机构，分别设置问题调查部门、意见收集部门、服务监督部门与政策编制部门等，对每个部门的职责和权利给予明确的界定，并构建监督机制，以保障行政管理工作的高效性。此外，在管理方法上，应引入信息化管理与量化管理方式，结合院校发展实际与时代发展特征，不断更新行政管理理念，引入先进的管理方式，有效提升高校行政管理的水平。随着社会经济的不断发展，市场对人才培养提出了新的要求。高校需要高度重视管理工作。当前，我国高校行政管理体制仍存在一些问题，希望每一位高校行政管理工作者都能拿出一份严谨与认真，使教育管理工作得以完善，行政管理工作得到加强，为我国高等教育的人才培养做出积极的贡献。

（四）加强各部门的协作，增强沟通交流

行政管理应胸怀大局意识，根据高校的发展规划方针，统筹兼顾，有侧重、有目标地安排各项工作，保证学校各项工作的顺利推行。行政管理需要良好的前瞻性，不可只顾眼前利益或者部门、小集体利益，眼中要有学校这个"整体"，各部分、教学单位分工协作，并无孰轻孰重的概念。加强各部门的协作，增强沟通交流，吸纳有效建议，弥补当前工作的不足之处，提高整体行政管理水平。

高校行政管理依赖于高校行政管理信息的通畅，信息的通畅离不开有效的管理沟通。为了改善高校行政管理沟通要做到两点。第一，要拓宽信息沟通渠道。人与人之间的沟通除了正式的沟通还需要非正式的沟通，有时候非正式的沟通甚至比正式沟通更有效。高校行政管理人员应该深入研究师生员工喜爱的沟通方式，才能做到管理信息沟通的快捷、有效。第二，要提倡双向沟通。双向沟通是指有反馈的信息沟通，这种反馈可以进行多次，直到双方满意为止。它的优点是信息传递的准确性和接受率较高。

（五）强化行政管理人员的忧患意识

行政管理人员需要增强责任感、使命感。同时也需要忧患意识，增强危机感、紧迫感。忧患意识在一定程度上包含预见意识和防范意识。"祸兮福之所倚，福兮祸之所伏。"忧患意识的重要表现就是善于从看似平静的日常工作中预见危机，从有利中发现不利，准确判断，未雨绸缪，防患未然。当前是我国高等教育的快速发展阶段，许多高校都处于转型的关键时期，行政管理人员要保持清醒的头脑，增强工作的预见性，并且做好各种应急预案。总而言之，我国高等教育事业发展迅速，高校行政管理也需要迎难而上，

锐意进取，不断深化教育管理体制改革。丰富行政管理层级、行政管理人员的管理工作经验，完善行政管理工作方法，提升行政管理工作效率，为我国新时期高等教育事业发展做出应有的贡献。

（六）提升高校行政管理人员自我价值感

高校行政管理人员自我价值感的高低不仅影响其自我实现的进程，影响其自身的心理健康水平，还直接影响其工作效率和工作潜能的发挥。因此，提升高校行政管理人员的自我价值感是必要的，也是具有现实意义的。

1. 提高自我概念水平

自我概念是个体对自己的总体知觉，它包括对自己的生理自我、道德自我、心理自我、社会自我、家庭自我、自我认同、自我满意和自我行动等多维度的认知和评价。低自我价值感的高校的行政管理人员应该首先学会正确的、合理地认识自我，学会欣赏自我，并诚恳地接纳自我，在工作中不断地审视自我、分析自我和探索自我。只有提高了自我概念水平，才能对自己提出合理的目标和期望，工作中才能够很好地把握自己，创造更高的自我价值感。

2. 培养积极思考心态

个体的思维方式的性质决定其行动能力，行动的能力决定其工作的效果，工作的效果决定其自我评价，自我评价决定其自我价值感的高低。高校行政管理人员开展工作的过程中，常常会遇到许多不确定的因素和不能自主的情况，这些使他们在工作中有不确定感、烦躁不安情绪、无助感、焦虑等负性情绪。因此，工作中学会运用积极思考法，可以帮助他们发现工作中的乐趣，积极地面对工作中的挫折、压力，合理进行自我心理调节，保证愉快地开展工作，获得较好的、满意的工作绩效。

3. 提升情绪管理能力

根据相关研究，个体的情绪智力更多的是指个体的情绪管理能力，个体的情绪管理能力可以反映一个人的成熟水平，情绪管理能力强的个体可以控制自己的不良情绪，如果个体情绪出现波动时，可以主动地调节，使其适应自己的工作和生活，或者将其对工作和生活的影响控制在最低水平。在工作过程中，无论是由于自身人格因素，还是工作因素，高校行政管理人员都会出现情绪波动，甚至情绪难以控制的情况，如果处理不当，不仅会影响他们积极地开展工作，还会影响其积极的自我价值感的形成。高校行政管理人员可以通过学习放松技巧，掌握一种或几种放松技巧，帮助自己稳定情绪。通过这些情绪管理技巧或情绪管理方法，可以帮助高校行政管理人员理智地面对工作中遇到的各种情境，成功地处理工作中的难题，并能够得到别人和自己的积极的肯定，有助于他们形成积极的、正向的、健康的自我价值感。

4. 规划职业生涯

合理地进行职业生涯规划，可以帮助个体有计划地进行自我实现，让个体在人生的每个阶段都可以形成高自我价值感。高校行政管理人员可以根据个人的实际情况和工作任务，并结合学校的发展目标和方向，对自己的职业生涯进行规划，让自己清楚地知道每个阶段该做什么，可以检验自己每个阶段自我发展和自我完善的课题完成情况。这样他们可以在工作中完成自我实现，进行自我成长，提升自我价值感。

（七）加快行政管理的信息化和现代化建设

21世纪是信息技术的时代，随着信息技术已被越来越广泛地应用到工作、生活的各方面，充分、合理地利用资源，加速高校行政管理工作信息化、现代化进程，提高管理效率，改善管理条件，逐步做到管理手段和设施的现代化、网络化。

第七章 新时期高校教育管理体制改革

第一节 高校教育管理体制现状分析

教学管理是指学校领导和师生员工共同遵循教学规律，充分发挥管理职能，通过各种管理手段和方法，对教学系统的各个要素（学生、教师、教材、教学、设施等）进行合理组合，使教学管理的组织机构协调运转，教学活动有序、高效运行，完成国家颁布的课程计划、教学大纲和教科书规定的教学任务，实现教学目标的职能活动过程。教学管理的任务是根据确定的培养目标，按照一定的管理原则、程序和方法，组织和协调教学过程中的人力、物力、财力、时间和信息等，建立正常、相对稳定的教学秩序，以保证教学过程的畅通，使教学过程达到协调化、高效率与最优化，确保教学任务的完成，培养德智体全面发展的合格人才。教学管理在高校的管理工作中居于重要的地位，主要有以下几个方面的因素：第一，学校的基本任务是培养人才，学校的各项工作都必须围绕培养人才这个中心展开，而人才培养在一定时期内仍将通过教学活动进行，学校的各个方面几乎都离不开教学这一教育形式；第二，教学管理受教学过程的客观规律制约，教学过程是方向不确定的动态系统，因为教学过程的随机因素复杂，其效果的不确定性非常显著，即教师教了以后，学生不一定就懂，要使教师教好，学生学会并且学好，就要有一定的措施加以保证，这就需要教学管理规范教学活动，形成教育合力，提高教育效果；第三，教学管理担负着对学校全体教师和学生的管理，学校管理最重要的是人的管理，教师和学生都是活动中最重要的因素，也是学校的主体。教学质量的高低，学习效果的好坏取决于教师工作的主动性、积极性、学生学习的态度和方法，因此，对教师和学生的管理对于学校整个管理具有非常重要的意义。

一、高校教学管理的职能分析

在教学管理活动中,必须正确、恰如其分地发挥管理职能,才能形成有效、系统的管理过程。通过对教学管理活动的实践和理论研究,决策—计划—组织—实施—指挥—协调—监督—检查—总结,既是教学管理过程中相互联系的环节,也是其发挥的职能,大致可以做如下划分。

(一)决策与计划的职能

决策与计划是教学管理的首要职能。决策就是人们对未来实践的方向、目标、原则、方法和手段所做出的选择和决定。计划是根据决策和目标的要求,进行统筹安排,拟定实施方法和程序,制定相应的策略、政策等。决策是计划的前提,计划使决策具体化,决策与计划是整个管理工作的基础。教学管理决策包括目标预测和目标决策。高等学校作为培养国家高级人才的基地,对人才培养的目标有明确的规定。教学系统自身发展的目标是指与教育目标相适应的办学规模、办学条件、师资队伍等方面的发展目标。目标决策主要是对教学目标和教学管理目标的决策,教学目标包括教学总体目标和教学过程各个阶段的具体目标等,教学管理目标包括教学管理总目标和教学思想管理、课程管理、教学质量管理、教师管理、学生管理等子系统的具体目标。

教学管理计划包括教学规划、教学计划、教学政策法规和教学管理工作计划等。教学规划是学校教学工作整体的、较长远的发展设想和计划,包括规模、方式、方法等总体目标和总的方向。教学计划是学校组织实施教学的总体设计,包括培养目标、规格、课程设置和要求、学时和教学环节分配等方面;教学政策法规包括国家依据教育目的而发布的规定、条例、规则和学校为了完成培养人才的任务而制定的规章制度等。教学管理工作计划包括组织和管理教学的各类工作计划,如招生工作计划、毕业工作计划、师资培训计划等。因此,教学管理计划是一个内容广泛的计划体系,计划功能对于教学管理系统具有特别重要的意义。

(二)组织与实施的职能

组织与实施是教学管理系统的一项重要职能,指按照决策目标要求,把系统中的各种要素组织起来,执行管理计划,使教学管理计划能够付诸实施组织与实施功能具体包括两个方面,组织设计的功能和组织行为的功能。

组织设计指按照目标要求,设计任务结构和权利关系,建立一个合理而有效的管理组织结构。它的基本内容包括:为实现教育教学总目标把教学总任务分解成若干具体任务;把具体任务合并归类,划分部门,建立职权机构,如按年级设立年级组,按学科设立教研组等；选择和配备教师和管理人员，明确职责，并授予他们组织和管理教学的相应权力；为协调组织机构的职权关系和信息沟通关系而拟定各种规定，如教师工作职责，教学管理规章制度等。当然，并非对每项任务的管理都要有建立组织机构的过程，经常性地组织工作是根据各个时期的任务所规定的目标组织力量、明确分工、授予权力和协调关系。

组织行为的功能，即组织实施，是组织力量执行计划的行为和过程，其目的是使管理计划能够付诸实施。组织实施的基本内容包括：统一目标，使全体教职工目标一致；统一组织指挥，使系统内的一切工作都有人按时、按量、按质完成；人各有责，人尽其才，实行职、权、责相统一，使全体教师和管理人员明确自己的职责、工作范围、工作质量要求和协作关系；统一步骤，按计划步骤统一行动，保证计划的步步落实。

（三）指挥与协调的智能

指挥与协调也是教学管理系统的重要职能。指挥是指领导者依靠行政权威，指示下属从事某种活动，使系统按指令运行。协调是指消除管理过程中各环节、各要素之间的不和谐现象。因此，指挥与协调是从不同的侧面对管理过程的干预和控制，两者之间相互补充、相互完善。

指挥功能是指通过下达命令、指标等形式，使系统内部个人服从于一个权威的统一意志，将计划和领导者的决心变成全体成员的统一行动，使全体成员履行自己的职责，全力以赴地完成所负担的任务。教学管理的指挥功能有以下几点：第一，实行专家治校，保证领导权威，保证领导的督促、率领和引导作用有效发挥；第二，运用各级教学管理组织权责和规章制度，规范全体人员的行动；第三，严格按计划、大纲组织教学，统一标准，统一要求；第四，建立教学指挥机构，一般由领导、职能部门工作人员，借助先进的设备手段，建立教学指挥中心等形式的教学指挥系统。

协调功能是指对系统运行过程中各环节、各要素之间的不和谐现象进行处理和调整，以消除和减少各种矛盾，保证目标的实现。协调功能带有综合性、整体性特征，它是管理本质的体现。从某种意义上说，管理就是协调。教学管理协调的主要内容是通过计划、沟通、调整等方法，协调教学管理系统与外部环境，如学校教育与社会系统的关系；协调教学管理系统内部各类成员之间，各组织、各部门之间，管理过程各环节、各项工作之间等关系；协调教学系统内部课内与课外之间，教、学、管诸要素之间，教学内容、方法、手段之间，各章节教学内容之间的关系等。

（四）监督与检查的职能

监督与检查是实施教学管理过程的重要职能。监督就是察看并督促。检查是对预测的科学性、决策的正确性、目标的完整性、计划方案的可行性以及实施计划的有效性的全面考评。从本质上讲，检查就是一种监督和控制，是一种信息反馈活动。通过检查既可以发现管理过程中的缺点和问题，又可以发现优点和经验，进而克服缺点，推广经验，把工作推向前进。

检查职能的类型可以按不同类型划分。按检查时间划分有平时检查和阶段检查。平时检查及时不使问题成堆，阶段检查则是比较集中、全面的检查。两种检查互为补充，不可缺少。按范围划分有全面检查和专题检查。全面检查是德、智、体、行政、总务诸方面，目的在于了解和掌握工作的全面情况。专题检查是有针对性地发现问题和解决问题，专题检查的内容决定于检查的目的，教学管理要专题检查和全面检查交替进行。按检查方式划分有自上而下的检查、互相检查和个人检查。自上而下的检查是学校领导者对下属的检查，这种检查有监督、考核的作用；互相检查是学校成员之间互相进行的一种方式，如教师之间的互相听课、互相检查教案和学生作业；个人检查是学校成员的自我检查。这种检查有两种：一是按学校布置的提纲进行；二是自觉的自我回顾。个人自查是具有强烈责任感的表现。

监督与检查具有双重功能：一是监督与考核下属人员的工作，能及时对成绩突出者给予肯定，对工作平平甚至失职者给予纠正；二是检查和考核领导人员本身的管理水平，计划、措施、执行是否符合规范和要求，明确管理者的责任。

（五）评价与控制的智能

评价与控制是教学管理，特别是现代教学管理的重要职能。评价包括科学分析和价值判断，指通过教学评价和系统分析方法，判断教学效果与教学目标的差距，为决策和控制提供有用信息。控制即根据评价分析的结果，纠正计划执行中的偏差，保证教学目标的实现。评价与控制是教学管理系统最重要的功能之一。

教学评价和分析的具体功能是根据教学目标和计划，运用各种科学手段，对教学过程和效果进行价值判断和系统分析，为教育教学决策和控制提供信息。教学评价和分析的主要内容包括：课程教学评价分析、课堂教学质量评价分析、教师评价分析、学生评价分析、课外活动评价分析等。

教学管理的控制功能包括教学前馈控制、教学过程控制和教学事后控制三种类型。教学前馈控制是预防偏差的一种控制，即预先采取有效措施，使偏差得到预先控制，防患于未然。前馈控制对于教学管理是十分重要的，教学系统是以育人为目的的，教学过程的任何偏差所造成的后果都是十分严重的、不能允许的，前馈控制可以防止这种情况的发生。教学过程控制也称教学现场控制，是在教学计划执行过程中的控制行为。通过对教学计划执行过程的现场观察、监督和指导，对教学过程进行评价、分析和建议，及时纠正任何不符合教学计划要求的偏差，保证教学计划的实施。教学事后控制，又称教学成果控制，是建立在终结性评价分析的基础上的控制行为，即在计划基本完成之后，把实际取得的工作成果与计划目标相比较，发现仍然存在的差距，作为将来工作的借鉴。

（六）总结的智能

总结是教学管理活动一个周期的终止，预示着下一个周期的开始，起着承前启后的作用。总结是教育管理活动不可忽视的一环，它要求用科学的方法，对工作进行全面系统的总结，肯定成绩，找出缺点，总结经验教训，探索管理规律，并指出未来的努力方向。总结对于积累管理经验，提高学校管理人员的管理水平，促使教学管理科学化，提高学校的工作效率和管理效能具有十分积极的意义。教学管理过程中的总结通常在一个学期或一个学年结束时进行，一般分为全面总结和专题总结两类。做好总结工作必须遵循以下基本要求。

1. 以计划目标作为评估绩效的标准

总结是对计划执行情况进行的综合分析和评估。原定的计划目标不仅是执行和检查计划的依据和中心，还是评估工作绩效的重要标准。

2. 要以检查为基础

总结是检查的后继阶段，是在检查的基础上进行的。没有有效的检查，就不可能有真正符合客观实际的总结。检查可为总结提供各种可靠的信息，如典型的事例、人员的言行表现、科学的数据材料等，但检查并不等于总结，也不能代替总结。检查是感性的，而总结是理性的，是发现原则和规律的过程。

3. 要有激励作用

回顾过去是为了推动未来，总结使组织成员进一步增强前进的信心和决心，成为前进过程中的"加油站"。一份优秀的总结报告应具有强大的激励作用，肯定的成绩能增强人们的信心，指出的不足能增强人们的责任感，从而振奋人们精神，提高教学管理水平。特别是在行使教学管理的总结职能过程中，通常要建立奖优罚懒、赏罚分明的奖罚机制，以促进教学工作朝着积极、健康的方向发展。

二、高校教学管理制度的内涵与结构分析

（一）高校教学管理制度的内涵

根据《现代汉语词典》的解释，制度一词有这样两层意思：一是要求大家共同遵守的办事规程或行动准则；二是在一定历史条件下形成的经济、文化等方面的体系。

高校教学管理制度是一个多层次、多序列、多职能的完整体系，从不同的角度有不

同的划分和理解。从广义上讲，高校的教学管理制度就是在一定教育发展条件下形成的教学管理体系，是由诸多元素或部件构成的、完整的、具有特定目的和功能的整体，各个元素或部件在构成上的变化直接影响高等教育功能的发挥和高等教育目的的实现。这个整体或者系统总是随着时代和社会的变化而变化，变化可以是主动的也可以是被动的，可以是宏观方面的也可以是微观方面的。每当高等教育教学不适应时代和社会的变化时，高等教育就要通过制度上的改革与发展适应变化。高校教学管理制度本身就是在不断适应社会的需要的过程中形成和发展起来的。但从狭义上讲，高校教学管理制度就是特指在高等学校的教学过程中，为了规范教学活动和实现学校的教学目标，而制定的系统的教学管理方法。

为提高高等教育的教学质量，各国的实践探索无不加强教学管理，从制度上提供保障。从世界范围来看，学分制和学年制是高校教学管理中采用的最为广泛的两种制度。选择学分制还是学年制与国家的社会制度无关，而更多地与一个国家的社会文化和传统相联系。虽然美国、法国、英国、意大利、日本等国同属资本主义国家，实行市场经济，但它们所采取的教学管理并不一样，有的实行学年制，有的实行学分制。即使在同一个国家里，在不同时期，不同大学也会采用不同方式，甚至在同一时期，不同大学也采用不同方式。由此可见，学分制与学年制只是两种不同的教学管理制度而已。它们的共性是学生必须修习一定数量的科目才能毕业；它们的差异则是学年制注重统一性，有显著的强制特点，学分制的自由度和选择范围则比较大，有显著的弹性特点。因此，两者并无绝对的优劣之分，大学的成功与高质量和采用哪种教学管理制度也无绝对的关系，关键是大学所采用的制度是否适应学校教学管理的需要。"制度"是一把"双刃剑"，只有通过不断地完善教学管理制度，才能促进学校的发展进步。

（二）高校教学管理系统的结构分析

结构是系统中要素相互联系、相互作用的方式，是要素在系统内的秩序。由于教学管理内部复杂的联系，根据不同的需要，从不同的角度研究就有不同的层次和形式的系统结构。

从组织结构分析，目前高校的教学管理可分为教与学两个系列，各为六个层次。在教的方面，由主管校长—教务处—学院—系（部）—教研室—教师，形成一个完整的教学工作系列；在学的方面，由主管校长—教务处—学院—系（部）—年级—每个学生，组成学习系列。这两个系列既相互交融、相互影响，又有其自身的独立性。教学管理系统六个结构层次的具体构成如下。

第一层是由学校主管教学工作的校长主持召开行政会议。这是学校教学管理的决策层。决策层的职责是通过调查研究，进行科学决策，实现宏观调控，校长要对整个学校的教学质量全面负责，从学校的定位、总任务、总目标出发，把提高教育教学质量、培养高级人才作为教学管理的中心任务。

第二层是教务处。它是教学管理的职能部门。它是在校长的领导下，对全校的教学工作进行具体计划、组织和调度的职能机构。教务处的工作主要是确定具体的学科、制定教学目标、编制教学计划、安排教学任务，对学校的教学工作进行检查和评估，对各专业的教学实行管理并对质量负责，负责全校的教务行政工作，是高等教育中十分重要的组织机构。

第三层是学院。学院是近年来高等教育改革过程中产生的结构层。由相关学科、系、部组成的学院，更有利于学科交融、资源共享，同时，也便于学校教学工作的管理和开展。学院主要是根据教务处制订的宏观计划，结合本院的学科特点，组织教学工作的开展。对系、部的工作进行安排部署，对本学院的教学做具体、细致和全面的管理。

第四层是系（部）。这一层次的主要任务是组织各专业教师进行教学工作的实施，经常性地组织教师进行教学研究工作，总结交流教学经验，提高教师的思想水平、业务水平和教学能力，对教师进行师德、教风和学风的建设，建立良好的教师集体，改进教学工作，提高教学质量。

第五层是教研室和年级组。教研室是根据学科和专业特性组织起来的教学科研组织，它是教师的直接管理部门，对教师的教学、科研工作进行最直接的安排和管理。在高校，年级的主要工作是由辅导员进行管理的，年级不同，教学安排、学生的思想状况以及课程的设置就不同。因此，教学要根据年级的特点和大学生的心理、思想来组织管理，实施阶段性的教学检测、年级学科竞赛、教师教学状况调查等。

第六层是教师和学生个体。任课教师是教学工作的具体实施者，对本专业课程的教学质量负责，同时，还肩负着对本专业知识进行拓展和深入研究的责任，教师也要不断地研究和学习，努力提高自身素质和教学能力。学生是接受教学的主体，每个学生要对自己的学习实行自我管理，对自己的学习进行自觉、合理的安排，选择适合自己的学习方法，对教师的教学给予支持，向教师提出合理化的建议，并与其他同学进行学业上的交流和探讨。

在以上两个系列的六个层次中，还存在着反馈系统。反馈系统是教学管理中的必要元素，为保证教学工作在各个阶段的顺利实施，学校必须建立顺畅贯通的教学信息反馈系统，以便及时了解教学过程中的实际情况，并将反馈的意见进行总结归纳，决策层和实施层根据反馈的信息对教学工作进行调整，保证教学工作正常运转，形成反馈机制，提高教学质量。

三、高校教学管理制度与教育质量的关系研究

作为继承、传播和创造知识的高等教育，在知识经济时代从社会的边缘走向了社会的中心。提高国民素质、储备科技人才，已经成为世界各国关注的焦点，把发展高等教育作为提高综合国力、增强国际竞争力的重要措施。高校教学管理制度的优劣是教育质量高低的关键所在，一个好的管理制度对学校的发展、人才的培养具有十分重要的作用。

目前，高等教育进入大众化阶段的战略决策，并采取行政措施，连续几年扩大招生规模，以迎接知识经济的挑战，实现"科教兴国"战略，增强国家的综合国力和国际竞争力，满足人民群众日益增长的接受高等教育的需要。在今后若干年中，高等教育还要保持比较高的发展速度，才能实现大众化的发展目标。虽然缓解了高等教育供求的矛盾，但同时也给人们带来忧虑，担心因入学"门槛"降低和规模扩大过快而导致教育质量下降。因此，教育界最突出的问题是，用什么样的教学管理制度解决通向大众化教育阶段过程中或进入大众化教育阶段后的教育质量问题。

（一）完善制度建设、提高高等教育质量

高等教育大众化的重要标志是高等教育规模逐年扩大、适龄青年的入学率逐年上升。在整个发展进程中，进入高等学校的"门槛"必然逐年降低，这是否意味高等教育的质量下降了？答案是否定的。首先，"门槛"高低受招生规模制约，是人为设置的，不是评价高等教育质量的决定因素；其次，人是发展变化的，一次入学考试分数的高低，只能反映一次竞争的结果，不能代表人的素质优劣，更不能以此来推论或决定人的终身；最后，大众化阶段的高等教育，其教育目标定位是提高整个中华民族的科学文化水平，而不是少数精英。从这个意义上讲，虽然进入大学的"门槛"在逐年降低，但高等教育规模在逐年扩大，给更多的人提供了接受高等教育的机会，国民的综合素质提升了，整个中华民族的科学文化水平提高了，为社会主义现代化建设和发展知识经济培养了不同层次、不同类型、不同规格的各类人才。因此，虽然"门槛"降低了，但并不能说明质量下降。大众化教育阶段过程中出现的某些质量问题，并非这一阶段所独有，而且是可以解决的。

（二）精英教育赋予高校教学管理制度新的内涵

我国的高等教育尚处在精英教育阶段，但严格讲，它主要体现在数量即适龄青年入学率上，在质量上未能反映面向"精英"的精英教育。高考虽然是全国统考，但由于地区差别和其他一些原因，"精英"未必能接受精英教育。进入大众化教育阶段后，精英教育不仅不会消失，还必须加强，但高校教学管理制度须进一步完善。通过高等教育的

结构调整和强化竞争与激励机制，使真正的精英流向这类高等教育机构接受精英教育。

（三）高校教育质量标准从单一走向多元

长期以来，受计划经济体制的影响，人们是用一个尺度衡量高等教育质量的。这反映在教育目的和人才培养目标的统一规定方面，也反映在统一的教育质量评价体系及其课程体系、教学内容等方面。如果说这种现象同当时的计划经济体制相适应，那么现在显然已经不合时宜。

新世纪，中国将更加开放，多元经济和多样化社会必然对高等教育提出多样化的需求，高等教育多样化是适应社会经济多元化、高等教育大众化、科技发展高速化、社会需求多样化、人的素质差异化的必然要求。高等教育只有为社会提供多层次、多类型、多形式的教育，才能满足社会对各类人才的需求和个性发展多样选择的要求。面对多样化需求的社会，高等教育必须走多样化之路，科学定位，主动寻找有利于生存和发展的空间，才能发展个性，办出特色，提高质量，经受住激烈竞争的人才市场的检验。

目前，高校的教学管理制度应引导高等教育适应社会，引导其追求理想学术型的办学模式和人才培养模式。多元教育质量观是有别于传统教育质量观的理念，它突破了计划经济的思维定式，有利于增强高校自主办学和自我调节的能力。它不仅对不同层次、不同类型的高等教育采用不同的质量评价标准，而且允许同一层次、同一类型甚至同一专业的人才培养目标也可以不同。多元教育质量观更能突出办学个性和特色，其运作更加客观，贴近市场，因而有利于引导大众化阶段的各级各类高等教育在各自的层面办出特色，提高质量和水平。

（四）多样化的高等教育对素质教育有新的解释

中国是一个具有几千年历史的文明古国，传统教育的价值倾斜于政治功能，衡量教育质量的重要标准是能否为统治阶级培养所谓的"济世之才"，主张循规蹈矩，反对离经叛道。近代工业文明传入中国后，科学教育受到重视，以占有知识的多少和深浅为标准的知识质量观一度占据支配地位，强调培养学术型或学科型高级人才。到了 20 世纪 80 年代中期，针对大学生动手能力不强的现象，强调加强能力培养，出现了知识质量观转变为能力质量观的趋势。到了 20 世纪 90 年代中期，素质教育在全国兴起，教育质量观得到广泛认同。从教育的知识质量观到能力质量观，再到包含知识、能力在内的全面素质质量观，反映了社会变革、转型时期人们对教育本质认识的深化，丰富了教育理论与教育实践知识，促进了教育质量和办学水平的提高。但是，受传统思维定式的影响，其价值取向仍然偏向社会功能而忽视教育的个体功能，人才观仍然偏向理想模式下的"全才""完人"，而忽视多元经济和多样化社会对人才，尤其对专门人才的多样化需求。

素质教育是针对中小学"应试教育"提出来的，高等教育中讲的素质教育，从发表的文章看，主要是针对人文与思想政治教育环节薄弱提出来的。大体有两种倾向：要么把素质与知识、能力等并列或对立起来；要么在"全面"上做文章，对素质进行分解，试图把学生培养成"全人"或"完人"，两种倾向都有失偏颇，根源就在于对素质教育内涵的理解上。素质教育是基于受教育者的基本素质，通过最佳途径，促进其主动在各层面全面发展的教育模式。这个概念的基本内涵是：①素质教育的基础是受教育者的基本素质；②人的素质存在差异，素质教育只能因材施教，分类进行；③它是一个过程，其效果取决于实施途径；④是主动学习而不是相反；⑤目标是适应社会，全面发展；⑥具有理论与实践意义和可操作性。

大众化教育阶段的高等教育资源通过优化与重组，不同层次类型的学校将进一步分化。多样化的高等教育实际，要求人们必须走出传统的培养模式，进行制度创新，将传统理想模式塑造人改变为受教育者根据自身的实际情况与现实可能，选择有利于社会价值与个体价值统一的成才模式。即使对所谓"片面"发展的"怪才""偏科生"，也不能用现在的质量标准将其拒之门外，而应采取特殊的培养模式，促进其在"片面"方向"全面发展"。这类人才的特殊性在"片面"，决不能用理想模式迫使其舍长就短成为平庸之才，更不能将其扼杀。因此，传统意义上的因材施教将在分类培养的基础上，在更高层次上回归。教与学的角色将实现历史性的转变，教育不再是单向传授，而是导致学习的、有组织的和持续的交流。受教育者将能动地根据专长、志向和兴趣，按能级归位，选择有利于自身发展的教育形式。新世纪的素质教育必须克服上述两种倾向，不再追求标准化的单一理想模式及其质量标准，而应建立有利于不同层次、类型的人才发展的多样化的因材施教、分类培养、教学互动的弹性模式及其教育质量标准。

教育质量观属于教育哲学范畴，它是一个发展的概念，准确把握其内涵和外延，需要在教育实践中不断进行理论探索和实践总结。高等教育大众化必须是数量与质量的统一，关键是要建立正确的教育质量观。在社会转型和高等教育向大众化跨越的历史时期，教育质量观起着重要导向作用。怎样发挥其正面导向作用，克服其负面导向作用，促进高等教育的规模、结构、质量、效益的协调发展，是新世纪必须解决的重大课题。

第二节 高校教育管理体制问题所在

我国的高等教育作为世界高等教育系统中的重要组成部分，既有许多与国外高等教育相似的特点，又有自身的特殊矛盾。就学校管理而言，存在着一系列的矛盾，如高校经费严重不足与经费浪费的矛盾；学术管理的主体性与高校内部行政管理规范性的矛盾；传统的教育教学管理模式与知识经济社会要求培养创新人才的矛盾等。在教学管理中，也存在着一些亟须解决的问题，对于这些问题，有必要进行深入研究和探讨。

一、教学管理组织的权利性倾向严重

教学管理组织本身是为实现学校的教育、教学目标而形成的结构优化、精干高效的管理系统，这个系统将学校中众多的教学要素进行有机的组合和动态的管理。但是，在我国的高校教学管理中，常表现出教学管理组织的权力性倾向严重的问题。"权力－强制"策略虽然是教学管理中的一种手段，但不是唯一的手段。在教学管理中，如果过分地强调组织的权利，使用强制的手段进行管理，往往容易触及学校的敏感神经，教师会有消极的情绪，学生会产生逆反心理，教学的质量不但不会提高，在管理中还会出现被动的局面。

高校进行教学管理的目的是为了提高教学水平，培养优秀人才，要达到这个目的，拥有合格的、积极主动工作的教员和自觉学习的学生才是关键。教学管理组织应合理地运用手中的权力，充分发扬民主，采用合作化的管理手段，充分调动行政人员、专业人员、教师、学生以及校外人士的积极性和参与性，才能有利于教学工作的开展。

二、教学管理组织的运作模式相对单一

模式是再现现实的理论性的简化形式。目前，在我国高校教学管理中，一般都采用的是等级制的管理模式，即从校长到学生，一级抓一级的方式。至于学生的表现如何，校长的管理能力怎样，这中间受到太多因素的干扰。教学管理中，应该以一种适合本校发展的模式为主、其他管理模式为辅的共同管理模式。

（一）问题解决模式

该模式是由第一线的教师为解决教育实际问题而创设和实施的，其理论基础是实用主义哲学和自由市场理论。这种模式的主要特征就是根据教学管理过程中出现的实际问题，进行诊断和鉴别，认真剖析内、外因素，自觉、自主地解决新问题，遵循问题—解决—新问题—再解决的程式向前发展。

（二）研究－发展－推广模式

该模式的理论基础是理性主义和权威主义。它主张任何管理都是一个研究、发展、

推广的过程。教学管理者要根据实际进行研究,将成果以适当的形式、在适当的阶段推行,即使某些管理的变革会遭到排斥,但是最终会得到推广,并在推广中受益。

(三) 管理互动模式

该模式的理论基础是社会合作主义和人际关系理论,其精神实质是合作与沟通。在教学管理中,人与人之间相互影响,个人的行为受到制约,但通过宣传、交流和互换角色的方式,可以解决一些难以解决的问题。例如,学生代表与校长面对面交流,行政人员与教师进行交流,教师与学生进行合作管理等。

教学管理的模式多种多样,各校应在多年的管理实践中选择适合本校校情的模式,更应该不断地研究探讨新的模式,适应高校的发展和社会的需要。

三、教学管理的方法陈旧

高校教学管理的方法就是实现教学目标、完成教学任务的基本手段。掌握并运用有效的基本方法,对于提高管理绩效具有十分重要的意义。教育要创新、科技要创新、人才培养要创新,教学管理的方法也同样要创新,不能总是采用一种陈年旧法。学校的教学管理本身具有权威性、强制性和垂直性等特点,如果在管理方法上不注意,难免会造成主观主义和命令主义的错误倾向,就会伤害教师和学生的感情。在科学教育飞速发展的今天,要想在管理上出成绩、出效益,就得选择适当的方法,有效地组合方法,从而达到事半功倍的效果。

要在适当的范围选择适当的方法。任何方法都不是万能的,都有一定的适用范围。如果教学管理的方法运用不当,就会产生明显的局限性。比如,在对教师的管理中,如果过于强调上级的权威和集中统一,容易导致长官意识主义,不利于下级和群众主观能动性和创造性的发挥,管理的适应性和灵活性受到限制,横向联系容易被忽视,影响各部门间的沟通与协调等。因此,教学管理的方法不能单一,要在适当的范围选择适当的方法。

要在正确态度的指导下运用方法。作为高校的教学管理者,首先,要正确认识和对待管理权力,注意提高自身的素质水平保证管理要求的合理性和正确性。其次,要分析管理方法的可行性,保证实施的效果节制有度,既能令行禁止,又能调动下属的工作积极性。最后,教学管理者要根据不同时期、不同条件、不同环境和教学工作的特点,把行政方法界定在必要和可行之内,使其更加符合教学管理工作的需要。

教学管理方法在学校的管理工作中发挥着十分重要的作用,正确的方法可以解决教学中产生的问题,提高学校的教学质量和办学效益,错误的方法则会导致问题的产生,给学校的工作造成负面影响。在教学管理工作中，一方面，管理者应不断提高自身的科学化程度，根据具体情况有针对性地灵活选择各种管理方法；另一方面，要注意与其他管理方法的配合，使教学管理方法发挥出更大的实际效果。

四、教学管理的目标具有局限性

教学管理的目标是由教育的功能决定的我国目前高校教学管理的目标偏重于层次的划一与外显的局限。这样的目标会低估教学过程中出现的各种复杂现象，单凭借外显的行为特征而掩盖了教学管理的深刻性。具体表现在三个方面。

第一，教学管理的对象是发展中的人，学生在获取知识、技能与能力的程度不是统一确定的，他们在生理、心理以及社会化等诸多方面的成长速度不尽相同。因此，如果将教学管理的目标整齐划一，就容易忽视学生个性特长的发展。

第二，外显的行为目标一般不能准确揭示出全部活动的内隐因素。如果制定教学目标仅从知识内容出发，离开了教与学的具体行为，离开了教师和学生的基础水平，那么，必将产生各种各样的问题。因此，教学管理目标应全面、合理并且具有个性化的导向功能。

第三，目前，我国的高等教育正面临着前所未有的巨大变革，影响学校教学管理的因素呈现出越来越大的随机性。这就要求学校能随时随机地根据实际形式的变化，迅速调整相关的管理对策，如果教学管理的目标局限于某一方面，在适应环境变化方面就表现为僵化有余、弹性不足，不能很好地适应形势的发展。

鉴于上述分析，不难看出在制定教学管理目标时，应强化其正面效益，减少负面影响，发挥目标管理的效应，促进教学管理工作的开展。应从以下几个方面入手。

（一）科学分析，准确定位

教学管理要做到激励性与可行性的统一，这就要求管理者在科学分析校情的基础上，抓住学校亟须解决的问题，形成既体现本校教学工作自身特点，又符合实际的管理目标。

（二）近期需要与长远利益相结合

针对教学管理目标中容易出现"短期化"的倾向，在制定目标时，必须将学校教学发展的蓝图与中、短期目标统一协调起来。要确定哪些是近期努力可以达到的目标，哪些是经过不间断的努力可以实现的目标。当近期发展目标与长期发展目标相冲突时，一定要协调好两者的关系，不能因一时得失而毁掉长远发展前程。

（三）畅通信息渠道，加强监督反馈

教学管理目标是学校教学工作的行为导向，管理者必须建立立体、交叉、多维的信

息网络，密切关注学校教学活动的运行状态是否与确立的目标体系相符合。一旦出现问题，管理者应迅速了解情况，并组织相关部门"会诊"，找对问题症结，形成有效对策，并通过信息反馈渠道对不恰当的管理行为做出修正，确保教学管理工作与目标不出现偏差。

五、教学管理的评估体系不健全

教学质量评估是教学管理中的一项重要改革，它不仅使教学管理部门对课堂教学起到监控作用，而且能够最大限度地调动教师的教学积极性，从而达到提高教学质量的目的。随着高校管理体制改革的不断深化，教学质量评估体系还有待于进一步健全和完善。在当前教学质量评估中主要存在以下问题。

（一）评估的认识存在偏差

当前，教育评估主要是由上级教育行政部门组织，采取他人评估、行政评估等方式进行，评估的目的表现为分等评优，从而起到选拔、鉴定、评比的作用，充分体现了教育评估的总结性功能。然而，为改进工作和决策服务的形成性功能发挥得不够充分。这种评估与过去上级对下级的工作检查并无本质的区别。被评估者对评估活动没有积极的参与意识，甚至对评估有抵制和厌倦情绪。有人认为，评估只是摆形式、走过场，对学校的具体工作开展并无实质性的促进作用。还有人认为，评估是一种"扰民"行为，干扰了学校正常的工作秩序，不仅无益，反而有害。这些原因固然有偏颇之处，但究其原因与开展的评估方式、方法不当有关。评估的目的不只是在于分出等级，更在于改进工作。如果评估者对此没有深刻的认识，简单地把评估作为分出优劣高下的工具，必然会造成误导和误解。

（二）评估功能和模式单一

评估具有导向、改进、鉴定、激励、管理、研究等多种功能，但目前的评估尚不能充分发挥这些功能，只有鉴定功能、管理功能在评估中表现得较为明显。评估模式基本采用泰勒的"目标行为模式"，或者说"目标到达度"模式，这种模式在我国是伴随着加强教育行政管理和督导工作发展起来的，是由领导部门组织的行政评估和他人评估。而专家评估、社会评估、自我评估的成分很少，势必影响教育评估的全面性和被评对象的积极性。

（三）评估的技术水平不高

评估的可信度和效率在很大程度上依赖于对评估手段技术的准确把握和恰当运用。教育评估涉及多种评估技术和评估工具的运用，不同的技术和工具有不同的作用。目前，在高校教学评估中使用的最为广泛的是量化的技术,但一部分评估人员对如何编制量化表、如何保证可信度和效率等缺乏应有的知识和能力,致使量化方法这一重要的教育评估技术出现偏差,导致"盲目量化"的现象,似乎教育的一切方面都可量化,而一切量化又都是有价值的。

(四)对教育评估缺乏再评估

评估标准是否合理,评估方案是否科学,信息搜集是否全面,信息处理是否得当,评估结果是否客观,评估结论是否公正,这些问题都有待于对教学评估进行再评估以后回答。没有再评估,对教育评估就失去了检查和监督的意义,就很难保证各个环节的合理无误,很难使教学评估活动具有自我认识、自我批评、自我提高的能力。当前,教学评估中出现的许多问题都与缺乏再评估紧密相关。

第三节 高校教育管理体制改革策略

面对创新人才培养对教学管理体制的要求,本节将对高校教学管理体制改革的研究展开论述。针对高校的具体情况,教学管理体制创新可采取的对策是:更新教学管理观念,突出"以人为本、以生为先"的管理思想;建立以学院制为主体的教学管理体制;健全学分制管理制度;构建高校教师培训体系;协调教学与科研的关系。总结高校建立的教学改革实验班教学管理体制的创新之处,并鉴于其具有实验性而不具备普遍性的特殊情况。在教学改革实验班成功的基础上,高校教学管理体制将继续从学分制教学管理制度和"以学生为中心"的教学管理模式两方面进行改革。

一、高校教学管理体制创新的对策探讨

(一)突出"以人为本,以生为先"的教学管理思想

人类社会的每一次重大变革,总是以思想的进步和观念的更新为先导。观念是外部世界的主观反映,外部世界是不断变化的,观念也随之不断地发生变革。教学改革的进程同样离不开思想的不断解放和观念的不断更新。在高校培养专门人才、发展科学、直接为社会服务的三项基本职能中,人才培养始终是最基本、最重要的职能。教学管理的主体应是学生,教学管理工作应本着"一切为了学生,为了一切学生,为了学生的一切"

的原则进行，突出"以人为本、以生为先"的教学管理思想。

1. 确立尊重学生自主权的教学管理思想

尊重学生知情权、选择权、参与权等自主权，目的是为学生自主学习、自我管理、自由发展提供必备条件，从而培养学生具备自我构建智能结构的能力，使其成为具有创新精神和创新能力的人才。

首先，赋予学生知情权。学生有权了解学校的教学计划、培养方案、各项规章制度、开设课程、课程安排、教师资历、教育培养经费的使用情况及其他与学习、生活有关的情况。学校赋予学生知情权，可从学校、院（系）和学生三方面进行。第一，借助网络公开校务。学校将与学生利益相关的内容挂在校园网上，使每个学生都能了解学校的政策与具体规章制度。第二，教学秘书、班主任或学生干部及时、准确地通知院（系）事务。院（系）通知的事情一般与学生的利益有较直接的关系，如申请奖学金、评选优秀学生、参与学术活动等。第三，学生主动向老师了解自己关心的事情。学生对于自己想了解的事情应积极主动地询问教师或院（系）教学秘书，自己采取主动。其次，交还学生选择权。学生自主选择的权限包括选择专业、选修课程、选择授课教师、学习模式以及学习年限等权利。为保证学生选择权顺利实施，可以从学校、教师、学生三个角度进行。第一，从学校角度讲，要进一步完善选课制和导师制，从制度上保障学生在选择专业、课程、教师及学习年限上的自主性。第二，从教师角度讲，要不断提高教师的业务水平，开出数量多、质量高的选修课，以供学生有选择的余地。第三，从学生角度讲，选择课程要根据自己的特长、兴趣做出合理的选择，不要盲目地选择容易获取学分的课程。另外，课程选择权还应赋予学生在规定时间内改选课程的自由。最后，给予学生参与权。学生参与学校的教育教学活动使他们有机会学习民主和运用民主，对培养他们形成主人意识、自主自立能力有很大益处。参与权可以分为教学管理参与和教学过程参与。教学管理参与可派学生代表参与校级或院（系）级的教学事务管理，参与教学计划的制订，参与教师的教学评价，参与信息收集与反馈等学生参与管理，增强了学习知识和运用知识的主动性和自觉性，培养了学生的实践能力和动手能力。教学过程参与，一方面，指学生应在课堂上主动参与教师教学，与教师进行互动，而不是把自己作为装盛知识的"容器"；另一方面，指学生有权参与教师的选择，参与自己的专业课程设置，实行个性化培养。教学过程参与将以往在教学过程中对学生进行的统一管理转变为个体参与，以培养学生的主体意识和激发其主观能动性。

"以人为本、以生为先"的教学管理思想要求充分调动学生的主动性与积极性，但并不意味着毫无规范与限制。因此，学校在建立完善的制度体系以保障学生知情权、选择权、参与权的同时，还应考虑给予这些权力一定的权限，确保学生正确使用知情权、选择权和参与权。

2. 树立个性教育的观念

据一项有关大学生创造性人才观的调查结果表明，影响创新人才的10项因素中，"独立性"被大学生认为是最重要的。独立性又由"有个性、有创新意识、敢于怀疑权威、有主见不盲从、有预见性和超前意识"几项因素构成。可见，一个创造者的成功与否，往往与他的个性有内在联系。终身教育理论的创始人、法国著名教育家保尔·朗格朗指出，"教育工作者再也不应该是多少有些天才的知识传授者，而是培养个性的专家"。为了充分发展学生的个性，挖掘其创造潜力，高校应转变教育思想，树立个性教育的观念。个性教育就是在教育教学过程中，教育者尊重受教育者的个体差异、突出其主体地位，促进个性自主和谐发展。实施个性教育可通过尊重学生个体差异、突出学生主体地位以及建立新型师生关系三条途径实施。

首先，尊重学生个体差异。尊重学生的个体差异，一方面，要承认人无全才，但人人有才，教师和教学管理人员在教育教学过程中要充分考虑学生的生活、经济、文化等背景的差异，按照马克思主义具体问题具体分析的方法做到因材施教，使学生人人成才；另一方面，要理解学生的奇思怪想和标新立异。学校应有宽松的环境让学生自由发表言论、阐述思想、探索新知。学校对个别学生的特立独行、标新立异等行为应给予理解、尊重和保护。苏霍姆林斯基说："只有承认这种个性差异，才有利于对每一个学生进行教育，才有利于发展学生的自尊心学生的个性在教育中能否得到发展，将影响到学生今后是否具有自觉思考、独立判断、敢于质疑、主动探究、勇于探新、善于探索、积极参与、勤于实践的创新精神与创新能力。"其次，突出学生主体地位。凸显学生的主体地位，发展学生的个性与主动性，可以克服学生思维中存在的从众定势。凸显学生的主体地位可通过增强其主体意识和发展其自我意识两方面进行：一方面，在教育过程中，教师通过增强学生的主体意识，培养和提高学生在教育中的能动性、创造性、自主性，使他们成为具有自我教育、自我管理和自我发展的主体；另一方面，发展学生的自我意识。教师在教学中，引导学生正确地认识自己、评价自己，鼓励学生大胆地提出自己的看法，而不受教师所谓的标准答案的制约。最后，建立新型师生关系。新型师生关系指以学生为主体，教师为主导的师生关系，即学生在教学活动中将有更大的主动性和自主性。建立这种师生关系，一要树立新的学生观，就是要承认学生是一个不断自我发展、自我完善的独立的人。教师要改变因学生的所思所想或所作所为与自己的想法或要求不一致，而对该生给予否定评价的做法，正确看待学生各自不同的思维方式和行为特点，正确对待他们在成长中存在的问题和错误。二要加快教师自身角色的转换。教师要以人格魅力吸引学生，以渊博知识感召学生，通过不断完善自己得到学生的爱戴，而不再以神圣不可侵犯的"权威"形象出现。杨福家曾说："教师要做学生头脑里火种的点火者，而不是灭火者。"因而，教师应努力改变师生之间原有的"权威－服从"式关系，克服学生思维中"唯师""唯上"的权威定势,将学生视为独立的个体,尊重其独特个性,最终形成相互激励、教学相长的师生关系。

高校只有按照"以人为本,以生为先"的教学管理思想,尊重学生的自主权和树立个性教育观念,才能为学生创造个性的发展提供足够的空间,才能充分挖掘学生的潜力,才能培养出具有创新精神和创新能力的人才。

(二)建立以学院制为主体的教学管理体制

建立以学院制为主体的教学管理体制,首先要根据学校学科专业发展的实际及其要求设置学院。设置学院后,注意校、院(系)两级管理体制在职、责、权的划分、院(系)管理自主权的扩大,以及学校对院(系)教学管理的重视三个方面的问题。

1. 明晰校、院(系)两级职责权的划分

我国高校的学院要建设成为大学的人才培养、学科建设、科学研究和管理指挥中心,校、院(系)两级必须遵循职、责、权相统一的原则,职、权、责三者应结合成一体,克服那种"有职无权""有责无权",或"有权无责""有职无责"等不利于提高工作效率的状态。

大学的校级领导和各职能部门必须从以往包揽各种日常管理事务的状态中解放出来,改原先的过程管理为目标管理,减少对教学、科研等具体工作的干预。校级决策部门实行目标管理的基本方法是,根据一定时期内教育事业的发展方向,确定学校的办学方向和发展总目标,然后将总目标向院(系)执行机构层层分解,逐级展开,通过上下协调制定各层次的具体分目标,以学校的总目标指导分目标,用分目标检查各部门和所有个人的工作。作为决策层,校级管理部门的主要职责是:掌握党的方针、政策,把握学校的办学方向,明确未来发展的目标和重点;规划与设计人才培养方案、制定教学管理与学籍管理制度、评估专业和课程建设、建立教学质量保障及监控体系;保障重点实验室、图书馆和网络中心等共享资源的建设与管理;超越学院层次组建跨学科的科研中心与重大科研项目组,加强更大范围学科间的横向交叉综合等。需要注意的是,校级管理部门对重大问题做出决策之前,应充分发扬民主,广泛征求学者、教授的意见,充分发挥学术委员会、教学委员会等各个委员会在决策中的作用。

院(系)根据学校的总体发展方向和各项工作部署,制定该院(系)的中长期发展方向和目标,规划、协调各学科的建设,统筹调配院(系)的人、财、物,各种资源得以综合利用。同时,学院不能仅局限于校内,要走出校门、走向市场。根据社会的发展需要,妥善处理好学院与社会、学院与企业的关系,动员和利用院(系)的资源与相关

产业进行广泛的联系。院（系）级的职、责、权包括：兼有承担基层行政管理和从事教学科研活动的两重职责；拥有教学、研发、机构设置、人事调配、奖金分配等方面的责权；负责管理、监督下属系部的各项教学、科研工作。

2. 扩大院（系）管理自主权

校、院（系）两级教学管理体制要做到职责权一致，院（系）所拥有的职责和权力必须相称。鉴于我国高校决策权集中在校级，院（系）级有责无权的现实情况，学校应将教学管理的权力适当下移，如培养方案的制订与实施、专业的设置与调整、教学经费的管理与使用、组织人事管理、自主配置资源、内部机构设置、实践实验基地管理、对外合作交流等，以扩大院（系）管理自主权，提高管理效率和办学效益，更好地履行大学为社会培养人才的职责。

由于我国在建立学院制之前，实行的是校、系、室三级管理体制，而管理权主要集中在校级部门，系和室只有较少的权力，因此，扩大院（系）管理自主权的主要途径是校级部门授权，其次是系、室级交权。从行政管理学角度来看，授权通常体现在两种层次：一是决策层次的授权，即把一部分决策权授予下级行政机关或职能机构；二是执行层次的授权，即允许下级行政机关或职能机构在一定范围内自主完成工作。如果学校从执行层次上授权，学院则是虚体学院；如果从决策层次上授权，学院则是实体性的。随着教学改革的逐步深入，虚体学院向实体学院呈演变的趋势。虚体学院要向实体学院转变，校级部门对其授予决策层次的权力是转变的有效途径。

校级职能部门在下放权力时，应做到学术权力下移为主，行政权力下移为辅，以突出学院的学术功能。学校将属于学术范围的权力下移到院（系）层次，如设置专业与课程、申报科研项目、管理学生、聘任教师的权力等；将一定的资源分配权、机构设置权以及人事权等属于行政范围的权力下移到院（系）一级。与此同时，校级职能部门以实施计划、监督、调控服务为主，领导和监控学院的工作。

扩大学院的管理自主权在一定程度上改变了决策权集中在校级部门的现象，为分层决策的实现提供了条件。实行学院制，关键就是管理权力必须真正下放到学院，否则学院制起不到应有的作用。

3. 落实教学管理在院（系）中的核心地位

学校重视院（系）的教学管理工作，可从保障教学经费有效投入、开展教学管理的研究以及提高教学管理人员素质三方面着手。

首先，保证教学经费的投入。对于院（系）对外科技服务和短训班的收入，学校按总收入的一定比例上缴，剩余的留给院（系）做教学经费，对于急需项目的教学经费，学校每年给予专项保证。其次，开展教学管理的研究。对教育教学管理知识贫乏的教学管理干部，学校对其进行相关培训，增加相关专业知识。教学管理干部将日常工作中积累的经验与实践相结合，使其经验得到升华，为其他教学管理人员的工作提供理论基础和实践经验。最后，提高管理人员的素质。为了提高教学管理人员的素质，学校和院（系）领导要支持他们积极参加各种业务培训，学习教育科学理论，掌握管理专业知识，掌握现代技术手段。在条件允许的情况下，在招聘教学管理人员时就将是否具有教育科学理论、掌握管理知识和现代技术手段作为考核条件，把好入门关。

从全面直接管理到两级教学管理，是教学管理模式的重大转变。在改革的过程中，校、院（系）两级应理顺关系、明晰职责权的划分，校级职能部门应下放适当的权力给学院，确保教学管理在院（系）诸多管理中的核心地位。只有这样，院（系）才可能在学校的大政方针指导下，建设成为培养创新人才的中心，从而为创新人才的培养提供良好的环境。

（三）健全学分制教学管理制度

高校可以从选课制、导师制、弹性学制和三学期制四个方面健全学分制教学管理制度，并发挥学生的自主性、尊重学生的差异性、调动学生的积极性以及培养学生的全面性，最终帮助学生养成良好的思维习惯、构建合理的知识结构。

1. 完善选课制，发挥学生的自主性

选课制是学分制的基础，选课制允许学生在学校规定的范围内自由选择专业方向、选择课程、选择教师、选择上课时间和自主安排学习进程。如何设置选修课程，如何安排选修课的比例，学生能有多大的选课自主权等，已成为研讨学分制问题的焦点。因此，选课制主要从增加选修课数量、提高选修课质量、加强选课的管理和指导三个方面进行完善，不仅为学生提供大量高质量的选修课程，而且为培养具有创造性才能的学生奠定坚实的知识基础。

2. 完善导师制，尊重学生的差异性

导师制是成功实施学分制的关键。实行导师制的目标就是发展学生个性，通过为学生制定个性发展策略，跟踪学术需求，从而提高学生学习的积极性和持久性，达到提高教学质量的目的。根据师资力量制约学分制顺利实施的原因分析，目前我国高校在推广导师制方面还有待加强，可从组织、思想以及数量三方面展开工作。

首先，建立指导教师委员会。为了方便导师工作的组织和管理，学校应建立指导教师委员会，各院（系）则建立指导教师工作组。委员会由各工作组负责人和学校相关职能部门负责人组成，主要负责召开会议，听取汇报，解决问题，布置工作。工作组的主要任务是选聘导师，明确职责，制订工作计划，定期反馈信息，交流工作经验以及期末评估。导师授聘期间指导学生的工作要计算工作量，并与其年度考核及酬金分配挂钩；工作业绩要记入教学档案，作为提职晋级的依据。其次，扭转部分教师认为本科教学管理并非自身责任的观念。一要加强认识实施学分制的重要性，了解实行导师制的必要性，从思想上重视、行为上配合导师制的顺利推行。二要认识到教学和科研之间是相辅相成的关系。教学、培养人才是高校的基本任务；科研是提高教师水平、教学质量以及办学水平的关键。教学与科研的结合是培养创新性人才的需要。导师除了担负一定量的教学和科研任务外，还要了解学生的学习情况、选课情况、成绩情况，解决学生在学习方法、专业知识等方面的问题。同时，导师要通过言传身教和人格魅力的感染，对学生进行潜移默化的思想教育。最后，实行班级导师制。与导师一对一的交流能促进学生的有效学习，但是，鉴于我国高校教师的数量有限，且学生数量众多，难以实行真正意义上的导师制。针对这种现象，高校可实行班主任与导师相结合的班级导师制。本文所指的导师制是指为本科生配备导师，所以师生比例可稍微高一点，如1∶180 班级导师制是指一位导师带三位年轻教师（助教）或三位高年级的研究生（硕士或博士），由这三位教师或研究生分别带六位本科生。本科生平时的学习状况由这三位教师或研究生定期向导师汇报，并把反馈信息传达给本科生。当然，这种方法很难达到导师直接指导学生的效果，但在学生数远远高于教师数的今天，它不失为一种好的解决办法。

通过实行导师制，可以培养学生的独立思考能力，不仅有助于学生的学业，而且有助于通过迁移培养学生的其他能力。

3. 实行弹性学制，调动学生的积极性

弹性学制是以学分制为基础的教学管理制度，只要修满了学校规定的学分，允许学生提前毕业，也允许家庭经济困难或有志创业的学生中途停学工作或创业，而延长学习年限。鉴于此，高校应建立灵活的弹性学制，以改变现行学籍管理制度对学分制的影响，从而调动学生的学习积极性；弹性学制的建立，给学生自主确定学习进程以极大的自由度，具体可从三个方面进行。

首先，打破专业壁垒。这里所指打破的壁垒，一是转专业难；二是不同专业互认学分难。对于转专业难的现象，高校的各院系可以建立转专业指导小组和评估小组，分别负责为学生提供咨询服务、接受转专业申请并对其考核、评估以决定该生是否适合转专业。转专业只能在学校教学资源允许的情况下进行，不可能完全开放。对于不同专业学分互认的情况，高校可以打通主、辅修界限。对于学有余力，在规定学制范围内选择辅修专业的学生，如果未能达到该专业的全部要求，但已修合格的课程应可作为其主修专业的选修课学分。打破专业壁垒不仅能弥补专业设置过窄、专业选择过死的弊端，而且能满足学生的学习兴趣，激发其学习积极性。其次，模糊学习年限。在学年制下，假设

所有的学生都处于同一起跑线、都具有同样的学习能力，在同样的时间内完成同样的学业。这种做法违背了因材施教的原则，高校应使学习年限具有灵活性，任学生自己自由选择。第一，允许学生延长学习年限。学生可在规定的学习年限内完成学业，也可延长学习年限，通常在 1.5 倍或 2 倍于学制的时间内完成。第二，允许学生分阶段完成学习，可以边工作边读书，也可以先工作后读书。例如，河北经贸大学在教学过程中推出了"让路"原则和"三明治"模式。前者指如遇有意义的社会实践活动与教学相冲突，可适当地暂缓教学，实践活动先行；后者指两个学期或学年之间夹一个学期或学年的社会实践。真正为加强学生实践能力提供了平台和保障。第三，允许学生申请休学或停学，并对此不做过多限制。最后，改革学位制度。一要改变提前毕业不能提前授予学位的现象。学生修满学分，获准毕业的同时，就可以获得毕业证书与学位证书，否则，提前毕业就无任何实质意义。二要取消离校后不授予学位的限制。对于在校学习期间未修满学分持肄业证或结业证的学生，允许其回学校继续重修不及格课程的学分，修满学分立即颁发学历证书，符合学位条件的可同时颁发学位证书。这样，学习的弹性可以从在校期间扩展到离校以后。

虽然这种创新加大了管理人员的工作量，但为学生带来了方便，使其在校期间能充分发挥主动性、积极性和创造性，体现了教学管理以生为本的原则。

4. 实行三学期制，培养学生的全面性

高等教育的改革和发展随着社会的进步逐渐推进。中华人民共和国成立以来，我国高校一直采用的两学期制教学管理制度渐渐跟不上时代的步伐，不能适应正在全面推行的学分制改革。为增强学期制对学分制的适应性，高校可将原来的两学期制变为三学期制，以解决选修课与必修课、理论课与实践课之间的矛盾。高校实行三学期制需要解决三学期的学期划分和夏季学期的课程设置、夏季学期的师资安排以及学校教学与后勤管理等方面的问题。

三学期制的学期划分。三学期制指一学年包括春、夏、秋三个学期，其中夏季学期是在原来的春、秋两学期各缩短两周的基础上增加的。秋季学期一般 9 月中旬开学，春节前半个月结束；春季学期通常在春节后 10 天左右开学，6 月中下旬结束；经过一周的休息后进入为时 8 至 9 周的夏季学期。在推行三学期制的过程中，要突出夏季学期的特色，而不能将其作为学期的续延。

夏季学期的课程设置。夏季学期的课程分为四个部分，学生可以根据各自的需要选择不同内容。第一部分，开设选修课。夏季学期开设的选修课应遵循课时短、内容新、难度适宜的原则，学生则应遵守选课要求。在夏季学期内，学生可以自由选择修读的课程。开课三天内为学生的试听阶段，试听后要确定选课方向。所选课程一旦确定，就必须修满该类课程所规定的学分。夏季学期的成绩纳入学籍管理，达不到规定学分者，不能如期毕业。第二部分，设置实践性强的课程。利用夏季学期相对集中的学习时间，安排不易分散教学的实验课程与实习、组织学生进行社会实践，培养学生的实践能力。第三部分，安排学术专题与讲座。充分利用夏季学期聘请国内外专家、学者进行学术报告或专题讲座。第四部分，开展外语活动。加强外语的应用能力，为适应双语教学和日后就业的需要。除了以上课程外，对于具有科研能力的学生，还可利用夏季学期集中参与教师的科学研究，以培养科研能力和创新能力。

夏季学期的师资安排。一方面，可合理安排校内资源。实行三学期制后，随着春、秋两学期的学时缩短，教师讲授课程的内容也相应地有所精简，也就减少了原有的课时。教师为保证完成规定的教学工作量，必将主动开设适应社会需要、学科发展需要和学生需要的新课程。另一方面，充分利用校外资源。聘请国内外知名学者来校讲座或开设短期课程，丰富课程内容，拓展学生视野，同时，增加本校教师进行高层次学术交流的机会。

（四）构建高校教师培训体系

高校教师培训指我国各类高校中进行的师资教育。通过培训教育提高师资水平，不仅能切实保证教师的教学质量，而且能保证培养学生的质量。随着教育改革的不断深化，虽然我国高校教师培训工作取得了重大进展，但在培训过程中仍然存在一些问题，阻碍了创新人才的培养。

教师培训过程中出现的问题表现在三个方面。第一，注重业务培训，忽视师德培养。无论学校组织培训，或教师参加培训，其功利性均较强，培训内容多倾向于为提升学历、评审职称、出国进修做准备，不够重视师德培养。即使高校进行师德培训，也只是短短几天的《教师职业道德修养》课堂讲授，不足以全面提高教师的职业道德修养和思想政治素质。第二，注重学历培训，忽视非学历培训。教师培训过于关注教师更高学历的获取，而忽略教师综合素质的培养。第三，注重培训过程，缺乏培训考核。高校教师培训工作注重过程，对教师培训的整体绩效缺乏检查、监督、评估机制，难以达到教师培训的预期效果，影响教师教学水平和教学能力的提高。这些问题使教师培训失去了原本要提高教师思想素质、教学水平以及综合能力的意义，使创新人才的培养受到阻碍。

高等学校师资培训工作要坚持立足国内、在职为主、加强实践、形式多样、以中青年教师为主、以高层次培训为重点的原则，加强师德教育，提高教学和科研能力，推动学校发展。构建教师培训体系包括培训对象、培训形式、培训内容、培训考核与评估以及培训经费等内容。

（五）协调教学与科研的关系

协调处于失衡状态的教学与科研之间的关系，就要明确学校的定位，调节教师的心态，建立公平而有效的评价机制以及促进教学与科研的相互转化。

1. 明确学校的定位

如果将大学分为研究型大学、教学研究型大学以及教学型大学三类，各类学校的侧重点肯定不同。研究型大学虽然较其他大学更多地从事与国家长远利益相关的基础科学研究以及国家重大科研项目的研究，但同样要重视教学，给教学效果良好的教师以应有的学术尊重。

2. 调节教师的心态

部分教师感到只专心教学既没有前途，又没有"钱"途，得不偿失，而专心科研则能名利双收。对此，学校应调节教师的不良心态，改变其急功近利的思想。一要从外部进行调节。学校要提高对教学的认可程度，与科研型教师相比，教学型教师也应获得相同的尊重和享有同等的地位，树立教学水平也是学术水平的观念，建立公平有效的评价标准等。二要从内部进行调节。高校教师应加强自身的道德修养，以正确的道德规范看待现实的利益关系，处理好教学和科研之间的利益矛盾，在工作中协调教学与科研的关系，使之平衡发展。

3. 建立公平而有效的评价机制

如果将教学水平视为学术水平中的一种，就必须有衡量教学水平和教学效果的科学方法。依据学校的办学特点，权衡教学与科研在教师评价中的比例，同时参考教师的教学工作量、教学水平与效果、创造性思维、和谐发展的人格，从教育价值、学术价值、社会价值各方面综合考虑，建立科学的评价指标体系。评价指标体系包括评价主体、评价方式、评价内容以及评价标准四个方面。

4. 促进教学与科研的相互转化

由于学校既不是企业也不是科研院所，因此，在大学里从事科研工作应该与培养学生联系起来，不能脱离教育学生这个"本"而从事科研活动。联系科研与学生的纽带就是科研与教学的相互转化。

科研成果对教学的转化可以通过以下方式体现：教授和学科带头人为本科生上课、举办讲座；教师上课不仅传授已有的学科知识，而且应把最前沿的学科动态介绍给学生；教师将科研成果编进教材、带入课堂、带进本科教学实验室；教师采取研究型教学，加强师生互动，让学生主动参与获取知识的过程；吸收高年级本科生参与科研，培养其科学精神和创新能力；积极开展大学生课外科技活动，加强对学生的创造性实践与训练。教学向科研的转化则通过科研项目来源于教学的方式表现，即教师在教学和教学实验的过程中发现新的科研方向；在指导学生毕业设计、毕业论文或实践科目的过程中得到攻克难题的启示；研究新的教学方法满足教学改革的需求。诚如雅斯贝尔斯所说："只有自己从事研究的人才有东西教别人，而一般教书匠只能传授僵硬的东西。"大学教师，特别是高水平教师，要尽量多传授自己的"原创作品"，即科研成果。教师的科研成果越多，教学内容就越丰富。协调好教学与科研之间的关系，不仅有利于教师教学与科研水平的提高，而且有利于创新人才思维能力、科研能力以及创造能力的培养。

二、高校教学管理体制创新的实验研究

面对急剧变革的社会对人才不断提出的高要求，高等教育面临着前所未有的挑战。高等院校从各方面进行着日益广泛和深刻的变革，建立教学改革实验班（以下简称教改实验班）就是其中之一。

（一）教改实验班教学管理体制的创新

尽管各高校教改实验班在办班形式、培养模式、管理方式上有所不同，但其培养目标却惊人地相似。各实验班的培养目标可综述为，培养拥有坚实基础、富有创新精神和实践能力、具有国际竞争力的高素质复合型人才。为了完成这一目标，各教改实验班在教学管理体制上进行了如下创新。

1. 教学管理思想创新

"十年制高等教育"是指将本科教育和研究生教育融为一体，在本科教育阶段仍然以基础教育为主，至研究生教育阶段再进行专业教育。"十年制高等教育"理念是一种新思想，但由于各高校的实际情况存在差异，该思想并不适用于所有教改实验班，具有一定的特殊性。

2. 教学管理方式创新

在教学管理方面，教改实验班有别于其他普通班级，它采取了分段式教学管理，这种方式将整个教学计划分成基础教育和专业教育两个阶段。在基础教育阶段，即入学后的第一、二年，学生不再像以往那样先分专业，而是按大类学习规定的课程，共同接受基础教育。在第三、四年进行的专业教育阶段，实验班学生按所在专业的培养计划接受专业知识的教育，并可在学有余力的情况下，提前参与科学研究。

3. 教学管理制度创新

设有教改实验班的高校在这块"试验田"里完全实施学分制。以元培计划实验班为例，该班实行的是在教学计划和导师指导下以自由选课为基础的学分制。实验班学生在进校后第二年配备导师，导师根据学生的特点、特长和志向指导学生选专业、选课、制订个人学习计划，对学生从入学到毕业进行全程指导。在导师指导下，学生根据自己的情况安排 3～6 年的学习计划，少则 3 年即可毕业。若在 4 年内仍未完成本科阶段的学习任务，则 4 年后仍可继续修读，直至修满学分毕业。第二学年末或第三学年初，学习成绩合格者可以在学校教学资源允许的情况下自主选择专业。

4. 教学管理过程创新

教学管理过程创新包括加强基础淡化专业、聘用最优秀的教师以及培养科技创新能力三个方面。

首先，加强基础淡化专业。教改实验班按大类招生，不分专业，采用"加强基础、淡化专业、因材施教、分流培养"的办学方针，充分利用综合性大学学科齐全的优势和良好的教育资源，实践本科阶段低年级基础教育和高年级宽口径专业教育相结合的教育理念，突出基础、能力、素质三要素的全面培养。其次，聘用最优秀的教师。各高校的教改实验班为学生配备了全校最好的师资。最后，培养科技创新能力。建立教改实验班的高校为该班学生创造了参与学术活动和国际交流的机会，以培养他们的科技创新能力。

（二）教改实验班教学管理体制创新的启示

由于教改实验班在各高校是教学改革的"试验田"，承担着先行者的任务，学校对此又给予了各项优惠政策，因此，尽管她在教学管理体制上多有创新，并显现出其优势，但限于学校的条件，短期内并不适宜在全校范围内推广。暂时不能推广并不等于否定了教改实验班的管理创新，恰恰相反，实验班的成功表明了我国高校教学管理体制今后需要努力的方向。

1. 改革教学管理制度

对于学生而言，教学管理制度需要进一步改革的内容是，在现行的学分制和学年学分制的基础上，实行更为自由的选课制、更利于学生学习的导师制以及按学分注册、缴费、毕业的学籍管理制度。对于教师而言，教学管理制度应在培养教师的创造性，营造有利于教师创造性发挥的宽松环境两方面继续努力。

更为自由的选课制是学分制的核心。学生在导师的指导下，对于选择专业、课程、授课教师和学习进程有较大的自主选择权。导师制要求在全校范围内选聘导师，副教授、教授均可为本科生担任学业导师。每学年对导师进行一次年度业绩考核，考核结果作为职称晋升、岗位聘任的基本条件。按学分收费将是全面实施学分制后的必然趋势。例如，新生第一学年不参加选课，就按照国家规定的标准收取培养费。第二年按所选学分注册，收费金额按目前学年制的收费标准折算的单位学分收费标准计算，依此类推。

在培养教师创造性方面，学校主要采取对教师进行职后继续教育的方式。随着科学发展的日益变化，教师的知识不可避免地要不断更新，否则就不能适应教学的需求。教学管理部门根据学校发展的总目标，针对学科设置的要求，制订教师培训的具体规划。规划的内容包括选拔培训人员的条件和方式、规定培训内容、培训方式、培训时间、培训经费及培训期间待遇等。

在营造创新环境方面，学校可以从物质环境和精神环境入手。创造物质环境就是加强硬件设施,为教师创造良好的工作环境,如建立设备先进齐全的科研实验室、教学研究室,加强多媒体教室的建设,加强校内信息网络、图书馆、科技资料室的建设,美化校园环境等。精神环境就是营造一种民主、公平、自由的氛围,如尊重教师的人格和生命价值,客观评价教师的教学科研工作业绩,重视教师的科研成果和劳动价值,容纳教师的不同学术观点等。

2. 改变教学管理模式

随着"以人为本、以生为先"教学管理思想的逐渐渗透,高校将加大改革步伐,使"以教师为中心"的教学管理模式向"以学生为中心"的管理模式转变。具体表现为两段式教学管理、参与学术研究以及加强对外交流。

第一,两段式教学管理。为了达到高校培养具有厚基础、强能力、高素质人才的培养目标,高校教学管理部门将按照"强化基础、淡化专业"的观念,实行以通识教育与专业教育有机结合为核心的两段式教学管理。对于两段式教学管理,不同学校采取的方式各有差异,一般分为2+2模式或1+3模式。

第二,参与学术研究。吸引学生参与学术研究的出发点在于充分利用本校的教学资源、高水平的师资队伍和雄厚的科研实力,为学生提供科研训练平台,以利于培养学生的创新思维、创新精神和创新能力。学生参与学术研究可以通过三种形式进行。一是参与导师的课题研究,以获得导师的言传身教;二是参与学校的科研训练项目,以培养团队合作精神和实践能力;三是参与各种学术沙龙、学术报告会以及学术交流活动,以增进对该学科前沿的了解。

第三,加强对外交流。高校应努力扩大对外交流,使学生获得全新的体验,拓宽视野、增长知识、提升看问题的高度、为提高国际竞争力打下良好的基础。学校应积极拓展各种渠道,为本科生在校期间出国交流提供更多的机会,如校际、校企以及国际之间的交流。交流形式包括短期课程学习、短期培训、技术实践以及文化交流。

参考文献

[1] 邓云莉. 高校教育管理创新与实践[M]. 北京：中国商务出版社，2017.

[2] 刘双. 高校教育管理思想与实践研究[M]. 长春：吉林大学出版社，2017.

[3] 刘旭灵，吴超，张晓华. 人文关怀背景下高校教育管理与心理疏导研究[M]. 北京：九州出版社，2017.

[4] 王路著. 高校思想政治教育管理与建设研究[M]. 北京：新华出版社，2017.

[5] 张若文，王大伟，方莉. 高校德育教育理论与管理实践[M]. 北京：中国科学技术出版社，2017.

[6] 郭松. 高校素质教育管理与人才培养研究[M]. 天津：天津科学技术出版社，2017.

[7] 陈青萍. 高校管理干部心理健康教育[M]. 北京：人民出版社，2017.

[8] 赵旭辉. 以思想政治教育为前提的高校学生管理创新[M]. 长春：东北师范大学出版社，2017.

[9] 刘阳. 现代教育观念下高校教学管理探索[M]. 长春：东北师范大学出版社，2017.

[10] 俞莉莹. 高校素质教育管理与创新研究[M]. 北京/西安：世界图书出版公司，2018.

[11] 曹喜平，刘建军. 高等教育视域下高校人力资源管理研究[M]. 石家庄：河北人民出版社，2018.

[12] 洪柳. 创新创业教育视域下高校公共事业管理专业实践教学体系改革研究与探索[M]. 长春：吉林大学出版社，2018.

[13] 姜文晋，唐晶，李秀奇. 创新教育背景下高校公共体育创新路径和科学管理研究[M]. 徐州：中国矿业大学出版社，2018.

[14] 汪文娟，何龙，杨锐. 高校教育管理创新研究[M]. 北京：北京工业大学出版社，2018.

[15] 陈桂香. 基于大数据的高校教育管理研究[M]. 北京：科学出版社，2018.

[16] 马力. 新时期高校教育管理理论与实践[M]. 长春：吉林人民出版社，2018.

[17] 张晓蕾，司建平. 新时期高校教育管理创新研究[M]. 长春：吉林科学技术出版社，2018.

[18] 胡晓敏，陶元著. 互联网视角下的高校教育管理[M]. 北京：中国原子能出版社，

2018.

[19] 丁兵.当代高校教育管理研究[M].西安：西北工业大学出版社，2019.

[20] 陈晔.新时期高校教育管理实践研究[M].北京：现代出版社，2019.

[21] 关洪海.高校教育管理与创新实践研析[M].北京：冶金工业出版社，2019.

[22] 王荔雯.移动互联网时代高校教育管理模式改革与实践研究[M].北京：中国原子能出版社，2019.

[23] 林榕.大数据背景下高校教育管理信息化发展与创新研究[M].长春：吉林大学出版社，2019.

[24] 丁阿蓉.高校教育管理与教师专业发展研究[M].长春：吉林出版集团股份有限公司，2019.

[25] 陈景桥.地方性应用型本科高校教育管理机制优化与体系创新研究[M].北京：中国国际广播出版社，2019.

[26] 宋丽萍.新媒体环境下高校学生教育管理工作创新研究[M].长春：吉林大学出版社，2020.

[27] 丰晓芳，魏晓楠，陈晶.高校教育管理研究[M].长春：吉林出版集团股份有限公司，2020.

[28] 陈民.高校教育管理创新与实践[M].长春：东北师范大学出版社，2020.

[29] 胡凌霞.高校教育管理理念与思维创新[M].长春：吉林大学出版社，2020.

[30] 刘娟.高校管理与教育教学实践研究[M].长春：吉林教育出版社，2020.